OKR
开发与应用六步法

企业创新驱动
高绩效增长的秘籍

秦杨勇◎著

SIX-STEP DEVELOPMENT
AND APPLICATION
OF OKR

中国经济出版社
CHINA ECONOMIC PUBLISHING HOUSE
·北 京·

图书在版编目(CIP)数据

OKR开发与应用六步法:企业创新驱动高绩效增长的秘籍/秦杨勇著. --北京:中国经济出版社,2020.9

ISBN 978-7-5136-6207-9

Ⅰ.①O… Ⅱ.①秦… Ⅲ.①企业管理 Ⅳ.①F272

中国版本图书馆CIP数据核字(2020)第105687号

责任编辑 姜 静 陈 瑞
责任印制 马小宾
封面设计 久品轩

出版发行 中国经济出版社
印 刷 者 北京富泰印刷有限责任公司
经 销 者 各地新华书店
开 本 710mm×100mm 1/16
印 张 14.5
字 数 220千字
版 次 2020年9月第1版
印 次 2020年9月第1次
定 价 68.00元
广告经营许可证 京西工商广字第8179号

中国经济出版社 **网址** www.economyph.com **社址** 北京市东城区安定门外大街58号 **邮编** 100011
本版图书如存在印装质量问题,请与本社销售中心联系调换(联系电话:010-57512564)

德鲁克是我心中的英雄。他的著作和管理思想非常清晰，在那些狂热追求时髦思想的人群中独树一帜。

——安迪 · 格鲁夫（Andrew Grove）

通过OKR系统，员工们能够把自己的日常工作与同事的优先任务、团队的季度目标及公司的使命更加清晰地关联起来。

——约翰 · 杜尔（John Doerr)

序

从2000年从事管理咨询至今已经有20个年头，这20年也是中国经济高速发展的20年。每天我都能欣喜地看到新公司诞生，也很遗憾地发现一些公司遭遇破产。这似乎已经成为一种自然现象，就像每天都会有大量新生命诞生，也会有无数生命消亡一样。这种现象在管理领域同样普遍存在着，随着时间的流逝，企业不断上演着兴衰与迭代：一方面，我们看到微软、谷歌、脸书、华为、阿里巴巴等企业在今天获得了战略实践的成功；另一方面，我们也看到通用电气、索尼、松下等曾经辉煌一时的企业在业务方面已经多年没有突出的建树，甚至有些企业深陷泥潭。当一些专家在竭力吹捧共享经济的商业模式时，ofo共享单车却给共享经济留下了一地鸡毛；当我们站在商学院的讲台上大谈集团管控理论与实践时，有人却又说这已经是抛弃管控思维的“自组织”时代。主流的战略绩效管理工具，如平衡计分卡（BCS）、关键绩效指标（KPI）、目标管理（MBO）和目标与关键成果（OKR）等，也毫无例外地展开理论的交锋，它们自身也在不断地被颠覆、被迭代……

OKR的思想灵感主要源于著名管理大师彼得·德鲁克（Peter Drucker）的目标管理。早在20世纪80年代，英特尔公司新掌门人安迪·格鲁夫（Andrew Grove）启动“粉碎行动计划”时使用了OKR，最初OKR在英特尔公司主要用于目标沟通与监督。当时在英特尔担任工程师的约翰·杜尔（John Doerr）就接触到了OKR，他转型为风险投资人后，将OKR引入他所投资的谷歌、亚马逊、领英等硅谷的科技型公司，随后OKR因为在这些企业尤其是谷歌的成功而风靡硅谷并在全球得到推广。约翰·杜尔在《这就是OKR：让谷歌、亚马逊实现爆炸性增长的工作法》（*Measure What Matters*）一书中系统地阐述了OKR。事实上，谷歌的 OKR 与英特尔的 OKR 在本质上差异巨大，OKR 在英特尔是一种沟通工具，而 OKR 的创新与挑战功能则是谷歌公司赋予的，那是 OKR 与谷歌公司创新文化有效结合的结果。

2014 年，OKR 的理论开始传入中国；2016 年，很多中国先锋级企业陆续开始了 OKR 的率先尝试与探索，华为、腾讯、360、知乎、字节跳动、京东、快手、爱奇艺游戏、得到、58 同城、顺丰科技、福田车联网、链家地产等都不同程度地在全部或局部关注或使用了 OKR。这些企业从 OKR 项目中得到了很多启发，OKR 对探索中国互联网公司、科技创新型企业的目标管理，起到了较大的、积极的正面推动作用。

但是我们也应该看到，OKR 的中国之旅不是一帆风顺的，佐佳咨询公司曾经针对 OKR 的中国之旅开展了 40 多家企业的电话调查，调查结果显示，很多企业从 OKR 项目中获得了一定的收益，但是也有部分企业在 OKR 的实施中陷入了非常糟糕的境地，其原因是企业在 OKR 应用上采取了一种“非此即彼”的态度。引入 OKR 失败的绝大部分企业，在引入 OKR 之初都持有以下观点：“OKR 是适应 VUCA① 时代的工具，KPI 是工业时代思维下的传统工具”“KPI 已死，OKR 当立”等。这些企业的“OKR 大使们”要试图向我们证明“OKR 是适用于所有类型的企业，比 KPI 更符合时代潮流的工具”“KPI 已经是落伍于大机器工业时代的产物”等。

出现上述问题并不让人感到奇怪，“盲目解读与跟风”也不是在今天 OKR 引入中才出现的。引入新的管理工具似乎每次都陷入一个循环怪圈：新的管理工具在一开始总是会被冠以工具的“神话”，在实施中受阻后，使用者又开始重新对工具的落地操作进行反思而回归理性。任何一种管理工具都有其假设使用的场景，都有其在特定场景下要针对并解决的问题，OKR 要求公司实施“方

① VUCA 时代指变幻莫测的时代。VUCA 是 Volatility(易变性)、Uncertainty(不确定性)、Complexity(复杂性)、Ambiguity(模糊性)的缩写。“易变性”是指事情变化非常快；“不确定性”是指我们不知道下一步的方向在哪儿；“复杂性”意味着每件事会影响到另外一些事情；“模糊性”表示关系不明确。

向×试错”的战略管理模式，有着坦诚的企业文化氛围，员工有自我价值实现的追求，人才队伍素质能够支持创新等。如果离开了这些必备的土壤，OKR 怎么可能发挥出其本来的功能？这些引入 OKR 失败的案例也表明中国企业要根据自身特点谨慎地匹配、选择战略绩效管理工具，试图找到一个放之四海而皆准、可用的万能管理工具是注定会遭遇失败的。

如何选择战略绩效管理工具？我们首先需要明确 BSC、KPI、MBO、OKR 等管理工具在操作上是否水火不容。当我们选择或者运用了其中一种管理工具后，是否就意味着我们不能再运用其他管理工具的全部或者其中部分的功能了？我们认为，管理工具能否成功引进的关键在于能否在中国企业的实践中得到合理的运用，如果不想把企业管理变革搞成一场“管理秀”，我们就没有必要片面地夸大其中任何一个管理工具而排斥其他管理工具。很多成功与失败的管理工具引进案例告诉我们：在中国进行管理实践，只有博采众家之长、将复杂的问题简单化，才能获得实践成功。因此在实践操作中，佐佳咨询将管理工具有效地组合在一起，提出了“OKR 开发与应用六步法”的操作思路。

本书主要阐述“OKR 开发与应用六步法”的操作，共分为 6 章，第 1 章为“OKR 已死，还是亟待改进”；第 2 章为“OKR 开发与应用‘1+4+1’启程准备”；第 3 章为“设计公司使命、愿景、战略与目标”；第 4 章为“设计公司季度 OKR”；第 5 章为“设计部门与员工分级 OKR”；第 6 章为“OKR 运行刷新与复盘”。

本书的主要读者对象是：

- 企业 OKR 大使，OKR 项目倡导者与推动者，OKR 操盘手；
- 互联网、科技型企业的中高层经理，独角兽成长型企业的创业团队；
- 企业的人力资源总监、人力资源部经理、人力资源专业人士；
- OKR 理论研究人士，OKR 管理咨询顾问，OKR 培训大师。

我们真诚地期望本书能够给中国企业在 OKR 变革的征途上提供帮助，我们也盼望它能对中国企业 OKR 研究与实务操作起到一定的推动作用，我们还期待理论界、管理咨询界和企业界朋友与我们就该方面的专题进行深入探讨。

秦杨勇

上海佐佳企业管理咨询有限公司首席管理顾问

南京佐佳卓越企业管理咨询有限公司主管合伙人

2020 年 7 月 1 日

破冰阅读

一、本书涉及的主要管理工具

平衡计分卡（Balanced Score Card，BSC）

BSC由哈佛大学教授Robert Kaplan与诺顿研究院执行长David Norton于20世纪90年代提出。主要从财务、客户、内部运营、学习与成长四个角度将组织战略落实为可衡量的指标和目标值，圆满地达成了这一目标。

关键绩效指标（Key Performance Indicator，KPI）

KPI是通过对组织内部流程的输入端、输出端的关键参数进行设置、取样、计算、分析，衡量流程绩效的一种目标式量化管理指标，是把企业的战略目标分解为可操作的工作目标的工具，是企业绩效管理的基础。

目标管理（Management By Objective，MBO）

MBO由美国管理学家德鲁克于20世纪50年代提出，被称为“管理中的管理”。这是以目标的设置和分解、目标的实施及完成情况的检查、奖惩为手段，通过员工的自我管理来实现企业的经营目的的一种管理方法。

目标与关键成果法（Objectives and Key Results，OKR）

OKR是一套明确和跟踪目标及其完成情况的管理工具和方法，由英特尔公司创始人安迪·格鲁夫（Andrew Grove）发明，并由约翰·杜尔（John Doerr）引入谷歌使用。1999年OKR在谷歌发扬光大，在脸书（Facebook）、领英（LinkedIn）等企业广泛使用。2014年OKR传入中国后，华为、百度、腾讯、字节跳动、华润等企业都逐渐使用和推广 OKR。

行动计划（Action）

Action 是为了确保 OKR 的实现而在短周期（如每周）采取的有计划的行动，是为支持 KR 实现而设置的。在 OKR 实施中，Action 不是必需的，可以列为参考项，是整个 OKR 实施的非必选项，尤其到员工 OKR 层级，Action 更加具有可选的自由。

阿米巴经营（Amoeba Operating）

京瓷集团成立 5 年后的 1964 年，为了保持公司的发展活力，稻盛和夫独创阿米巴经营方式。在阿米巴经营中，把公司组织划分为被称作“阿米巴”的小集体。各个阿米巴的领导者以自己为核心，自行制定所在阿米巴的计划，并依靠阿米巴全体成员的智慧和努力来完成目标。通过这种做法，生产现场的每位员工都成为主角，主动参与经营，从而实现“全员参与经营”。

马斯洛需求层次理论（Maslow's hierarchy of needs）

该理论是美国心理学家亚伯拉罕·马斯洛（Abraham Harold Maslow）于 1943 年在《人类激励理论》中提出的。马斯洛需求层次理论有两个基本出发点：一是人人都有需要，某层需要获得满足后，另一层需要才出现。二是在多种需要未获满足前，首先满足迫切需要；该需要获得满足后，后面的需要才显示出其激励作用。一般来说，某一层次的需要相对满足了，就会向高一层次发展，追求更高一层次的需要就成为驱使行为的动力。

群策群力（Work out）

该方法最早起源于美国通用电气公司（GE）。为了收集底层员工意见、发挥集体智慧的作用，GE 公司较早发明了“群策群力”工具。该管理工具的核心目的就是要在企业内部培育“群策群力”的创新环境，综合运用各种方法工具打通底层员工的创新通道，保持企业不断创新的能力。我国的中央企业华润集团为营造开放、平等的沟通氛围，促进绩效沟通，学习并引入了“群策群力”工具。

OKR 四因素评价工具

该工具主要帮助中国企业在实施 OKR 之前进行匹配性评估。其操作原理是将被评估公司（或被评估部门）的现实状态与四因素的“标准状态描述”进行对比：吻合度越高，得分就越高；吻合度越低。得分就越低。得分越接近 5 分，则表示越匹配实施 OKR；得分越接近 1 分，则表示越不匹配实施 OKR。

PESTEL 分析模型

该模型又称大环境分析，是分析宏观环境的有效工具，是在 PEST 模型基础上发展而来的。它不仅能够分析外部环境，而且能够识别一切对组织有冲击作用的力量。

波特五力分析

该工具主要应用于产业环境分析，对潜在竞争对手、替代品、供方、买方、现实竞争对手、其他战略利益相关者等维度中每个因素或指标进行“二维分析”，最后根据分析的结果填写《产业环境波特五力分析表》。

波特内部价值链

主要应用于公司内部环境的扫描，主要是把握公司在战略管理、企业文化建设、人力资源管理、品牌管理、计划与财务管理、信息化建设与管理、物流管理、市场管理、研发与采购管理、生产制造管理、销售、售后服务等各个环节上的优势与劣势，包括内部资源与能力等多方面的内容，可以结合资源与能力分析法开展该项工作。

SWOT 分析法

该工具是一个被普遍采用且比较成熟的战略分析工具。SWOT 分析法四个英文字母依次是 Strength（强项、优势）、Weakness（弱项、劣势）、Opportunity（机会、机调）、Threat（威胁、对手）的首字母。从整体上看，SWOT 可以分为两部分：第一部分为 SW，主要用来分析内部条件；第二部分为 OT，主要用来分析外部条件。另外，每个单项（如 S）又可以分为外部因素和内部因素，这样就可以帮助分析者对战略情况形成较完整的概念。

战略地图

战略地图是在全球范围内被广泛运用于组织内部的描述企业战略的工具。“一张图胜过千言万语”，战略地图模板以平衡计分卡的四个层面（财务层面、客户层面、内部层面、学习与增长层面）目标为核心，分析这四个层面目标的相互关系后绘制企业战略因果关系图。

安索夫矩阵

该工具是著名战略管理学家安索夫发明的产品—市场组合分析矩阵，能够有效地帮助我们在市场细分基础上，识别企业未来增长的动力。安索夫矩阵将未来企业增长分为新产品开发、市场开拓、市场渗透、多角化四种策略。

重要—紧急矩阵

该工具主要引导我们从（年度公司 OKR 表中）十几个核心目标 O 中，筛选出 4 个季度重点关注的核心目标 O。该工具的一个重要观点就是员工应有重点地、优先集中地处理那些重要/紧急的工作，但是员工工作表现的最佳状况应当是重要/紧急工作数量不能居多。

价值树模型

最早运用于 KPI 指标分解，它实际上是将公司 KPI 分解到部门、员工层面的工具。在 OKR 开发与应用六步法中，该模型可以运用于上下级 OKR 的联结。

OKR 联结矩阵

该工具是一个将公司 KR 与部门目标 O 联结的工具，通常在纵列中列入公司的 OKR，在横栏中列入部门或团队的名称，在交叉矩阵中按照部门或团队对公司 KR 的驱动力，联结、填入部门核心目标 O。

五因素分析法

该方法可以帮助员工设定与日常工作有关的突破提升的挑战性 OKR。"五因素分析法"是让员工通过从日常工作创新方面思考五个因素来寻找突破的 OKR。五个因素是指时间、成本、风险、数量和质量。

四象限模型

该模型是克里斯蒂娜·沃特克在其所著的《OKR 工作法》中提出的 OKR 分析模型。该模型表明：一个完整的 OKR 表一般包含目标 O、关键工作成果 KR、行动计划、监控指标四个部分；其中 O 和 KR 是必选项，而行动计划、监控指标是可选项。

OKR 计分规则

该工具是指如何根据 KR 实际值计算、确定 KR 得分的规则；OKR 计分规则会影响 OKR 最终的评分，进而影响部门与员工对下一期 OKR 拟定的信心。OKR 计分规则有层差法、扣分法、连续计分法、关键事件法、非此即彼法。

战略管理框架（Develop Strategy To Execution，DSTE）

DSTE 是华为公司独创的战略管理流程，分为战略规划、战略解码、执行和监控等主要的环节。DSTE 是一个不断动态循环迭代的战略管理循环过程。

OKR 一对一对话与反馈八步法

在 OKR 对话的实际操作中，按照设定的 8 个流程步骤来完成，包括准备、暖场、沟通、优缺点、看法、探讨、拟定、总结 8 个操作环节。

同行评价（Peer Review）

Peer Review 是学术界广泛采用的成果审查程序，即被评审者的学术著作或论文、成果被同专业领域内的其他专家学者评审。一般学术出版单位主要以同行评审的方法来选择与筛选被评审者所投送的稿件通过与否，而学术研究资金提供机构在研究项目遴选时，也广泛以同行评审的方式来决定是否对该研究项目授予资金、奖金等。

二、使用 OKR 的部分知名企业

英特尔（Intel）
谷歌（Google）
脸书（Facebook）
领英（LinkedIn）
油管（YouTube）
推特（Twitter）
优步（Uber）
亚马逊（amazon）
甲骨文（Oracle）

华为（HUAWEI）
百度（BAIDU）
腾讯（Tencent）
字节跳动（ByteDance）
京东（JD. COM）
华润（China Resources）
大米科技（VIPKID）
58 同城（58. com）

三、OKR 创始人简介

安迪 · 格鲁夫（Andrew Grove，1936—2016）

1936 年出生于匈牙利首都布达佩斯一个犹太人家庭；1956 年辗转到达纽约，毕业于纽约州立大学，获加州大学伯克利分校博士学位；1968 年加入英特尔公司，1979 年出任英特尔公司总裁，随后在 1987 年成为首席执行官，1997 年成为英特尔董事长。1997 年美国《时代周刊》授予他“年度风云人物”称号，1998 年美国管理学会授予他“年度杰出经理”荣誉称号，2001 年他获得战略管理协会“终身成就奖”。2004 年，被沃顿商学院提名为 25 年来最有影响的 CEO；美国当地时间 2016 年 3 月 21 日消息，安迪 · 格鲁夫逝世，享年 79 岁。安迪 · 格鲁夫是著名管理大师彼得 · 德鲁克的忠实粉丝，深受彼得 · 德鲁克的管理思想的影响。OKR 就是在安迪 · 格鲁夫的主导之下，在探索如何管理知识型员工、如何促进员工创新的实践中创立的一套系统的管理方法。

约翰 · 杜尔（John Doerr，1951 年 6 月 29 日至今）

生于美国密苏里州圣路易斯，美国硅谷三大投资人之一，美国加利福尼亚州硅谷门洛帕克 KPCB 公司的创业投资家和风险投资商。2009 年 2 月，杜尔被任命为总统经济复苏咨询委员会（President's Economic Recovery Advisory Board）的一员，给总统和他的行政部提供建议和咨询，试图解决美国经济衰退的问题。2013 年 3 月，杜尔以总财富 27 亿美元被《福布斯》(*Forbes*）评为全球第 527 位最富有的人；2019 年，他以 75 亿美元的资产排名美国 400 富豪榜第 67 名。1999 年，约翰 · 杜尔将 OKR 带到了谷歌并在全世界推广这一管理工具。

目录

第1章　OKR已死，还是亟待改进

VUCA时代的外部环境易变性、不确定性、复杂性、模糊性特点，迫使企业在内部组织管理能力提升上寻找解决方案。OKR正是适应未来进化型自组织的一种员工目标自我管理工具，尤其适应强调“方向×试错”的战略管理模式下的目标管理。然而，OKR引入中国后却陷入实施困境：很多企业因为实施KPI没有带来好的效果而使用OKR，这些率先实施OKR的企业很快在实践中再次遭遇尴尬，结局不尽如人意，甚至有点让人沮丧。

第2章　OKR开发与应用“1+4+1”启程准备

“成功总是偏爱有准备的人”，这句话即使在今天也不过时。无论我们做任何事情，精心准备对于事情成败往往是至关重要的，这样的道理同样适用于 OKR 的启程。

第 3 章 设计公司使命、愿景、战略与目标

OKR 最大的优势在于短周期执行，频繁地回顾 OKR 适应了外部环境快速迭代的需求。但是仅仅关注短周期可能会造成短视，因此要将 OKR 放在更大的战略框架中考虑，这就是 OKR 背景。我们必须理顺使命、愿景、战略、OKR、Action 之间的逻辑关系。

第 4 章　设计公司季度 OKR

OKR 强调聚焦驱动战略目标实现的优先事项，公司 OKR 设定是从战略地图中按照优先顺序确定季度的 OKR，以确保公司将主要的资源聚焦、平衡于承诺型与愿景型 OKR 上，同时要确保 O 与 KR、Action 的一致性。

第 5 章　设计部门与员工分级 OKR

由于 OKR 强调自下而上迭代以挖掘底层员工创造力，所以部门与员工分级 OKR 分解并不是严格按照层级展开，总经理 OKR 可以直接与某位基层员工关联；同时，部门与员工分级 OKR 还强调对齐，以促进日常工作中的横向协同。

第6章 OKR 运行刷新与复盘

OKR 全球实践默认流程是季度，但季度不是"紧身衣"，任何团队最关键的是要有一个固定周期去使用 OKR，有些敏捷的公司把周期设定为6周，也有些公司以月度为单位开展 OKR，还有一些公司选择年度、季度两种方式并行开展。

1

第1章

OKR 已死，还是亟待改进

VUCA 时代的外部环境易变性、不确定性、复杂性、模糊性特点，迫使企业在内部组织管理能力提升上寻找解决方案。从金字塔组织到创新型组织，以及未来的进化型自组织，企业的组织一直在不断地演变。而 OKR 正是适应未来进化型自组织的一种员工目标自我管理工具，尤其适应强调“方向 × 试错”的战略管理模式下的目标管理。

然而，OKR 引入中国后却陷入实施困境：很多企业因为实施 KPI 没有带来好的效果而使用 OKR，在引入期都对 OKR 赋予了较高的期望。但令人遗憾的是，经历当初激动人心的 OKR 培训演讲、高层 OKR 实施动员、公司与部门乃至员工 OKR 讨论设定、OKR 模拟实施到正式实施后，这些率先实施 OKR 的企业很快在实践中再次遭遇尴尬，它们发现原本被赋予较高期望值的 OKR 在实践中没有达到当初培训师们宣传的那些效果，结局不尽如人意，甚至有点让人沮丧。

1.1 OKR 中国之旅的五大困境

OKR 起源于 20 世纪 80 年代英特尔公司推行的“粉碎行动计划”，OKR 作为该计划实施的助力工具至今已经有 40 年的发展历史。如今，OKR 风靡硅谷并在谷歌、脸书、领英等企业得到了广泛运用。硅谷企业有其独特的核心能力、发展环境与国家文化，如果忽略这一点盲目引进必然会造成 OKR 的“水土不服”。一些中国企业领导看了一段 OKR 介绍视频、听了一场 OKR 公开课或读了一本有关 OKR 的书以后就草率地引入 OKR，甚至一些企业经理人为了完成自己的“业绩”而强烈要求引入 OKR。他们很少深刻地去分析、理解 OKR 应用的环境背景等要求，凡此种种必然会导致企业引入 OKR 后在实施层面陷入以下几个方面的困境。

困境 1：战略方向不清晰导致目标设定缺乏必要的来源依据。

OKR 强调试错，但并非让企业在没有战略的背景下盲目地试错，无论是公司层面的 OKR，还是部门、员工层面的 OKR，都必须在统一的战略语境下设定。然而每当我们跟互联网公司的人谈到这一点时，他们中的不少人都告诉我，公司没有战略！理由是外部环境迭代的速度太快，根本无法制定战略，更有甚者认为互联网公司根本不需要战略。我认为，这是一种对战略理解认识上的错误与偏差。

在现实中，不同的人对战略的理解也不尽相同。在大学教授眼里，战略是管理的理论，是一本本书籍和学术报告，是一门从大学本科到博士研究生需要学习数年的课程；在学生眼里，战略是一门玄妙到高深莫测的大学问，是一些似懂非懂的体系与理论框架。在穷人眼里，战略就是怎么能赚到钱来满足他的基本生活；而在富裕的商人眼里，战略就是如何赚到更多的钱，这些钱不仅能够满足他的基本生活需要，而且能使他生活得更好。但是商人不是企业家，他们永远无法达到企业家对战略认识的境界。

从企业发展的维度来分析，处于不同发展阶段的企业家眼里的战略是不同的。

企业处于创业期时，其战略决策更多地依赖创业者的直觉，他们眼里的战略其实就是一种感觉，完成资本的最原始积累就是他们在这个阶段特定的战略目标。这时企业的战略往往是十分短视的，因为“人穷志短”，只能想着明天有没有米下锅，所以企业的战略是“什么赚钱就做什么”。在这个阶段，企业的领导者如果突破了战略思维的短视，就能走上另一个台阶，使自己的企业进入成长期；如果无法突破其战略思维的短视，就无法进入成长期。所以，我们在全国各地讲课和与中国企业创业者进行沟通交流时经常说：“创建一家企业并没有什么了不起，因为在特定的时期，创建企业只是完成了资本的最原始积累，而重要的是具有实现资本不断增值的能力！”

企业处于成长阶段时，大部分企业家眼里的战略更多的是一种经验。正所谓老马识途，很多成长期企业的伟大战略决策都与创业者丰富的经验认识密不可分，如谷歌公司的拉里·佩奇及其精英团队拥有让谷歌保持旺盛的创新能力与经验，正是这样的能力与经验才让谷歌为客户打造出了一个又一个超乎想象的、令人尖叫的产品。在众多中国企业的成长期，企业家的经验确实成就了一批中国企业，但经验不是成长期企业唯一的成功因素，当经验假设的环境前提发生重大变化以后，企业家如果还是墨守着经验主义来经营企业，就会使企业陷入经营的“黑洞”。中国互联网公司之所以从创业到C轮后就消失一多半，与企业领导犯了“尊重了历史，忽略了变化”的经验主义、缺乏战略思维错误有很大的关系。

当企业顺利经历了成长期的考验进入成熟期以后，在企业家眼里，战略就变成了一种决策工具和管理方法。在这个时期，企业家开始意识到企业应当将战略作为企业管理的核心，企业所有的职能行为都应当紧紧地围绕其战略来实施，而战略的决策也不再依赖自己的直觉与经验。所以，战略管理的方法和工具受到企业家的重视。在他们眼里，战略不再是虚无缥缈的务虚的东西，而是一个实实在在的能够引领企业未来发展的纲领，它甚至还是关系到企业未来的管理体系。进入这个阶段后，企业家的决策与行为越来越成熟，所以企业不太容易倒闭。因此，一些企业家会提出“百年企业”的主张，他们已经既有了将财富向下一代传承的能力，也有了使资本不断增值的能力。

不同阶段的企业家眼里的战略是不同的。这说明，任何处于不同时期的企业都有固有战略管理的表现形态，无论这个企业是采取显式的、自觉的战略管理模式，还是采取隐式的、自发的战略模式，都在进行战略管理，只是其表现形态不一致。而处于不同时期、不同环境下的企业，适合的战略管理方式是不同的。

由于对战略的认识上的误区，不少中国企业缺乏主动梳理企业战略的意识，甚至缺乏规划自身战略的能力。OKR 需要放在大的战略背景下思考，互联网商业环境的快速迭代需要我们更加认真地思考公司的战略方向，并有效地通过鼓励试错来找到公司未来发展的战略目标与实现路径。如果公司的战略方向不清晰，那么 OKR 设定中的 O（Object，目标）就失去了来源与依据，后面的 KR（Key Results，关键成果）和 Action（行动）的设定也成了“无本之木、无源之水”。

困境 2：员工缺乏自我价值实现的追求，OKR 难以实现挑战性。

虽然同属互联网行业，但是不少中国互联网公司的实际属性与硅谷的互联网公司的实际属性存在巨大差异。首先，硅谷的互联网公司采用典型的“全球创新精英团队”招聘方式，致力于打造“全球创新精英文化”。以谷歌为例，为了保持精英属性，谷歌公司的招聘有着十分严格的面试标准，所有候选人在进入谷歌公司之前，都需要经过公司“近乎残酷的 12 轮面试”。即使今天谷歌已发展成为全球跨国公司，但依然在招聘上要求异常严格，根据谷歌前任人力资源（HR）部门负责人拉斯洛透露的数据：每年有 300 多万名世界名校毕业生来谷歌应聘，但是最后仅有 700 人左右被谷歌录取。而一个意欲仅靠传统商业模式和一丝不苟的执行来获得成功的“互联网公司”（如做二手车交易的互联网公司），其团队不可能按照“全球创新精英团队”招聘标准来打造。

其次，硅谷互联网公司苛刻的招聘要求对应的是高薪酬、高福利待遇。高薪酬、高福利的合理运用，能释放出精英团队人性中最积极的因素，能促使精英团队不断地突破技术瓶颈，打造出一个又一个令客户惊喜的成果。谷歌公司是全球最佳雇主之一，提供全球近乎完美的高薪酬、高福利待遇。美国雇主评价网站 Glassdoor 2017 年发布的一项数据显示，谷歌平均年薪可以达到 15.5 万美元，居当年全球薪酬排行榜第四位，与此同时，这些幸运的工程师还可以持有谷歌公司不断增值的股票。正是这样的高薪待遇，才吸引着美国常春藤名校毕业生尝试谷歌提供的空缺岗位面试的机会。正是基于这样的假设与薪酬福利待遇，谷歌公司才实施了基于人性积极理论的 OKR 工作法，以求挖掘“创意精英”的创造力。

美国心理学家亚伯拉罕·马斯洛于1943年在《人类激励理论》中提出了著名的马斯洛需求层次理论，将人类需求像阶梯一样从低到高分为五个层次（见图1－1）。

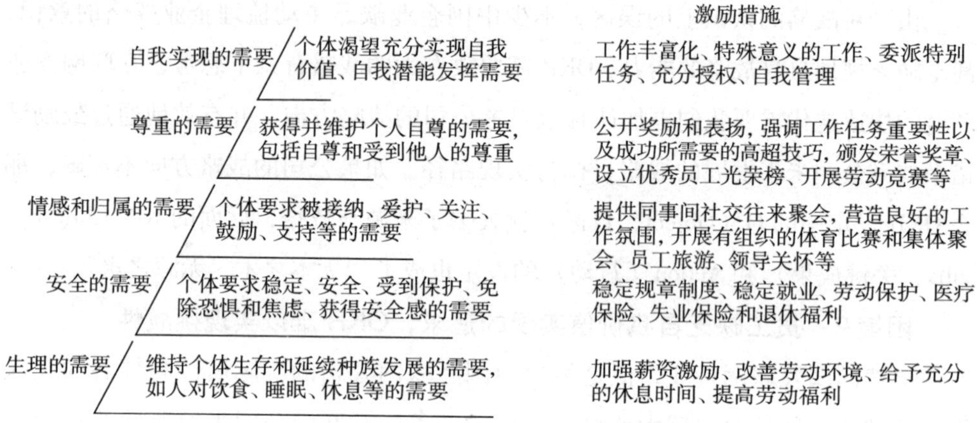

图1－1　马斯洛需求层次理论

马斯洛需求层次理论有两个基本出发点：一是人人都有需要，某层需要获得满足后，上一层需要才出现。二是在多种需要未获满足前，首先满足迫切需要；该需要获得满足后，后面的需要才显示出其激励作用。一般来说，某一层次的需要相对满足了，就会向高一层次发展，追求更高层次的需要就成为驱使行为的动力。五种需求像阶梯一样从低到高，按层次逐级递升，只有在极其特殊的情况下，这种次序才会出现例外。

由此可见，那些急于在自己的企业中实施OKR的公司高层，首先要冷静思考：公司的员工到底处于哪个层级；同样是“互联网公司”，但自己的公司打造的平台是否如谷歌、脸书、领英等硅谷的高科技公司那样，足以支撑引导员工去追求自我价值。不要一味地说“自我价值实现”是最好的激励，如果员工连最基本的薪酬、福利等物质需求都没有得到满足，连最基本的生存安全感都没有，又如何让他们去挑战自我、优先追求“自我价值实现”？我们有时候抱怨员工不思进取、没有追求，极有可能是因为他们的某些低层次需求（生理、安全、情感和归属）未得到充分满足，这正是员工“不思进取”“没有追求”动机的最主要动因。OKR是在硅谷自组织的场景应用下被发扬光大的，而自组织的首要特征就是员工需要自我管理，拥有强烈自我价值实现的追求动机，早已脱离了满足较低层次需求的阶段。因此，如果中国互联网公司的管理者想使用 OKR 激发员工自我价值实现的动机，就得先满足员工低层次需要，再考虑通过使用 OKR 引导他们追求更高层次的需求。

困境 3：企业缺乏创新能力，60%的自我 KR 设定不具有操作价值。

很多企业使用 OKR 是期望激发企业员工的创造力，推动公司不断试错、创新。但是，仅仅靠引入 OKR 工具就能够推动企业创新，抑或只有企业最高层领导营造出一个创新的企业文化氛围，就能实施 OKR 并获得成功吗？似乎所有的 OKR 研究人员都没有认真思考过这个问题。

事实上，管理工具可以助力企业文化的培育，但是如果企业只关注工具，却不重视工具本身所需要的创新文化的建设，OKR 肯定无法有效地助力企业创新文化的打造，更无法推动员工不断创新、挑战更高的目标。如果企业缺乏鼓励员工自由梦想的环境，不可能凭一个 OKR 的管理工具就能激发出员工无与伦比的创造力。最伟大的创新的源泉应该是“创新思想”。正如埃文斯评价福特汽车的创新：“他真正的天才创意在于，每个人都应该拥有一个关于汽车的理想！”我们在创新领域与先进公司存在差距的根源之一在于思想的差距，引用美国著名经济学家保罗·罗默的一句话：解释经济差距，我们不仅要研究工厂和交通设施，还必须以相同的热忱去研究“思想的差距”，以及与创造思想相关的知识生态和思想市场。

实施 OKR 首先要企业最高领导打破思想的禁锢，在企业内部建立开放、创新的文化，能够主动拥抱 OKR，让员工充分自由地思考，打造出一个具有“创新能力”的高绩效团队。创新不能走老路，要求我们在思想、路径、方法与工具上都有所突破，敢于想象和试错。我们必须意识到，创新需要深厚的历史经验和技能的积累，如果员工团队缺乏对现实的理解，甚至连“模仿”都没有学会，“创新”就无从谈起。在实践中，OKR 实施首先强调运用 O 来引导团队前进的战略方向，在“方向 × 试错”的战略管理模式情景下，O 不可能设定得具体、数据化，因此需要在一个更短的周期（如季度）内设定 KR，通过可衡量的、可量化的 KR 来度量 O 的进展状态。同时，为了挖掘底层员工的创造力，OKR 要求 50% 的 KR 来自员工自我提议设定。OKR 还鼓励员工在季度内根据自己对 KR 信心指数的判断，不断地迭代、刷新 KR；如果 KR 在很长周期内没有被刷新，那么极有可能说明该员工在 KR 设定上没有积极地尝试创新。由此可以看出，KR 的设定有很大的操作难度与挑战性；对员工自身的历史经验、技能积累要求非常高，因为只有员工的历史经验、技能积累达到一定高度，才能探索、提出能够准确度量 O 进展情况的 KR。

困境 4：更短周期的 OKR 设定因增加员工工作量而遭遇反感、抵触。

与传统产业相比，一些创新型、朝阳型产业由于外部环境迭代速度快、战略调整周期短，所以更加青睐短周期的 OKR 设定。尽管 OKR 实践没有统一的周期标准，但是年度与季度的 OKR 设定、月度审视、周行动迭代是绝大多数实施 OKR 企业的选择。更短周期的 OKR 设定的目的就是确保组织绩效目标设定与外部环境快速迭代相适应，从而提高组织目标设定与外部环境匹配的敏捷性。

OKR 的做法本身无可厚非，但是在实践操作中却在很多企业中遭遇了员工的反感、抵触，员工甚至认为更多周期的目标与计划增加了他们日常不必要的工作量，久而久之便对 OKR 产生了懈怠情绪。北京某互联网公司在 2016 年引入 OKR 体系，刚开始时公司高管十分重视 OKR 导入，公司联合创始人亲自在公司内部组织 OKR 学习并宣传动员。由于高层的倡导，在 OKR 培训师的鼓动下，公司开始开发出年度 OKR 并将其分解到季度，随后将公司季度 OKR 分解到部门乃至员工，在部门与员工层面强制要求按照“O－KR－Action”的逻辑思路设定自己的 OKR，部门与员工层面的 OKR 按照季度设定，而 Action 则按照周频度设定。然而，OKR 实施仅不到半年，公司联合创始人就发现 OKR 并不像当初想象的那样能够受到员工的热烈响应——在半年运行期间，员工发现为 O 设定一个有挑战性且能准确度量 O 进展的 KR 异常困难，于是 KR 刷新频度变得越来越慢；同时，虽然公司没有将 OKR 与考核挂钩，但是实施了 OKR 透明、围观制度，使很多员工因为担心 OKR 自我评估后得分较低被大家围观，所以提议的 OKR 相对保守、缺乏挑战性，致使实施结果与原来引入 OKR 时的初心渐行渐远。

困境 5：OKR 费时费力，最后成了沟通工具，被迫与绩效考核挂钩、回归 KPI。

很多公司引入 OKR 时发现，如果不把 OKR 与绩效考核挂钩，似乎没有什么好的方式来鼓励员工使用 OKR。硅谷很多企业虽然没有直接将 OKR 与考核、奖金激励挂钩，但是将 OKR 当作员工参与项目孵化、实现自我价值的管理工具来用，并将其运用于项目管理中，让参与项目的每位员工通过使用 OKR 来实现自己的创业梦想。这些项目如果研发成功，会立刻转化为一个个待孵化的项目公司，随后在资本市场不断路演、吸引风险投资，随后再不断迭代产品并探索商业模式，原来参与研发的项目组成员就会成为待孵化项目公司的股东。硅谷企业这种独特的激励员工的方式本质上是赋予每位项目成员使命感，把员工个人价值的实现与项目公司未来的命运紧密联系在一起。在这样的“以创业者为本”的特殊的项目激励模式下，每位使用 OKR 的项目成员必然会迸发出无与伦比的创造力，享受一次又一次克服研发道路上困难带来的成功与快乐。

而我国很多互联网公司本身不具备这样的先天背景优势，真正采取硅谷公司这种激励模式的少而有之。当 OKR 失去了原来“以创业者为本”的激励环境，其实施效果就开始变得十分尴尬，无法发挥应有的作用，仅仅变成了公司内部目标沟通的工具，甚至最后被迫与绩效考核、奖金挂钩，OKR 再次变成了 KPI。

因此，中国企业里的每位 OKR 推动者必须考虑清楚，如何利用 OKR 工具更好地激励员工。如果失去了“以创业者为本”的激励环境，那么 OKR 实施效果必然会大打折扣，甚至成为员工的负担。这不仅不利于发挥 OKR 本身应有的激励员工的作用，反而会影响公司内部的团结与创新文化的打造。

上述内容是近两年来众多中国企业引入 OKR 时陷入的五大困境，如果处理不当，就很难在企业内部有效地实施 OKR，OKR 的中国之旅就会遭遇我们不想看到的“滑铁卢”。

OKR 已死，还是亟待改进？

这一切取决于每位 OKR 的推动者，更取决于每位企业 OKR 的践行者。

未来我们将会交上什么样的 OKR 答卷？让我们拭目以待！

1.2 OKR 战略管理模式的适用情景与源起

2016 年，OKR 正式开始了其中国之旅，笔者仍旧坚信未来有越来越多的企业会尝试 OKR。要正确地面对 OKR 实施的挑战，为 OKR 的中国之旅交上满意的答卷，我们应首先理解 OKR 战略管理模式的适用情景与 OKR 的源起。

1.2.1 OKR 战略管理模式的适用情景

全球的商业环境在快速地刷新、迭代，我们都在设法预测未来，以期更好地掌控未来。大多数公司战略都建立在企业家对未来特定的信念上，一旦选定了战略，企业就需要全神贯注地执行，投入最优势的资源，期望通过坚持、执着和强大无比的战略执行力来获得成功。

但遗憾的是，现实的残酷迫使我们不得不去面对一个事实：未来是那么不确定。我们一直崇尚“成功 = 战略 × 执行”的公式，但是在每年的滚动战略修订后，我们很快就会发现在执行中很难精准地把握并影响战略行动。而一旦遭遇了战略失败，人们往往习惯在执行上找问题。然而，即使拥有了正确的战略与执行，成功并不总是如期而至。看似完美的战略加之有力的执行，其结果却不尽如人意，甚至与原定目标背道而驰。

战略预测、规划与环境的不确定之间往往会发生冲突，未来的难以预知与按照未来可预知的思路规划未来，本身就是一种矛盾。因此，基于可知的战略规划与执行效果欠佳，也就在情理之中！我们发现，不确定性的“运气”是如此重要，既因为它的变幻莫测、难以把握，也因为它的变化趋势会影响当初我们制定的战略的正确性。似乎所有成功的企业家都需要拥有一个共同特质——不仅能够用战略愿景来凝聚人心，还能够对“运气”进行监控与管理，能够在企业内建立鼓励创新的战略执行氛围，容忍、鼓励公司员工在执行中不断地“试错”。企业家必须擅长根据自己企业所处商业环境的特性，在“战略 × 执行”和“方向 × 试错”两种战略管理的模式中做出正确的平衡与选择。

“方向 × 试错”不是让我们普遍地、毫无节制地去尝试所有可能实现战略的路径，也不是让我们“摸着石头过河，走到哪儿是哪儿”，而是让我们保持对复杂环境迭代的警惕和敬畏。“试错”应当是一个在可控范围内的低成本尝试，小步快走、积极试错、积极调整，最终明晰战略目标并找到战略执行的有效路径。

“方向 × 试错”就是 OKR 诞生的战略管理模式的情景！

1.2.2 OKR 的源起

何谓 OKR？它如何支持我们在“方向 + 试错”的情景中开展公司的战略管

理？要回答这些问题，需要先谈谈 OKR 的源起。1979 年底，英特尔公司开发的微处理器 8086 被速度更快且更容易实现编程的摩托罗拉 68000 所取代，公司再次陷入巨大困境，面临没有时间重建 8086 优势的现实，英特尔公司如何用一手“烂牌”战胜强大的对手，成为当时英特尔公司新掌门人安迪·格鲁夫执掌英特尔后的重要使命之一。安迪·格鲁夫与摩托罗拉进行对标分析后认为，尽管形势非常严峻，但与摩托罗拉相比，英特尔仍旧具有以下几个方面的“优势”。

（1）英特尔公司拥有广泛的产品系列和系统性能。

（2）英特尔公司有出色的技术支持和较低的运营成本。

（3）借助英特尔公司的外部设备，相关产品能够更快速地进入市场。

（4）借助英特尔公司的设计辅助工具，工程师可以更高效地开展工作。

（5）对比摩托罗拉，英特尔是技术领先者，专注于内存芯片、微处理器和操作系统研发。

安迪·格鲁夫拟订了具体的实施方案，通过配置英特尔公司优势资源来应对摩托罗拉带来的挑战。他把这场战役命名为“粉碎行动计划”，旨在“建立一种紧迫感，并启动关键决策和行动计划，以应对威胁生命的竞争挑战”，其 O 就是“使 8068 成为性能最好的 16 位微处理器系列”。在这场战役中，安迪·格鲁夫并没有重新调整英特尔公司的产品领域，而是使用了自己的秘密武器——目标管理。目标管理犹如一个涡轮增压机为英特尔公司前进动力增压，推动英特尔公司飞速前行。

英特尔公司当时并没有将这个目标管理工具取名为 OKR，而是称其为 IMBO（Intel Management By Objective）。安迪·格鲁夫告诉英特尔公司每位经理秘密武器 IMBO 是什么——IMBO 包含了目标（O）与关键成果（KR）两个部分：

✓ O 是 Objectives，KR 是 Key Results，OKR 就是 Objectives and Key Results，即目标与关键结果法。

✓ OKR 是一种战略目标任务体系，是一套明确目标并跟踪其完成情况的管理工具和方法。

✓ OKR 由一个需要极致聚焦的明确目标和量化该目标的数个关键结果组成。

安迪·格鲁夫解释道：这种 IMBO 的两个关键词是“目标”和“关键成果”，它们分别对应着两个目的：目标是方向。关键成果需要得到评估，但是最终结果显而易见，根本不需要出现“我做了这个吗”或者“根本没做”等争论，只需明确“是”或“否”，就是这么简单。

安迪·格鲁夫要求围绕“粉碎行动”的目标——“使 8068 成为性能最好的 16 位微处理器系列”展开目标分析。图 1-2 是英特尔公司 1980 年第二季度推出的“粉碎行动”OKR 和相关工程部门的 OKR 示例。

英特尔公司目标
使8086成为性能最好的16位微处理器系列

关键成果（1980年第二季度）
1. 开发并发布5个基准，显示8086系列的性能（应用开发部）
2. 重新包装整个8086系列产品（市场营销部）
3. 将8MHz部件投入生产（工程部、制造部）
4. 最迟6月15日，对数学协处理器进行采样（工程部）

工程部门目标
5月30日前向CGW公司交付500个8MHz8086部件

关键成果（1980年第二季度）
1. 4月5日前完成成像照片
2. 4月9日前向芯片制造厂交付2.3版本
3. 5月15日前完成磁带测试
4. 最迟5月1日，芯片制造厂开始制作产品样品

图 1-2　英特尔公司在“粉碎行动”中的 OKR 示例

安迪·格鲁夫给予的指示十分明确，“我们要在 16 位微处理器市场上获胜。我们致力于实现这一目标。”直到这些事项有效完成之前，公司上下都应将其视为优先事项。作为一家估值数十亿美元的公司，决定性的转折就发生在一瞬间。“粉碎行动计划”开始时，英特尔靠的是给用户“画饼”的“未来产品目录”，看起来是一手“烂牌”，然而，当我们把视野放大、时间拉长，却看到一场史诗般的胜利，安迪·格鲁夫秘密武器 OKR 的价值就在于：

✓实现短期聚焦。

✓唤醒全员加速。

✓凸显长期愿景。

安迪·格鲁夫的秘密武器 OKR 确保了当时的英特尔将整个组织的力量都聚焦于“粉碎行动”的目标上，进而获得了巨大成功。

OKR 工具的方法论由英特尔公司首创，而将其在实践中真正推广使用的则是谷歌公司。谷歌公司在成立不到一年时就引入了 OKR 工具，当时是随着原英特尔公司负责产品开发、市场与销售的约翰·杜尔（John Doerr）投资谷歌后引入的。约翰·杜尔于 1974 年加入英特尔公司，1999 年将 OKR 介绍给当时谷歌的联合创始人兼 CEO 的拉里·佩奇（Larry Page）。约翰·杜尔在其专著《这就是 OKR》中描述了当初把 OKR 介绍给拉里·佩奇的场景。

“Google” 来源于 “Googol” 一词，指的是 10 的 100 次幂（方），代表互联网上的海量资源,① Google 被公认为全球最大的搜索引擎。谷歌公司（Google Inc.）成立于 1998 年 9 月 4 日，由拉里·佩奇和谢尔盖·布林共同创建，是一家位于美国的跨国科技企业，业务包括互联网搜索、云计算、广告技术等，同时开发并提供大量基于互联网的产品与服务，其主要利润来自 AdWords 等广告服务。其主要发展历程如下：

✓1999 年下半年，谷歌公司网站 “Google” 正式启用。

✓2010 年 3 月 23 日，谷歌宣布关闭在中国大陆市场搜索服务。

✓2015 年 8 月 10 日，谷歌宣布对企业架构进行调整，并创办了一家名为 Alphabet 的 “伞形公司”（Umbrella Company），谷歌成为 Alphabet 旗下子公司。

✓2015 年，谷歌重返 “世界 500 强” 排行榜榜首，苹果和亚马逊分别居第二位和第三位。

✓2015 年 11 月 4 日，谷歌无人机业务主管沃斯透露，预计 2017 年推出无人机送货服务。

✓2016 年 6 月 8 日，《2016 年 BrandZ 全球最具价值品牌百强榜》公布，谷歌以 2291.98 亿美元的品牌价值重新超越苹果成为百强第一。

✓2017 年度全球最具价值品牌 500 强排行榜（Brand Finance）上，谷歌再次荣登榜首。

✓2018 年，根据 StatCounter – Desktop Browsers 统计，谷歌的 Chrome 浏览器的全球市场份额为 67.63%，继续称霸全球。

---

① 肖恩·安德森在搜索该名字是否被注册时误打成了“Google”。

从谷歌公司的实践过程可以发现，OKR 适用于公司、部门和个人，是一种简便易行的目标管理工具。OKR 一直伴随着谷歌公司成长，谷歌公司现在仍将其作为内部绩效管理的一个主流工具。

谷歌公司认为实施 OKR 的基本方法是：首先要设定“目标”（O），O 的设定必须达到明确、可衡量的标准，例如，“我想把公司做得更好”就不符合明晰、可衡量的标准，而“让公司销售收入提升 30%”“让公司利润提高 30%”则符合明确与可衡量的标准；在清晰地设定并定义 O 后，还需要围绕 O 的实现进行必要的驱动因素分析，设定若干支持 O 实现的、可以量化的“关键成果”（KR）。

谷歌实施 OKR 时，按照年度、季度周期来设定 O：年度目标统领全年，来自谷歌公司战略愿景的最直接分解；季度目标则结合互联网时代瞬息万变的外部环境来进行调整，但一般在季度调整后，O 不能随意改变，每季度还需要根据季度目标驱动因素分析的结果设定 KRs。

此外，从组织层级上看，公司、团队、主管和个人都有不同层级的 OKR。谷歌公司认为，OKR 的总体数量要适度，OKR 太多会导致员工的工作失去重点、缺乏聚焦。因此，谷歌的员工通常会在每季度制定 46 个 O，每个 O 分别对应的 KR 不超过 4 个。到了季度末，员工需要给自己的 KR 打分——这个打分过程只需花费几分钟时间，分数在 0 ~ 1 分，最理想的得分为 0.6 ~ 0.7 分。如果达到 1 分，说明目标定得太低；如果低于 0.4 分，则说明工作方法可能存在问题。

在谷歌公司里，上至 CEO，下至每位基层员工，所有人都有对内公开的 OKR，公司内部的信息平台上能按权限检索到同事的当前 OKR 和以往 OKR 的实施情况。谷歌公司认为，OKR 的公开化有助于谷歌员工了解同事的工作。OKR 虽然不是决定员工晋升的一项指标，但是可以帮助员工关注自己取得的成绩。例如，谷歌的一位员工在提出晋升申请时，首先需要看的就是自己过往的 OKR 成绩，这样能对自己为公司做过的贡献大小了然于胸。

以下是 Google 公司 OKR 使用的示例：

案例：谷歌公司 OKR 应用举例

◆ OKR应用举例

在金融危机中，谷歌寻求增加营收的方法，最终确定用博客作为创收的突破口。由此，根据"加速博客收入的增长目标"制定了以下"关键结果"，如发布"Monetize"按键，发布3个营收方案并比较哪个对营收增长有促进作用。

目标：加速博客收入的增长。

关键成果：

➢向所有用户增加放置盈利广告的栏位。

➢增加广告主通道，以提高RPM 80%。

➢启动3个收入调查，研究什么驱动了收入的增长。

➢完善博客广告网络的研发，确保Q1的工程师配置。

如果要增加网站流量，就会设定以下对应目标的"关键结果"。

目标：博客流量60%的可持续增长。

关键成果：

➢增加3个功能点，以获取可衡量的博客流量增长。

➢提高博客对404错误页面的处理，对以404错误页面为欢迎页面的站点，延长用户15%的在线时长，提高30%的浏览量。

当博客信誉降低时，公司发布了对应的"关键结果"。

目标：提高博客声誉。

关键成果：

➢在3个业界大事件中发声，以求重新建立博客的领先地位。

➢协调博客10周年庆的公关工作。

➢找到博客访问量排在前50位的用户并前往拜访。

➢完善数字版权的处理程序，消除音乐板块被取缔的风险。

➢在维特上增加@blogger的功能，经常参与关于博客的话题。

◆ OKR交流形式

形式一：一对一的交流，即个人和他的管理者沟通。尤其是在本季度结束、下一季度开始时，要协商制定好关键结果是什么。不仅员工个人要说明自己想做什么，而且上级要表达他需要员工做什么，最好的情况是两者得到结合。同时，应监督进展。

形式二：全公司的员工会议以小组的形式召开，各小组的负责人参加并介绍自己团队的OKRs，最终大家一起打分评估。

◆ OKR评分

目标：加速博客收入的增长（0.7）。

关键成果：

➢向所有用户增加放置盈利广告的栏位（1.0）。

➢增加广告主通道，以提高RPM80%（0.3）。

➢启动3个收入调查，研究什么驱动了收入的增长（0.7）。

➢完善博客广告网络的研发，确保Q1的工程师配置（0.8）。

在每个季度末期，谷歌将会对 OKR 考核结果打分，分值从 0 到 1，1和0分别表示完全完成和完全没有进展，一般分值为 0.6~0.7。如果获得1分，则表明目标太简单；如果分值低于0.4分，则员工需要反省哪里做错了。

对员工的OKR评分

➢0.6~0.7分是你的目标。
➢分数没有过程重要。
➢全公司范围的评分有助于协作与相互认可。
➢适用较低的分数重新评估某项工作/目标是否值得做，需要如何变换工作计划才能完成目标。

公开对公司的OKR评分

➢公司季度会议。
➢对上一季度的OKRs评分。
➢让OKR的拥有者解释分数，解释对下一季度的调整。
➢设定本季度的OKRs。

谷歌公司 OKR 案例中实施的关键要点如下：

（1）设定年度、季度双周期 OKR。

谷歌公司每个年度、季度都有 OKR，年度 OKR 根据季度的实施验证进行修订。一般来说，如无特别理由，O 变动的比例相对较小；KR 变动的频度很大，甚至在一个季度中有若干次的调整、迭代。在实施过程中，季度 OKR 可以迭代年度 OKR，但是必须要有依据，有足够的理由说服自己和同事。如果随心所欲地调整，那么 OKR 就成为“做到哪里就写哪里”的记录表，根本实现不了其挖掘员工创造力、激发自我驱动力的目标。

（2）O 有野心，KR 可量化，Action 可操作。

谷歌公司的 OKR 分为 O、KR、Action 三个部分：O 要具有野心、挑战性的特征，可以是一个方向，可分为“愿景型 OKR 和承诺型 OKR”；KR 则度量 O 在本周期是否实现，因此必须量化且可评价；Action 则一般以周为频度，是为确保 KR 实现而采取的具体行动，这种具体行动具有很强的可操作性。

（3）公司、部门、个人层面都有 OKR。

与脸书不同的是，谷歌公司是全员实施 OKR；而脸书的 OKR 不是强制的，而是可以选择的。华为公司与脸书一样，采取了更为宽松的 OKR。由于谷歌公司全员实施 OKR，更强调上下、左右 OKR 的对齐，如果有人没有展示其 OKR，管理者会定期发送电子邮件，列出黑名单。

（4）全公司透明公开。

在谷歌公司，OKR 是一个“令人发指”的沟通工具，因此强调全公司透明公开，公司的 OKR 软件基本对每个员工都设置同样的权限。透明公开的目的就是促进谷歌公司创意工程师之间有效沟通，进而确保部门协作的高度协同。

（5）强调上下左右对齐，但是更加强调优先顺序。

公司、部门、个人的 OKR 可以自上而下，也可以自下而上，从两个方向收集 OKR 信息时花费的精力可以各占 50%，但是最后的 OKR 贡献最好有 60% 来自基层员工的创造。公司 OKR 不是部门 OKR 的汇总，部门 OKR 也不是个人 OKR 的汇总，而是不超过 5 个优先级别最高的 OKR。

从谷歌公司的案例可以看出，OKR 带来了以下 5 个好处：

第一，促使谷歌公司思考 O，理顺优先级别，最主要的目标会随之浮现。

第二，OKR 促使谷歌公司跨部门沟通更顺畅，让每个人都知道需要如何互相配合。

第三，从年度 O 到季度 O，到 KR，再到 Action，有效地平衡长周期战略与短周期运营。

第四，谷歌公司的 OKR 强调"少即是多"，优先、聚焦等思想能让员工集中地为战略而努力。

第五，OKR 与绩效考核分离，使员工的工作不以考核为目的，极大地挖掘了员工的创造力。

1.3 传统绩效管理工具的六大挑战

OKR 近年来风靡中国的原因之一，是传统绩效管理在实施中面临六大挑战。自 20 世纪 90 年代关键绩效指标（Key Performance Indicator，KPI）等管理工具传入中国后，KPI 曾经极大地推动了中国绩效管理的进步，促进中国涌现出华为、阿里等优秀企业。例如，阿里巴巴将 KPI 考核与价值观考核结合，孵化出支付宝、淘宝等优秀的业务；华为公司坚持使用的 PBC 实际上也是 KPI 考核的一种，它帮助华为从营收 14 亿元成长为营收超过 7000 亿元的世界级企业。但是在 VUCA 时代，KPI 考核似乎显得十分机械、笨重，尤其是针对创新型的企业，KPI 等传统绩效管理手段扼杀了很多优秀企业的创造力，在实践中仍旧面临以下六个方面的挑战：

挑战 1：战略导向与敏捷响应之间无法有效平衡。

我们在大量的管理咨询项目中发现，很多大企业特别关注战略规划，战略规划的周期一般为 5 年，通常会设定百年使命、二十年愿景、五年基本战略目标、三年滚动计划，再进行年度分解并将其与财务预算对接，这种战略管理是典型的“战略 × 执行”的模式。然而，在今天 VUCA 的环境背景下，“战略 × 执行”的模式往往不能适应外部环境快速迭代、目标短周期管理企业的需求（如互联网创业公司等），部分企业似乎更加匹配“方向 × 试错”的战略管理模式。而“方向 × 试错”的战略管理模式，要求企业必须平衡好长周期的战略导向与短周期的敏捷响应：由于企业进入的产业没有先例经验可参照，企业对于未来 1 年以上周期的目标无法做到特别清晰，可能只能设定一个方向，所以只有通过不断地试错才能最终努力找到企业战略目标实现的关键路径。

挑战 2：自上而下分解指标导致员工被动参与，抑制团队热情。

传统的绩效管理（如 KPI 指标）采取自上而下分解指标的方式，在实践中往往是集团公司总部直接给子公司下达指标，随后子公司再给部门、主管、员工一层一层地进行指标分解。尽管绩效指标下达的过程中上下级之间也进行必要的绩效沟通，但是仍旧带有强制性的单向“自上而下地分解”，往往很难得到下属的认可。由于在 KPI 指标分解过程中，下属员工是被动参与的，所以他们便会以“警觉、封闭、排斥、抗拒”的心态对待上级下达的指标分解，从而导致很多公司的 KPI 指标分解变成了“上下博弈”的游戏，进而极大地抑制了团队的热情，KPI 指标则演变成了强制的、不可调和的“政治任务”的代名词。

挑战 3：KPI 指标设定不当造成考核中产生负面问题。

KPI 指标设置不当导致考核中产生了负面问题，也是困扰众多企业绩效管理的问题之一。由于 KPI 最终要用于考核并与薪酬激励挂钩，所以下属员工就有强烈的动机采取不正当的手段操纵 KPI 数据，以使自己的绩效看起来表现得更好。如果一些企业实施正态分布排名，甚至会导致某些部门的员工人为操纵统计数据，以使其他部门的 KPI 数据看起来更糟。

举个简单的例子，在KPI考核的实践中，公司级“品牌美誉度KPI指标”一般都会被分解到市场部，并在日常绩效考核实施中以该“品牌美誉度KPI指标”考核市场部。这种KPI指标设定表面上看无懈可击，但实际上是典型的设置不当的考核指标，会产生很多的负面问题：“品牌美誉度KPI指标”数据的收集、调查由市场部主导，由于该指标要考核市场部，所以使得市场部有强烈的动机利用本部门调查的便利性进行“品牌美誉度KPI指标”数据的“人为造假”，通过人为的数据造假使“品牌美誉度KPI指标”看起来更好，从而使市场部在绩效考核中获得更高的分数。

挑战4：“唯考核、唯指标”桎梏员工的冒险精神，扼杀创新。

KPI考核实施不当还会造成因“唯考核、唯指标”而桎梏员工的冒险精神，扼杀创新。2007年1月，日本《文艺春秋》杂志刊登了索尼（Sony）公司前任常务董事天外伺郎一篇名为《绩效主义毁了索尼》的文章，天外伺郎在这篇文章中指出：索尼公司在井深大时代是一家非常有创造力的企业，在其发展历史上曾经创造了一个又一个让客户尖叫的产品。但是自从索尼公司引入了被美国人称为绩效考核的管理工具后，这种创新能力就不复存在了，究其原因是“绩效主义扼杀了索尼公司员工的创造力”，并造成部门之间协作出现严重的问题。天外伺郎将索尼公司衰落的罪魁祸首归结为绩效考核当然有失偏颇，但是确实不得不让我们去反思：是否传统绩效考核“唯考核、唯指标”会桎梏员工冒险精神，扼杀企业的创新。

挑战5：阿米巴实施不当等导致部门协同度降低。

尽管很多阿米巴推崇者强调实施阿米巴时应加强部门之间的沟通与协作，但是在阿米巴的运用中，“对部门协同促进”的实际效果却让人大跌眼镜。由于过度地强调阿米巴物理层面的架构建设，忽略了阿米巴对员工价值观与信仰提升的要求，很多企业实施阿米巴并没有培育起稻盛和夫所倡导的“公平、正义的协同文化”。在实施阿米巴之后，部门与部门之间、员工与员工之间的协作似乎变得更加困难——遇到跨部门问题的时候，仍旧会出现推诿的现象，甚至比实施阿米巴之前有过之而无不及；很多企业甚至为了阿米巴之间内部交易定价而争吵不休；一些员工片面地解读阿米巴强调的“自我管理”，与同事的协作心态变得更加孤立。这种传统思维下的“阿米巴”，破坏了原本十分团结、协调的企业文化，迫使很多中国企业的高级经理们不得不寻找更能激发员工主动协同的目标管理工具。

挑战6：注重外在物质激励而忽视内在精神激励。

传统绩效管理工具十分重视激励手段与绩效管理的链接，但是往往因注重外在物质激励而忽视内在精神激励。事实上，激励手段除了以薪酬等为代表的外在（物质）激励外，还包括授权、学习机会、个人成长、成就认可、工作趣味、工作氛围等内在（精神）激励。前者重视人的其他外部需求，多是物质方面的奖励；后者强调事物自身价值，也就是道德和精神层面的激励。相对外在激励而言，内在激励能够对员工的工作绩效和工作态度产生更重要的影响。正如 OKR 强调的“员工动机是 OKR 开发与应用的起点”，绩效管理工具如果能够关注员工的动机、着眼于激发员工内在精神激励的需求，必将极大地激发员工的挑战与创新意识。

1.4 OKR 与 KPI、BSC 的比较及其实施收益

1.4.1 OKR 与 KPI、BSC 比较

我们将 OKR 与 KPI、BSC 进行比较，并非试图贬低 KPI、BSC 的功能与作用；相反，我们希望通过各维度对比来理性分析 OKR、KPI、BSC 等工具的适用场景，以帮助读者在今后的工作中能够正确地选择适合企业的战略绩效管理工具。

（1）诞生年代。

很多人说 OKR 是比 KPI、BSC 更新的管理工具，实际上这种认识是片面的、错误的。BSC 诞生于 20 世纪 90 年代，KPI 则于 20 世纪 80 年代末期开始逐步在西方国家企业使用，而 OKR（IMBO）最早于 20 世纪 80 年代中期在英特尔公司率先使用（见表 1－1）。从诞生时间来看，KPI、BSC 都晚于 OKR，因此 OKR 并不是“互联网时代诞生的新管理工具”。很多人误以为 OKR 是新的管理工具

是因为OKR传入中国的时间要晚于KPI和BSC，但这并不能代表OKR是新的工具。

表1－1　KPI、OKR、BSC的比较

工具	OKR	KPI	BSC
诞生时间	1985年	20世纪80年代末	1990年
适用企业	强调创新与自我驱动，“方向×试错”场景，知识型员工比例较高	强调效率，“战略×执行”场景，知识型员工比例相对较低	产业复杂与文化多元的大型企业
操作亮点	鼓励试错、激发“知识型员工”自我驱动	用奖惩驱动员工关注KPI	BSC与战略闭环管理融合

（2）适用企业。

BSC运用大致经历了三个发展阶段：“第一阶段：BSC阶段”强调突破财务考核的局限性；“第二阶段：战略地图＋BSC阶段”强调描述战略；“第三阶段：战略地图＋BSC＋战略中心型组织阶段”则强调BSC与战略闭环管理的融合。原全球BSC协会调查显示，世界前100强企业中实施第三阶段BSC的企业中有90%以上都是战略管理部门主导，因此BSC更加适用于战略管理体系比较完善的大型企业，这些大型企业由于涉足产业复杂、子公司文化多元，所以需要适应性强的战略管理体系来推行子公司管控与赋能。

KPI认为人是需要控制的，因此强调战略导向自上而下将关键指标分解后，将KPI考核的结果与薪酬等物质激励直接挂钩。实际上，在KPI实践中，我们也可以动态地、短周期地对KPI驱动因素进行分析、复盘，很多企业月度经济运行分析会本身就是对KPI和KPI的驱动因素进行复盘。总体上看，与OKR相比，KPI比较适用于外部环境相对稳定、关注“效率导向”、战略管理模式特别强调“战略×执行”的控制型应用场景、“知识型员工”比例相对较少的企业。

OKR认为人是积极的、有自我追求的，因此OKR的关键词是员工自我管理，鼓励员工将O定得有野心、有挑战性，强调OKR制定的“自上而下和自下而上”，OKR的结果并不与考核等物质激励挂钩。按照马斯洛需求理论来理解，OKR能够极大地激发员工“自我价值实现”的动机，比较适用于外部环境复杂多变、企业关注“创新导向”、战略管理模式特别强调“方向×试错”的创新型应用场景，员工绝大部分属于“知识型员工”的企业。

（3）操作亮点。

从具体操作来看，BSC、KPI、OKR 各有其亮点。

BSC 最大的应用价值在于其与战略管理整个闭环过程的融合，卡普兰与诺顿博士提出的 BSC 战略管理六大步骤在实践中已经应用得十分成熟。将 BSC 与战略管理闭环相融合，能够有效地推动战略分析、规划、计划预算、监控修订、评估与考核的高效联动。

KPI 考核强调管理者要抓住下属日常工作的几个关键结果性指标，用奖惩来驱动下属员工关注 KPI 的达成，它本质上是一种强调结果的绩效考核工具。“考核什么就会得到什么”对于强调执行效率企业的员工执行力的打造具有一定的推动作用。

OKR 关注如何应对外部环境的不确定性，通过短周期运行来适应外部环境的不断迭代与更新。面对不确定性时，鼓励员工试错；为了预防因为考核而扼杀员工创新，OKR 结果不与考核奖惩挂钩，让员工在一种自然状态下用 OKR 进行目标自我管理。根据 OKR 全球实践经验，有些公司（如脸书）甚至不强制员工使用 OKR。OKR 就是试图用这种十分宽松的氛围来引导“知识型员工”的创新。

从上述分析不难看出，OKR、KPI、BSC 等工具并无优劣之分，只是有各自的应用场景与操作亮点。不同企业目标管理的需求不同，选择的管理工具自然也就不同。如果一家企业不加区分地坚持“唯 OKR 工具论”，最后就会把 OKR 的实践“带进坑里”。

同时，OKR、KPI、BSC 不是非此即彼，水火不容。在实际操作中，我们可以运用战略地图与 BSC 进行战略解码，描述集团与分公司、子公司战略；在不同产业的子公司运用不同的管理工具，如对强调效率、“战略 × 执行”应用场景的子公司推荐 KPI 工具，对强调创新、“方向 × 试错”应用场景的子公司推荐 OKR 工具，华为公司就有过实施的成功经验。

1.4.2 正确实施 OKR 带来的收益

由上述比较可以发现，正确实施 OKR 会带来六个方面收益（见图 1－3）：

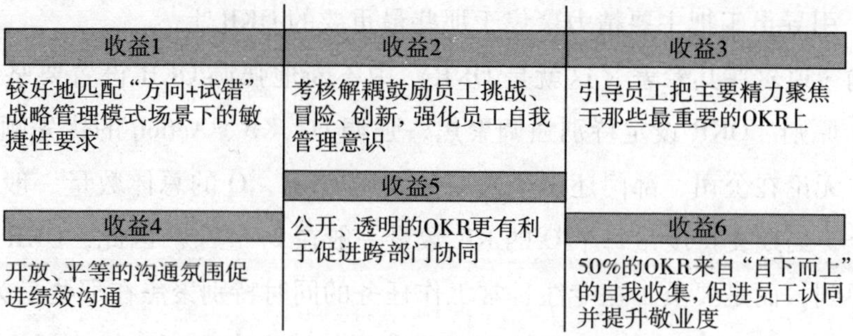

图 1-3　正确实施 OKR 带来的收益

（1）较好地匹配“方向 + 试错”战略管理模式场景下的敏捷性要求。

OKR 强调使命、愿景、战略，以及 OKR 与 Action 的逻辑联动，强调 KR 在季度内的频繁迭代，二十年使命由五年愿景承接，而五年愿景又可以转化为年度 OKR，年度 OKR 则可以转化为季度 OKR，季度 OKR 可以反向交互修订年度 OKR；在季度运行中，可以通过月度审视、周信心指数复盘等手段实现 KR 的试错、调整和迭代。在 OKR 场景中，季度 KR 还可以通过更短周期的周计划来落实，周计划是围绕 KR 实现编制的，会随着 KR 调整而调整。这与互联网等外部环境迭代速度较快的企业尤为匹配，与 BSC 和 KPI 相比，OKR 能较好地匹配“方向 + 试错”的战略管理模式场景，提升目标设定的敏捷性。

（2）考核解耦鼓励员工挑战、冒险、创新，强化员工自我管理意识。

从 OKR 的全球实践来看，硅谷很多的互联网公司（包括谷歌、脸书、领英、优步等）实施 OKR 时几乎都不与绩效考核、薪酬激励挂钩，其目的就是让员工在一种自然、自发的状态下设定有挑战的、有野心的甚至是非常难以实现的 OKR，鼓励员工冒险、试错，敢于尝试各种创新，以寻求战略实践的最佳路径，预防因为考核而扼杀员工挑战高绩效目标的创新意识；OKR 与考核解耦鼓励员工挑战、冒险、创新一旦固化为公司的文化氛围，还可以激发员工自我实现的动机需求，有效地强化员工自我管理的意识，为未来打造自组织、推动组织架构的进化奠定坚实的基础。

（3）引导员工把主要精力聚焦于那些最重要的 OKR 上。

约翰·道尔在其专著《这就是 OKR》中不断地强调 OKR 设置要坚持“少即是多”原则。OKR 设定特别强调聚焦，强调 O、KR、Action 的优先顺序。一般来说，无论在公司、部门还是个人层面实施 OKR，O 的总体数量一般建议不超过 5 个，当期支持度量每个 O 的 KR 数量一般在 2～4 个。因此，OKR 并不是要面面俱到，而是要员工在专注日常工作任务的同时特别聚焦在那些最为优先、最为重要的 OKR 上，这些 OKR 的实现对公司战略方向明晰、战略目标实现的影响将是非常重要的、可实施的。即使是试错，其成功后的收益也极高，公司出于战略层面考虑也十分愿意承担试错成本。

（4）开放、平等的沟通氛围促进绩效沟通。

组织的沟通氛围决定了组织的运行效率。在企业的经营管理过程中，如果能形成开放、平等的沟通氛围，做好组织沟通，那么对促进战略目标的达成能起到事半功倍的效果。畅通有效的纵向与横向的沟通，有利于 OKR 信息在组织内部的充分流动和共享，有利于提高组织工作效率，有利于增强民主管理，促进组织决策的科学性与合理性。

尽管 KPI 体系的思想本身并不排斥绩效沟通与复盘，但是很多企业在实施 KPI 考核时仍不可避免地把 KPI 做成了考核的唯一工具，而绩效沟通与复盘往往停留在制度规定上无法落地。其原因是考核思维造成企业内部没有形成开放、平等的沟通氛围，分解 KPI 指标变成了强制的、不可调和的“任务”。OKR 在谷歌被称为“令人发指”的沟通工具，OKR 的导入要求企业最高领导者必须是一个擅长集思广益的人，企业内部沟通风格必须表现为上情下达、下情上达的民主、双向的有序沟通。民主型的领导授权给组织成员，鼓励组织成员参与管理与决策，注重调动组织成员的工作积极性，强调营造开放、平等的沟通氛围。OKR 导入后可以通过“OKR 众筹法”“OKR 头脑风暴”等多种手段促进公司、部门、员工等多层面的纵向与横向的沟通。

案例：华润集团的群策群力

华润集团为营造开放、平等的沟通氛围，促进绩效沟通，学习并引入了“群策群力”工具。该工具最早起源于美国通用电气公司（GE），为了收集基层员工意见，发挥集体智慧的作用，GE公司较早发明了“群策群力”工具。该管理工具的核心目的就是要在企业内部培育“群策群力”的创新环境，综合运用各种方法工具打通底层员工的创新通道，保持企业不断创新的能力。

华润集团“群策群力”工具的引进有以下三个要点：

(1) 营造创新环境并规范创新过程。

华润集团强调创造基层员工“平等参与、讲真话讲实话”的环境。“群策群力”工具是在“没大没小，没上没下”的讨论规则下，通过六顶帽子、团体列名、头脑风暴等手段，创造集体研讨和解决问题的环境。让员工通过“群策群力”的讨论彼此了解，增进感情；心往一处想，劲往一处使，共同寻找解决问题、设定目标的办法。

(2)“群策群力”工具使用十步法。

华润集团“群策群力”发现问题、解决问题的结构化过程，分成十个相互独立又有紧密内在联系的步骤，每个步骤都从“任务、要求、典型质疑、工具方法”四个维度进行衡量和描述。“群策群力”工具使用的十个步骤如下：

第一步：找症状，明确问题并确定目标。

第二步：自由讨论原因。

第三步：聚焦重要原因。

第四步：把原因逻辑化、系统化。

第五步：把原因按轻重缓急排序。

第六步：把原因转换为子目标。

第七步：自由讨论解决方案。

第八步：对解决问题的过程进行反思。

第九步：评估并确定解决方案。

第十步：制订行动计划。

(3)“群策群力”工具解决问题的特点。

特点一：“群策群力”结构化。将思维划分为不同阶段，通过设置独立思考的环节来避免思维方式的相互干扰；赋予成员在发言上“没大没小”的平等权利；提高时间的利用效率。

特点二：强制性。规定小组成员必须按照程序要求积极参与，即使提出强烈的反对意见，也不意味着对集体及其成员的否定；保证集体讨论始终处于激发状态；利于相对级别较低的个体对集体做出贡献（不是我要否定谁，规则如此）。

特点三：创新方法工具。集体研讨方法、因果分析网络图、紧急性重要性矩阵、方案评估工具、问题树、目标树、风险分析工具、SMART 原则等华润集团“群策群力”工具的引入极大地激发了底层员工的创新能力，确保集团高层在公司战略规划、目标制定时能听到底层的声音，有效地推动了底层员工对公司战略规划、目标制定的思考。

（5）公开、透明的 OKR 更有利于促进跨部门协同。

劳动分工理论催生了部门的产生，提高了企业内部的专业化运作水平，同时也给企业带来了跨部门协作的困扰。很多企业虽然部门内部的协作没有任何问题，但是跨部门沟通的问题不断：在企业内部，我们经常遇到一种无奈的现象——一项工作已经分配好，由一个部门主导、另一个部门协作，但因配合不当，迟迟无法交付；甚至跨部门工作经常出现多个部门重复做了同一项工作，当工作出现问题时，各部门相互推卸责任，无人担责。这些都是我们工作中经常遇到的跨部门协同问题。随着企业的发展壮大，部门越来越多，成员也逐渐增加，工作慢慢细化，跨部门的工作越来越难做，协同效果低下，影响整个公司的工作效率。

谷歌公司在实施 OKR 时有一个原则性要求——OKR 必须透明，组织内的最高层领导、经理、员工都能看到彼此的 OKR。原因是谷歌公司认为要想保持高效协同，就必须目标透明；只有 OKR 透明，才能让各个部门及其员工能够彼此知晓对方需要我们配合什么。同时，OKR 的设定不仅仅是单向的“自上而下”设定，而是如同平衡计分卡强调在客户维度要进行“内部协作客户需求思考”那样，要进行部门之间横向 OKR 的对齐、连接。在现实有需求的情况下，OKR 允许所有团队成员的 OKR 连接在一起，例如，如果一个员工认为另外一个部门负责人的 OKR 与自己有关，就可以主动连接他的 OKR，通过部门及其岗位之间 OKR 的对齐、协同 OKR 的设定来促进跨部门协同。

（6）50%的OKR来自“自下而上”的自我收集，促进员工认同并提升敬业度。

如何提升员工的敬业度是很多公司最高层经理与HR共同关心的话题。约翰·杜尔在《这就是OKR》中指出：德勤公司进行的一项为期两年的研究发现，没有哪个因素比“明确定义的、被记录下来且能够自由分享的目标”更重要了。也就是说，如果企业能够提高员工对目标的认同度，就可以提升员工实现目标的积极性，提升员工的敬业度。

与KPI纵向分解不同的是，OKR强调自下而上地设定目标，在实际操作中收集员工的OKR时至少保持50%∶50%的收集率，即一般限定“自上而下”分解的OKR占50%、员工自主提议的OKR占50%。然而，在最后被采纳实施的OKR中，至少有60%来自员工维度“自下而上”的自我设定。由于绝大部分OKR是员工自我设定的，所以员工对OKR高度认可，进而提升了员工实现这些OKR的积极性，提升了员工的敬业度。

案例：脸书运用OKR管理千禧一代员工

脸书是美国的一个社交网络服务网站，2004年2月4日上线，2012年3月6日发布Windows版的桌面聊天软件飞书信（Facebook Messenger）。主要创始人为美国人马克·扎克伯格（Mark Zuckerberg）。脸书是世界排名领先的照片分享站点，截至2013年11月，每天上传约3.5亿张照片。截至2012年5月，脸书拥有约9亿用户；截至2016年底，用户数超过15亿，全球市场份额高达18%；2016年6月8日，在“2016年BrandZ全球最具价值品牌百强榜”排第五名。扎克伯格在2016年初的公司会议上表示，希望到2030年时，脸书的用户总数达到50亿人。

脸书引入OKR的原因是千禧一代员工的管理是一个令人头痛的问题：员工的中值年龄为28岁（谷歌为30岁，苹果为31岁）；在8000名员工中，千禧一代员工占据了大多数。因为这些年轻人天马行空，不受约束，是“刺儿头”般的人群，常常对工作抱有一种幻想——工作应该是一件有趣的事情。因此，如何让千禧一代员工感受到“工作是一件有趣的事情”，“自由而有度”地充分发挥他们的创造力以实现脸书的战略目标，对其具有更大的挑战性。

为此，扎克伯格在人才管理上强调三点改进：

(1) 发现员工优势。

没有墨守成规地对员工采取苛刻的“管控”，而是由HR部门为年轻的员工精心制定了一套针对优势的“放纵”人才策略。公司认为，对千禧一代员工中的80%应该专注于他们的优势并忽略他们的劣势，内部弱化严格的上下级等级。员工们要拥有“强烈的自我驱动精神”，因此他们在选择、调整项目、任务与计划方面被赋予了很大的自由，甚至允许员工超出专业领域去做他们喜欢做的事情。这种人才策略服从脸书一直强调的、传承至今的“脸书优势文化”。

“脸书优势文化”得益于马库斯·白金汉（Marcus Buckingham）的影响，他在2008年效命于脸书并负责对多位高管进行优势发现（Strengths Finder 2.0）测试，其中甚至包括马克·扎克伯格。后来，脸书传承了“优势发现”这种人才策略，“优势发现”逐步帮助其形成了独特的“脸书优势文化”，这种文化已经成为脸书的基因并伴随其成长、壮大。

(2) 废除等级制度。

脸书鼓励低级别员工质疑高一级别的员工甚至其上级。海军陆战队特种部队前指挥官丹·福尔（Don Faul）2008年从谷歌离职后到脸书在线运营团队担任负责人后不久，计划与员工在早上8点开会，但是团队员工的不认可使他感到巨大压力。丹·福尔最后采用沟通的方式说服了团队的员工，并尝试告诉下属员工：早上8点开会是为了让他们适应即将在爱尔兰投入运营的办事处。

从组织架构来看，谷歌的组织架构相较于脸书较为森严，成为一名“经理”意味着拥有一定的权力。而在脸书，即使你身处高位也毫无用处，因为脸书的员工只认可工作质量、信念力量和人格魅力。硅谷研究员、顾问阿妮卡·斯泰博（Annika Steiber）在她写的一本关于谷歌的著作中表示，谷歌和脸书的企业文化之所以不同，部分原因是脸书员工更年轻。

脸书人力资源副总裁罗莉·格勒尔（Lori Goler）表示：“公司的关注点在于确保所有员工能够在一个包容和具有挑战性的环境里工作，使得他们可以在人生任何一个阶段出色工作。对于能够创造一个适合所有人的企业文化，我们感到自豪。”

（3）确保工作丰富化。

在脸书工作意味着可以经常变换岗位，28岁的帕蒂·安德伍德（Paddy Underwood）在2011年以律师的身份加盟脸书的隐私团队，两年后安德伍德决定去开发产品，不再做律师。安德伍德将他的主管约到了会议室，并提出了变换工作的想法。两周后，安德伍德被任命为隐私和信任分部的产品经理。安德伍德非常喜欢他的新岗位，他说："即使需要我增加工作时间，我也十分高兴。"

脸书的很多人才策略也是来源于硅谷其他优秀企业的实践，脸书的高管承认公司寻求了管理咨询顾问的帮助来塑造其独特的企业文化。例如，桑德伯格就曾表示，她受到了Netflix①的影响，网飞在员工管理中特别强调创新能力的挖掘，会力劝创新表现不佳员工离职。脸书的在职员工和前员工都认为，即便是在硅谷，脸书的企业文化也是独一无二的。"这是《财富》500强中首家由千禧一代创建的公司。"脸书的前人力资源和产品经理莫里·格雷厄姆（Molly Graham）表示。

在上述人才管理思想背景下，脸书的OKR制度在实践中强调以下四大准则：

（1）关注对团队与个人有重大影响的事项。

OKR强调关注对团队和个人有重大影响的事项，所以在制定目标的时候要以结果为导向或者以影响力为导向，不要为了做而做或者做被脸书称为"伪工作"的工作。OKR就是让员工每个季度开始之前想一想，有哪些事情从影响和作用的角度看是值得做的，有哪些事情是你想做的，然后取交集再列举若干有一定概率（通常建议是2/3）能达成目标的手段。

（2）实施比谷歌公司更宽松的OKR。

与谷歌公司不同的是，脸书没有强制要求全公司上下执行OKR，OKR只是目标管理的一个可选择性的工具，也就是说，团队有选择使用或不使用OKR的权力与自由。这种做法与华为公司的OKR制度极其相似。脸书的有些团队没有使用OKR工具来管理目标，而是选择了Wiki列举目标和以非OKR工具来跟踪目标，所以脸书的OKR被称为"非常宽松的OKR"。

---

① Netflix，中文名为网飞或奈飞，是一家会员订阅制的流媒体播放平台企业，总部设在美国。

（3）将绩效考核交给同行评价（Peer Review）①。

与谷歌公司做法相同的是：OKR 只用于员工目标自我管理，脸书同样把绩效考核的事情交给同行评价来做。脸书每 6 个月做一次同行评价，主要由自评、同事评价、直属上司评价和企业负责人评价四部分组成，经理们通过绩效校准会议对同行评价的结果进行必要的修正，员工可以决定同行评价的结果是否开放、被谁看到，一般有 85% 左右的人会选择开放同行评价的结果。

（4）同行评价与奖金、股票激励挂钩。

脸书的 OKR 虽然没有与奖金、股票激励挂钩，但是其同行评价却与奖金、股票激励挂钩，以此评价并激励员工努力做得更好。具体做法包括：第一，每半年做一次同行评价，6 月进行半年评价，12 月完成全年评价；第二，6 月底的半年评价对奖金和股票、晋升有一定的影响，但是 12 月底的全年评价更关键，年底除了现金还有股票追加；第三，对于任何级别的技术工程师都会给予相应的股票，同时根据每年底的全年评价决定追加的股票数量；第四，标准奖金首先与公司整体绩效挂钩，高层对公司整体绩效表现打出的分数决定公司整体（每位员工）的标准奖金水平，对比标准奖金的浮动区间在 10% ~25%（一般来说，新员工标准奖金的浮动区间是 10%，职位等级越高，则浮动的比例越大）；第五，奖金的发放要与同行评价分数挂钩，同行评价分数会决定奖金系数，一般在 1.25 左右，0 表示没有奖金，最高为 4.5。

（资料来源：互联网）

1.5 OKR 开发与应用的六大步骤

佐佳咨询在实践中将 OKR 与其他战略绩效管理工具不断地融合，根据企业环境特征选择不同的 OKR 组合方案，认为 OKR 开发与应用设计在实践中可以

① 同行评价（Peer Review）又称同行评议，其最早被用于科研评价，即专家学者对专业领域学术成果的评价，包括专业著作发表出版评估、专业评论、学术评奖、职称评价、论文引用、论文鉴定、项目资助、机构评估等方面，后来在欧美被广泛用于企业内部的员工绩效评价，尤其在硅谷企业得到广泛应用。

分为六个操作步骤（见图1-4）。

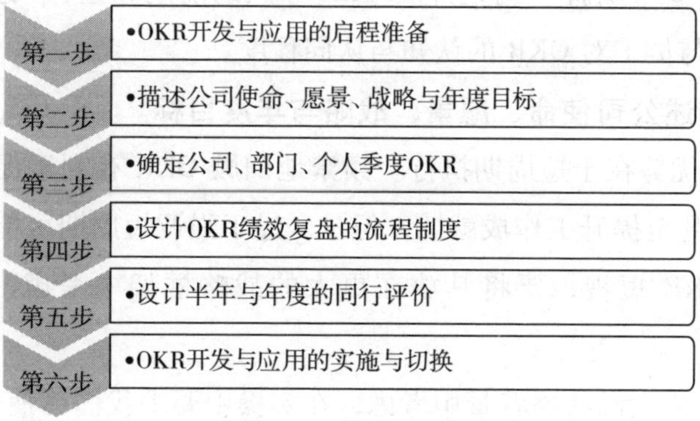

图1-4　OKR 开发与应用设计六步法

第一步：OKR 开发与应用的启程准备（见图1-5）。

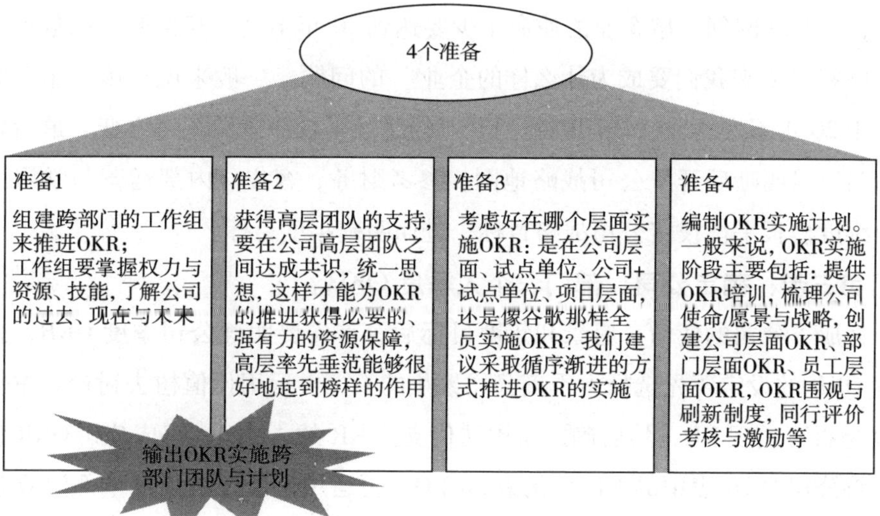

图1-5　OKR 开发与应用启程的4个准备

OKR 强调“自上而下”与“自下而上”融合推进，因此前期准备就显得特别重要。一般来说，启程准备需要按照“1+4+1”的内容推进“1个评价、4个准备、1项调研”。“1个评价”主要指要进行 OKR 企业适应性的评价，运用专业的工具评价 OKR 是否适合公司；“4个准备”主要指组建什么样的工作组来推进 OKR、获得高层团队支持、考虑好在哪个层面实施、编制 OKR 的实施计划等准备工作；“1 项调研”则是开展 OKR 导入的前期调查，调查的主要目的是了解公司经理与员工对 OKR 的认知与认同程度。

第二步：描述公司使命、愿景、战略与年度目标。

OKR 的最大优势在于短周期执行。频繁地回顾 OKR 有利于促进快速学习，加快项目进度，甚至提升工作成就感，但是，过于强调短周期可能会带来短视。因此，为预防 OKR 短视，要将其放在更大的战略框架中考虑，这就是 OKR 背景。

把 OKR 放在更大的战略背景中考虑，在实操中要求我们将使命、愿景、战略、OKR、Action 有效地连接在一起，确保长周期的战略方向能够转化为短周期的 O + KR + Action。因此，在本步骤中，首先要明确公司的使命，回答“公司存在的价值与意义是什么”的问题。一般来说，传统企业使命着眼于 100 年不变，而互联网创新型企业的使命至少要达到 20 年不变。其次要对愿景进行规划，回答“未来我们要成为什么样的企业”的问题。一般来说，传统企业愿景着眼于 20 年不变，而互联网创新型企业的愿景至少要达到 5 年不变。最后要在使命与愿景明晰后开发公司战略地图，参考财务、客户、内部运营与学习成长四个维度模板平衡设定公司战略目标，进而明确年度目标。

第三步：确定公司、部门、个人季度 OKR。

完成了公司的使命、愿景和年度目标后，首先要明确公司季度 OKR，公司季度 OKR 的设定要先选择本季度公司聚焦的 O，再运用价值树去讨论本季度度量 O 是否可实现 KR，然后确定每周迭代支持 KR 的 Action；完成公司 OKR 设定后，将公司 OKR 表中的 KR 转化为部门 O，再运用价值树讨论度量部门 O 进展状态的 KR 以及支持 KR 实现的周 Action。同样，完成部门 OKR 的设定后，再将部门 OKR 表中的 KR 转化为员工当期 O，然后运用价值树讨论度量员工 O 进展状态的 KR 以及支持 KR 实现的周 Action。

确定公司、部门、个人季度的 OKR 时要注意：首先，公司 OKR 到部门 OKR、员工 OKR 不一定逐级联结，完全可以越级穿透联结，例如，某位员工认为公司总经理的 OKR 与自己直接关联，可以直接越级分解到自己的 OKR 表上；

其次，OKR 的数量要精简，硅谷公司实施 OKR 时在数量控制上有一个著名的“三三原则”，即每个 OKR 主体 O 的数量不超过 3 个，度量 O 在当期进展状态的 KR 也不超过 3 个；再次，OKR 收集来源要遵循“五五原则”，即 50% 来自上级分解，50% 由员工自我发现；最后，梳理 OKR 表，OKR 表里有 60% 是员工自我提议为最佳。

第四步：设计 OKR 绩效复盘的流程制度。

OKR 绩效复盘的流程制度设计的总体原则是“流程为核心，制度与表单相配套”，主要由 OKR 管理流程、OKR 管理制度和 OKR 表单三个方面的内容构成。三个方面的内容之间相互联系、相互支持：OKR 运作按照一定的流程规则执行，是日常运作系统的核心；制度与表单能支持设定的运作流程，所以又称其为 OKR 日常运作的支持性文件。

设计 OKR 绩效复盘流程制度，首先需要将 OKR 的复盘管理进行全年规划，很多企业会按季度进行 OKR 的正式评估，季中或者按月度进行 OKR 的审视，每周进行 OKR 中 Action 的迭代与刷新。OKR 季度正式评估是对季度 OKR 进行自我打分，需要区分“愿景型 OKR”与“承诺型 OKR”而采取不同的打分规则，进而把握上个季度 OKR 的实现情况，为下季度 OKR 设定提供参考；季中或者月度 OKR 审视的主要目的是在季度中期判断 KR 设定是否符合实际要求，KR 设定强调灵活性，如果季度中期觉得不合适，完全可以迭代、调整；周 Action 的迭代与刷新一般在周五或者周一进行，主要目的是在一个更短的周期内讨论如何实现 OKR 的行动。

第五步：设计半年与年度的同行评价。

虽然 OKR 本身并不用于绩效考核，但是这不代表企业使用 OKR 后就不做绩效考核了。OKR 场景下的绩效考核通过同行评价完成。因此，设计同行评价是第五步要做的工作。尽管 OKR 并不与薪酬激励挂钩，但是同行评价的结果却与薪酬激励挂钩。在硅谷的很多互联网公司的实际应用中，同行评价被广泛地与 OKR 结合起来运用。

在本环节中，同行评价设计包括四项内容：①设计员工自我评价流程表单与模板；②设计同行职位评价流程表单与模板；③设计上级评价流程表单与模板；④设计绩效校准会议流程表单与模板。

第六步：OKR 开发与应用的实施与切换。

在该步骤中，要将设计 OKR 的方案付诸实践。

首先，组织 OKR 设计方案的学习。OKR 最终需要通过实施才能发挥作用，而实施效果的好坏与实施人员对方案的学习、理解与消化程度直接相关，因为新的设计方案对每个人的思想观念及管理技能都提出了新的要求。因此，OKR 方案学习是一项非常重要的实施推进活动。

其次，推动 OKR 的试运行。试运行是指对设计的 OKR 方案进行“运行试验”。任何一个设计方案的好坏都需要通过运作来检验，为了验证方案的可行性、发现设计方案可能存在的偏差，在完成设计方案的学习后，有必要进行设计方案的试运行。一般情况下，OKR 试运行需要 3 个月甚至更长时间，其时间长短往往与推进的范围（如是由中层以上岗位人员，还是企业内部全员推进）有着最直接的关系。

最后，OKR 方案的评估与修正。在完成试运行后，需要对原 OKR 方案的可行性进行全面评估，调整在试运行阶段发现的问题。因此，该项工作一般在完成试运行后就可以开展，可以通过组织召开评估与修正会议的方式来完成该项工作，还可以事先运用调查问卷等工具广泛征求意见，收集公司内部的意见，这将有助于发现试运行所暴露出的问题。

2

第2章

OKR开发与应用“1+4+1”启程准备

“成功总是偏爱有准备的人”，这句话即便在 VUCA 的今天也不过时。无论我们做任何事情，精心准备对于事情成败往往是至关重要的，这样的道理同样适用于 OKR 的启程。在启程之前，应开展 OKR 匹配性评价，以分析 OKR 是否适合公司；要决定 OKR 在公司内部实施的范围，即是在整个公司还是某个部门实施 OKR；要发起变革建议，促使公司内部尤其是高层团队达成 OKR 实施的共识，以在未来获得他们的支持与赞助；要在建议成功后组建强有力的跨部门 OKR 推进团队，认真筛选团队成员；要反复推敲 OKR 实施计划的每个细节；要对 OKR 导入做好变革的宣传、培训与学习的组织……

因为准备不充分导致整个变革失败的案例并不少见，这不仅仅局限于 OKR。千万不要认为不值得在这个问题上花费精力，因为我们无法回避 OKR 在中国企业落地实施中面临的文化挑战。很多企业正是由于前期准备工作不足，所以管理变革在最终实施中失败。这些失败的教训告诉我们，前期准备阶段工作的好坏，将直接影响后序阶段 OKR 项目实施的工作成效。

2.1 “1 +4 +1”启程准备内容

“1”指在决定 OKR 启程之前要进行一次 OKR 匹配性的评价，运用专业的分析工具来判断 OKR 是否适合公司；“4”指考虑实施范围、发起变革建议、编制 OKR 实施计划、组织团队四项准备工作；后面的“1”则指组织一个阶段性的多轮 OKR 宣传、培训与学习。“1 +4 +1”在实际操作中可以按照以下步骤展开：

第一步：OKR 匹配性评价。

开展 OKR 匹配性评价是为了确保我们对管理工具理性的态度：OKR 不一定是解决公司绩效管理弊端的“灵丹妙药”，该工具并不适合所有的企业。如果意识不到这一点，那么盲目引进的最终结局将是 OKR 导入的失败。笔者总结和运用的“OKR 四因素评价法”（见后文）可以帮助企业进行匹配性评估。

第二步：考虑实施范围。

考虑实施范围几乎是和 OKR 匹配性评价一起开展的，如果对集团公司的 OKR 匹配性进行评估后发现不适合在整个集团推进 OKR，那么可以进一步思考、评估子公司是否适合引入 OKR，尤其是那些新孵化的子公司或互联网公司、高科技子公司；甚至还可以对一些部门进行 OKR 适应性的评价，如集团的研发中心、研究院等。

第三步：发起变革建议。

如果你是 OKR 变革的发起者，那么你需要一个好的书面建议来帮助你促成公司全体人员的共识，尤其是得到高管团队的认可、支持和赞助。为此，应该在这一环节中了解公司绩效管理的现状，还有必要组织一次大范围的前期调查活动，最常规的调查手段是访谈、问卷调查、资料调阅等。如有必要，还可以撰写一个调查报告并借此发起 OKR 变革的建议。

第四步：编制 OKR 实施计划。

在完成 OKR 变革建议的发起后，接下来要制订 OKR 的实施计划。该计划一般会制订得比较详细，OKR 实施计划中对每个活动的完成时间、责任人、产出的成果等都应当有清楚的界定。

第五步：组建 OKR 实施团队。

在制订 OKR 实施计划的同时，还要建立一个 OKR 实施团队。这个实施团队一定要能保证对 OKR 实施的强大推动力，只有在 OKR 体系建立后，才能解散这个临时团队，将日常运作监控与维护工作交给相对固定的部门或团队。

第六步：OKR 宣传、培训与学习。

到了第六步时，就是“万事俱备，只欠东风”。为了使公司全体人员支持、参与并理解 OKR，推进小组还要做好实施 OKR 的宣传工作并组织全体人员（根据 OKR 实施范围选择）参加多轮的 OKR 培训与学习。

2.2 OKR 适应性评价与实施范围

OKR 适应性评价是在启程之前就应当开展的工作，该项工作的意义十分重大，有助于评估公司是否适合使用 OKR，避免 OKR 引入后因为适应性差而导致的失败，在目标管理工具的选择上有助于少走弯路。当然，有人对此提出了反对意见，他们认为 OKR 是解决所有公司绩效管理弊端的“灵丹妙药”，OKR 是未来替代 BSC、KPI、MBO、EVA 的管理工具，因此它适用于所有行业、所有阶段、所有规模的公司。笔者认为这完全是一种不负责的观点阐述，持有这种观点的人要么是为了 OKR 工具而言 OKR，要么就是个“光说不练”的培训师。

OKR 强调短周期、考核解耦、挖掘创新等操作诉求，本质上就已经诠释了 OKR 适应的范围。尽管所有企业都会强调长短周期相结合、挖掘创新，但是不同行业、不同阶段、不同规模的企业在目标周期、挖掘员工创造力方面的依赖程度是不同的。BSC、KPI、MBO、EVA（经济增加值）、OKR 等都是适用于不同场景下的管理工具，它们本身并无优劣之分，但是却有适合与不适合之分。所以笔者认为，在实施 OKR 之前，非常有必要开展匹配性评估，以在 BSC、KPI、MBO、EVA、OKR 等众多管理工具中进行合理选择。

笔者经过大量研究与实践后认为，要理解 OKR 的适用性，必须从公司的战略模式、创新素质、开放文化、激励机制四个方面进行适应性评估。

首先，OKR 特别适用于“方向 × 试错”的战略管理模式。通常来说，所有公司的战略管理模式无非两种：一种是“战略 × 执行”的模式，这种模式一般适用于处于相对成熟时期的公司，此类公司的战略目标、战略举措、行动计划相对比较明确，一旦战略制定后，其成功的关键要素是要求员工正确地执行公司战略。另一种则是“方向 × 试错”的模式，这种模式一般适用于外部环境快速迭代的公司。此类公司的战略往往有一个大致的方向，但是详尽的中长期目标、战略举措与具体行动计划暂时无法准确地规划，公司需要通过不断试错才能探索、总结出未来战略发展的具体中长期目标、战略举措与具体行动计划。

其次，由于 OKR 强调挖掘基层员工的创造力，要求至少 60% 的 OKR 来自基层员工的创意才能表明 OKR 体系设计是合理的，所以 OKR 的实施对于员工的创新意识与创新能力均有很高的要求。员工必须拥有强烈的创新动机与意愿，脱离了单一的对薪资、物质的低层次的追求，对自我价值的实现有着很高的价值追求，他们期望通过不断地创新来获得工作上的成功以证明其存在的价值；同时，员工还要有极强的、支撑创新的职业素质，他们能够洞悉企业的战略意图，能结合公司的战略意图保持不断创新的能力。从 OKR 全球实践来看，那些在 OKR 实践中受益并获得巨大成功的企业绝大部分是知识型员工为主流的企业。

再次，OKR 强调开放的文化，实施 OKR 的公司必须具有透明、包容、开放的企业文化。OKR 实施中要坚持考核解耦原则，企业的决策层领导要以“透明、包容、开放”的心态容忍并鼓励员工试错。如果企业没有透明、包容、开放的企业文化氛围，就很难理解 OKR 与考核解耦，实施 OKR 到最后就又会回归到试图将 OKR 与“考核直接挂钩”、与“激励直接挂钩”，OKR 逐渐又演变为本质上“挂羊头卖狗肉”的 KPI。

最后，OKR 虽然强调 OKR 考核分数与考核解耦，但是却要求企业必须要有另外的、很好的激励机制来管理“员工自我管理与价值实现的动机”。硅谷很多企业实施 OKR 时虽然不直接与激励挂钩，但是却有十分独特的激励机制引导“创意者们”自我管理与价值实现：很多创意研发人员参与的研发项目一旦成功，他们就会成为项目公司的股东，“项目公司获得融资并健康、快速发展”的这个成功目标极大地激励着每位参与者为共同的成功目标而努力，而 OKR 则是帮助他们实现共同成功目标的“自我管理工具”。

基于上述认识与经验总结，笔者开发出“OKR 四因素评价法”的评估工具，该工具主要帮助中国企业在实施 OKR 之前进行匹配性评估，如表2－1所示。

表 2－1　OKR 四因素评价法

评价指标	权重	标准状态描述	四因素分析法评价得分				
			5	4	3	2	1
战略模式	30%	外部环境快速迭代，如果试图规划公司战略，会发现目前只能看清楚大致方向，无法设定出中长期具体的目标值与行动计划					
员工素质	30%	知识型员工管理，具备对目标独立思考、创新的能力；80% 以上的员工都是“自我实现者”，以追求工作成就为第一目标					
创新要求	30%	公司发展依赖技术甚至普通技术人员的创造力，同时公司内部有着或正在打造“自由、平等、创新”的文化氛围					
激励机制	10%	员工激励基本不需要通过绩效奖金与考核挂钩来实现，有其他激励机制（如项目公司股权激励、年终独立的考评系统），需要为员工提供自我管理工具					

注：完全吻合得 5 分，基本吻合得 4 分，部分吻合得 3 分，基本不吻合得 2 分，完全不吻合得 1 分（越不吻合分数越低）。

评价工具的操作原理是将被评估公司（或被评估部门）的现实状态与四因素的“标准状态描述”进行对比：吻合度越高，得分就越高；吻合度越低，得分就越低。计分的规则是：完全吻合得 5 分、基本吻合得 4 分、部分吻合得 3 分、基本不吻合得 2 分、完全不吻合得 1 分（越不吻合分数越低）。最后将每项元素的得分进行加权平均后得出总得分，得分越接近 5 分，则表示表示越匹配实施 OKR；得分越接近 1 分，则表示越不匹配实施 OKR。

值得注意的是，进行 OKR 适应性评估的同时还要考虑好在哪个层面实施 OKR，这确实是一件需要有智慧的事情。OKR 是应用于公司层面、试点单位、公司 + 试点单位或项目层面，还是像谷歌那样全员实施 OKR，抑或像华为那样在组织层面用个人事业承诺（PBC），在员工层面让各部门业务负责人自由选择 PBC 还是 OKR？

对于一个只有十几个人的创业型团队，可以先考虑在公司层面实施 OKR。在实践中，可能只需要一个公司层面的 OKR 表，每季度安排 3 个 O 作为整个公司前进的方向，每个 O 对应 3 ~ 5 个 KR，每个 KR 再细化为每周的 Action。这样可以在每周一召开 Action 的计划会议、每周五召开 Action 的庆功会，每个月度复盘 KR 的信心指数并随时调整 KR，还可以每季度对公司的 OKR 表进行打分。

对于拥有数百人乃至近千人的中等规模公司，建议优先考虑将 OKR 在部门层面推行。为此，首先要与公司高层沟通内外部环境分析，PESTEL、波特五力、内部资源与能力分析、SWOT 分析等工具这时候都有帮助。其次需要开发出公司战略地图，确定公司年度经营目标 O，在当季度选择出 3 ~ 5 个 O 并将其转化为可度量的 KR。请注意，为确保 OKR 的灵活性，尽量不要试图用传统的目标管理方法确定年度 OKR 并将其分解到季度，这样会使预先设定的 OKR 失去敏捷性。再次将每个 KR 转化为必要的周 Action。最后需要将公司 OKR 联结到部门，设定部门的 OKR、Action，在部门 OKR 设定中要允许并鼓励部门在目标设定中试错，保持 40% 的 OKR 来自公司 OKR 分解，60% 的 OKR 由部门提出并予以采纳，甚至迭代公司 OKR、战略地图。

对于拥有数百人乃至近千人的中等规模企业，如果有足够的人力来支持 OKR 落地，建议将 OKR 联结实施到员工层面。将部门 OKR 联结到部门内部员工，设定员工的 OKR、Action；在员工 OKR 设定中要允许并鼓励员工在目标设定中试错，保持 40% 的 OKR 来自部门 OKR 分解，员工个人还可以将公司的 OKR 直接与自己关联，同时鼓励个人提出创意并予以采纳，甚至迭代部门 OKR。

对于拥有几万人的大型集团公司，甚至集团旗下涉足的产业比较多元化，情况可能比较复杂。在 OKR 的推进范围与组织层级选择上，一定要保持谨慎的态度，千万不要盲目地为了做出“政绩”而在企业内部推行 OKR，因为盲目地冒进遇到失败的风险更大，结果反而会得不偿失。所以要认真分析集团战略管理的属性，如果旗下子公司涉足的产业环境相对不稳定，只有战略方向，战略目标实现的路径尚不清晰并有待在实践中摸索、检验，那么该子公司的战略管理则属于“方向×试错”的战略管理模式。建议该子公司使用 OKR 工作法，这样可以极大地激发子公司员工对战略明晰化的“贡献激情”，确保子公司在试错中找到正确的战略路径。

2.3 发起 OKR 变革建议

几乎每次进行内部管理变革都会遇到反对的人，他们的理由可谓五花八门。即使你有的时候觉得他们的理由滑稽可笑，但每次还是要花费大量的精力来影响、改变他们。因为如果不去影响和改变他们，OKR 变革几乎就不可能获得成功。因为每次管理过程中，内部各个层级的人员都会经历思想改变的巨大挑战。

2.3.1 管理变革面临的挑战

首先，管理变革需要公司高层，特别是最高领导的倡导。因为高层是公司的大脑和指挥部，他们应当是 OKR 管理变革的首要发起人。他们应当充分地倡导 OKR，这种倡导不是仅仅停留在口号上，还应落实到行动上，以自己的行动来充分表明对 OKR 管理变革的重视程度，为 OKR 管理变革提供足够的人力、物力与财力上的支持。其次，OKR 管理变革还要求公司的中层干部充分参与，因为中层管理者起着承上启下的作用，OKR 管理变革每个环节的工作成效都与中层干部的参与程度息息相关。公司中层干部能否掌握管理变革的基本理论、方法与工具的使用，往往是 OKR 管理变革成功与否的关键。最后，基层的理解和配合也是 OKR 管理变革成功实践的保证，因为基层员工在中高层干部的领导下，创造着一次又一次的辉煌。如果员工不能理解 OKR 变革的意义，甚至是抱着封闭、抵制的心态，那么 OKR 管理变革很难获得基层的充分支持，也很难获得巨大成功。

2.3.2 发起 OKR 变革建议的目的

由于发起 OKR 变革建议必须紧密结合公司的实际情况进行，所以在发起变革建议之前，最好在公司内部组织一次范围较广的 OKR 前期调查活动，这将有助于后期 OKR 宣传与方案的设计，调查活动的主要目的是澄清以下四方面问题：

（1）了解全体员工对战略的认识与认同的程度。

由于 OKR 强调战略对齐，所以在以后的 OKR 体系设计过程中必然会与总部、子公司各个管理层级的员工进行战略沟通。事先掌握他们对公司战略认识程度的意义在于：有助于事先决定要做好哪些战略宣传的准备工作；有助于正确地估计在目标分解中要花费多大精力给公司的各级经理和员工来解释战略。对于互联网创业公司而言，战略不一定是具体的数据化目标、清晰的关键战略举措和详尽的战略行动计划，公司的战略可能表现为一个方向，需要通过试错来不断刷新、修订公司战略，确保未来战略的明晰化、具体化。

（2）了解全体员工对 OKR 的认识与认同程度。

OKR 实施成败的一个重要影响因素是：公司各级主管与员工对 OKR 的认识与认同程度。如果公司全体员工不理解 OKR 的作用，甚至对其产生排斥与反感，那么 OKR 实施的效果很难想象；如果公司员工特别是各级主管没有掌握必要的 OKR 操作知识，那么将加大后期实施中推进的难度，甚至造成实施到最后还是把 OKR 和绩效奖金挂钩，把 OKR 最终实施成变相的 KPI。因此在前期调查中，了解公司全体员工对 OKR 的认识与认同程度，有助于促进前期准备，避免出现上述问题。

（3）掌握公司现在的绩效管理实施状况。

如果公司以前曾经做过 KPI 绩效考核的工作，那么在前期调查中，推进小组还需要对 KPI 实施情况进行一次全面的调查。这样做的意义在于：首先，可以掌握当前的绩效管理和考核中存在的问题，以在后期 OKR 体系设计中寻求避免同样问题再次发生的方法；其次，通过调查可以发现原有 KPI 绩效考核中一些比较适合的方法，并将其融入 OKR 体系的设计方案中，因为变革并不意味着将一切都推倒重来。

（4）在公司内部发出一个信号：公司将进入 OKR 时代。

开展 OKR 体系设计的前期调查，实际上也是向公司全体员工发出一个信号：公司将引入 OKR、进入 OKR 的时代，公司倡导“战略对齐、透明、开放、包容、试错、快速反馈、快速迭代”等自组织的文化特质，这是 OKR 体系在英特尔、谷歌、脸书等硅谷公司演进的底层逻辑。这个信号实际上也是为展开 OKR 前期宣传做铺垫。

2.3.3 OKR 前期调查的主要方法

要想确保 OKR 前期调查工作顺利展开，推进小组人员必须掌握 OKR 前期调查的方法。建议选择访谈法、问卷调查法和资料调阅法三种方法进行 OKR 前期调查。这三种方法有各自的特点与适用范围，下面一一介绍。

（1）访谈法。

访谈法是指由推进小组人员与事先确定的受访者进行一对一沟通，以获取 OKR 引入所需信息的一种方法。由于访谈法是一个互动沟通的过程，双方可以就一些对目标管理等特别关心的问题进行深入的沟通与探讨，所以从理论上讲它能有效地挖掘受访者内心深处最真实的想法，有助于澄清深层次的问题。

但是由于专题访谈是公司自己组织的，所以被访谈者可能不太愿意说出真实的想法或感受，例如，被访谈者虽然可能不太认同 OKR，但是为了附和公司的决策，还是口头上说十分支持 OKR。对于此类问题，建议结合无记名问卷调查结果或者聘请外部专家来展开调查和分析，这样会更有效果。

同时，还需要指导推进小组的访谈人员在访谈的过程中注意以下问题：首先，营造一个良好的、宽松的沟通氛围，在态度、座位的安排上尽量给人一种亲切感；其次，让诊断人员对谈话中的重点问题进行记录；最后，要求访谈人员学会倾听的技巧，尽量让受访者阐述自己的看法，不要在访谈中轻易发表自己的观点，等等。

在正式访谈开始之前，建议推进小组事先拟定一个结构化的 OKR 访谈提纲，这样可以避免在 OKR 访谈过程中遗漏一些需要澄清的问题。以下案例是一个在 OKR 咨询项目中使用的访谈提纲。

案例：OKR访谈提纲

OKR（高层团队）访谈提纲

1. 请您大致介绍一下公司发展历程以及您的个人履历。

2. 从公司目前所处的行业来看，您认为未来几年的发展趋势能看得比较清楚吗？

3. 您认为最适合公司的战略管理模式是“战略 + 执行”，还是“方向 + 试错”？

4. 公司未来的战略目标是否有明确的规划？是有大致方向还是有具体数据目标？

5. 公司未来发展的关键成功要素是什么？依赖效率获胜还是创新成功？更侧重哪个方面？

6. 公司能否规划出至少 3 年的明确且有清晰时间节点、资源配置的战略行动计划？

7. 公司今年要实现哪些主要的战略方向与目标？这些战略方向与目标迭代速度如何？

8. 如何衡量这些主要战略方向与目标是否实现？在年度、季度、月度还是更短周期确定衡量标准更合理？

9. 您分管的下属部门目标与公司战略方向（或目标）纵向对齐的关联度有多大？

10. 在您分管的下属部门的目标中，他们自己的创意占几成？这些创意是否合理？

11. 您认为公司内部各个部门之间的协同度如何？目标的横向对齐做得怎么样？

12. 您采取什么方式与您的下属部门沟通目标制定并指导他们工作？

13. 公司目前有绩效考核制度吗？如果有，又是如何实施的，实施效果如何？

14. 公司目前针对员工有哪些激励手段？这些激励与绩效考核之间关联度如何？

15. 您认为公司的企业文化氛围是强调开放、包容、创新，还是效率、服从、执行？至少在哪个方面更为侧重？

16. 请阐述您对公司目前员工队伍总体素质、特点、年龄结构、价值追求的看法。

17. 您认为您公司目前的绩效管理还存在哪些问题？

18. 您认为您公司目前的绩效管理有哪些方面是值得称赞的？

19. 您对OKR了解多少？您认为它是目标管理工具还是绩效考核工具？

OKR（中层经理）访谈提纲

1. 请您大致介绍一下您的个人履历。

2. 从公司目前所处的外部环境来看，迭代周期是否很短？行业预见性如何？

3. 您认为最适合公司的战略管理模式是“战略＋执行”，还是“方向＋试错”？

4. 您是否了解公司的未来战略是有大致方向还是有具体数据目标？这些方向与目标在确定的过程中，你们中层的参与度如何？

5. 您认为公司未来发展依赖效率、执行获胜，还是依靠创新成功？至少更侧重什么？

6. 您部门是否有清晰的战略方向与目标？您认为衡量这些主要战略方向与目标是否实现的数据刷新周期多长为合理？是年度、季度、月度还是更短周期？

7. 您部门的战略方向、目标与公司战略方向、目标纵向对齐的关联度有多大？

8. 在您部门的目标中，部门自己的创意占几成？您是否认为您的创意得到了充分的尊重？

9. 在您部门下属员工的目标中，他们自己的创意占几成？这些创意是否合理？

10. 您认为公司内部各个部门之间的协同度如何？目标的横向对齐做得怎么样？

11. 您采取什么方式与您的下属部门沟通目标制定并指导他们工作？

12. 公司目前针对员工有哪些激励手段？这些激励与绩效考核之间关联度如何？

13. 您认为公司的企业文化氛围是强调开放、包容、创新，还是效率、服从、执行？至少在哪个方面更为侧重？

14. 请您阐述您对目前公司员工队伍总体素质、特点、年龄结构、价值追求的看法。

15. 公司目标有实施周计划管理吗？如果有，是在哪个层面实施的？实施效果如何？

16. 您公司目前实施绩效考核制度了吗？如果实施了，实施的效果如何？

17. 您对 OKR 了解多少？您认为它是目标管理工具，还是绩效考核工具？

OKR（基层员工）访谈提纲

1. 请您大致介绍一下您的个人履历。您是否有直接下属？

2. 您感觉公司现在的战略管理模式是“战略 + 执行”，还是“方向 + 试错”？

3. 您是否了解公司的未来战略是大致方向还是有具体数据目标？在确定这些方向与目标的过程中，您的参与度如何？

4. 您认为公司未来发展是依赖效率、执行获胜，还是依靠创新成功？至少更侧重哪个方面？

5. 您是否有清晰的工作目标？衡量这些主要目标是否实现的数据刷新周期多长为合理？是年度、季度、月度还是更短周期？

6. 您的目标与您所在部门的目标纵向对齐的关联度有多大？如果您发现公司目标（越级）与您有直接关联怎么办？如果您发现其他员工目标（横向）与您有直接关联怎么办？

7. 在您的目标中，自己的创意占几成？您是否认为您的创意得到了充分的尊重？

8. 在您所在部门的下属员工的目标中，员工自己的创意占几成？这些创意是否合理？（如果没有下属可不提问）

9. 公司目标实施周计划管理吗？如果实施，是在哪个层面实施的，实施效果如何?

10. 公司目前针对员工有哪些激励手段?这些激励与绩效考核之间关联度如何?

11. 您认为公司的企业文化氛围是强调开放、包容、创新,还是效率、服从、执行?至少在哪个方面更为侧重?

12. 请您阐述您对公司目前员工队伍总体素质、特点、年龄结构、价值追求的看法。

13. 您公司目前实施了绩效考核制度吗?如果实施了,实施的效果如何?

14. 目前针对您所在岗位或者给您个人的激励制度是什么?请简单描述状态。

15. 您对 OKR 了解多少?您认为它是目标管理工具还是绩效考核工具?

(2)问卷调查法。

问卷调查法是 OKR 前期调查的常用方法之一,它要求推进小组事先设计好一个 OKR 调查问卷,然后将问卷发放到受访者手中,由受访者回答 OKR 问卷中所提的问题,以此来收集需要的信息。OKR 问卷调查灵活性很高,它最大的优势是能以较低的沟通成本获得大面积的样本信息,同时很多在异地工作或者因出差而没有条件接受访谈的人员也可以参与问卷调查。在实际操作中,既可以采取全面调查,也可以采用抽样调查。

事实上,OKR 问卷调查法是访谈法的一个有效补充,在实施中要特别注意调查问卷的设计。在条件允许的情况下,建议组织一次 OKR 问卷调查的填写会,这样做虽然会减少填写人思考的时间,但是往往可以使填写人获得无干扰的环境,确保其填写的独立性。如果涉及一些敏感的问题,还可以采取无记名填写方式进行。值得注意的事项有:无论是现场填写还是非现场填写,都必须在规定时间内收回 OKR 调查问卷;诊断小组汇总整理收回的 OKR 问卷时,只有将大量样本对同一问题的答案统计出来后,OKR 问卷才能真正发挥它们的作用;在统计分析的过程中,推进小组人员应注意鉴别填写答案的可信度,对于一些可信度明显较低的问卷应当予以剔除。

OKR 问卷调查法有利于大量样本的统计。如果公司自己组织 OKR 体系建设，那么利用问卷收集大量基层员工的信息通常是调查重点，因为OKR重视每位基层员工的创造力。OKR调查问卷设计问题的维度基本类似于访谈提纲，但在表现形式上还是存在一定的差异。以下介绍一个对员工开展的OKR前期调查问卷。

案例：OKR前期调查问卷（员工级）

表2-2　调查问卷（共2级）信息栏

填写人姓名		填写人职位		所属部门	
填写时间		联系电话		填写人签名	

第一部分　OKR前期调查问卷填写说明

尊敬的××互联网科技公司员工：

受贵司委托，我们将帮助贵公司推进关于OKR（目标与关键成果法）的前期调研。本问卷者通过对一系列因素的调查，全面地了解现时您对OKR的看法及与此相关的信息。请注意：为了确保我们咨询活动的独立性，我们在统计完基础数据后将把问卷销毁，因此您不必担心因真实地填写本问卷而给您带来不必要的麻烦。

请您按照您真实的想法填写问卷中的每个问题，不要有所保留或夸大。

感谢您的大力协助！

上海佐佳企业管理咨询有限公司OKR项目组

第二部分　OKR的相关问题

请您根据问题选择答案或直接填写答案。相关问题见表2-3。

表2-3　相关问题

序号	问题
1	问：您是否有直接下级员工？答：（　） A. 是　　B. 否
2	问：您认为OKR目标与关键成果法是哪种工具？答：（　） A. 比KPI更先进的考核工具　　B. 目标自我管理工具　　C. 不了解
3	问：您认为OKR目标与关键成果法是否适合公司？答：（　） A. 十分适合　　B. 不适合　　C. 不了解

续表

序号	问题
4	问：您认为公司未来战略愿景与目标是否清晰？答：（ ） A. 很清晰　B. 不清晰　C. 不关我的事情
5	问：您是否了解公司未来战略目标的关键实现路径？答：（ ） A. 了解　B. 不了解　C. 不关我的事
6	问：公司未来战略目标实现关键路径是否编制成行动计划？答：（ ） A. 已经编制了　B. 不清楚　C. 不关我的事
7	问：您认为公司目前推进的 KPI 绩效考核实施效果如何？答：（ ） A. 对公司发展能起到十分重要的推动作用 B. 不是很清楚，领导要求，我们就配合 C. 公司实际情况不适合，实施效果不好
8	问：您认为公司 KPI 绩效考核在效率与创新方面作用如何？答：（ ） A. 提升了战略执行的效率　B. 造成协同不畅并扼杀了创造力　C. 不好评价
9	问：您认为公司 KPI 指标在纵向分解的协同方面作用如何？答：（ ） A. 上下对齐一致　B. 上级 KPI 没有很好分解　C. 不好评价
10	问：您认为 KPI 指标在横向分解（如部门与部门之间）的协同方面作用如何？答：（ ） A. 左右对齐一致　B. 没有很好协同　C. 不好评价
11	问：您认为公司企业文化方面的突出特点是什么？答：（ ） A. 强调权威、服从、执行　B. 强调开放、包容、创新　C. 其他
12	问：您认为员工追求什么？答：（ ） A. 主要追求工资、奖金　B. 主要追求成长、自我价值实现　C. 其他
13	问：您认为对您最有激励作用的手段是什么？（限选 3 项并按重要排序）答：（ ）（ ）（ ） A. 工资、奖金　B. 利润分享、福利　C. 中长期股权激励　D. 能力提升、晋升机会 E. 工作认同的精神激励　F. 工作成功获得成就感　G. 其他
14	问：请问您还有什么需要特别补充的？ 答：（请您叙述）

（3）资料调阅法。

资料调阅法也是 OKR 前期调研收集管理信息的重要方法之一。它是指通过调阅 OKR 相关的管理制度、报表及其他原始记录等资料以获取管理信息。应当指出，在资料调阅中有可能涉及企业机密文件，外部诊断人员应当严守被调研企业的商业机密并防止泄露。采取资料调阅法收集 OKR 信息要求诊断人员事先准备《资料调阅清单》。以下分享 OKR 咨询项目《资料调阅清单》(见表 2-4)。

案例：OKR 咨询项目《资料调阅清单》

表 2-4 资料调阅清单

序号	资料名称	提供部门	备注
1	公司战略规划		
1.1	公司介绍资料		
1.2	公司 3~5 年发展规划（如有）		
1.3	行业相关资料（包括杂志、2010 年行业报告等）		
1.4	集团领导关于业务发展的重要讲话		
2	年度、季度、月度经营目标		
2.1	年度经营计划资料（如有）		
2.2	季度经营计划资料（如有）		
2.3	月度经营计划资料（如有）		
3	组织架构与岗位设置		
3.1	公司平台型组织架构图		
3.2	公司各部门职能描述手册		
3.3	公司定岗定编手册		
3.4	公司岗位说明书		
4	员工绩效考核资料		
4.1	员工绩效考核体系设计报告（如有）		
4.2	公司 KPI 指标仓库（指标解释表）		
4.3	部门 KPI 指标仓库（指标解释表）		
4.4	员工 KPI 指标仓库（指标解释表）		
4.5	公司高层年度 PBC（个人业绩承诺书）		
4.6	部门经理季度 PBC（个人业绩承诺书）		
4.7	员工个人月度 PBC（个人业绩承诺书）		
4.8	公司 KPI 绩效管理制度（如有）		
4.9	公司薪酬管理制度		
4.10	公司激励管理制度		
4.11	中长期股权激励方案		
4.12	年底 360 度绩效考核		

续表

序号	资料名称	提供部门	备注
4.13	员工价值观评价方案与制度		
5	企业文化		
5.1	企业文化、价值观介绍		
5.2	员工手册		
6	其他		
6.1	公司内部刊物、杂志		

从资料收集的经验来看，中国企业尤其是初创的互联网公司，可能难以完整地收集到清单上罗列的所有资料。如果在实际工作中出现资料难以收集上来的现象，首先要检查上述资料名称在公司中是否与核对表中列出的名称有出入。很多公司的部分资料、文件的名称可能与事先罗列的名称不一样，但有一部分内容仍具有一定价值。

当收集到这些名称完全不同的资料后，就可以利用《资料收集信息核对表》来核对哪些信息资料没有完全收集上来。对于初次收集没有获取到的信息资料，可以考虑在同步进行的问卷调查或内部访谈中展开第二轮的信息收集。

上述案例中的信息资料核对表提供了一个一般意义上的模板，在 OKR 体系设计的实际运作中，可以根据模板及公司的实际情况事先编制《资料收集清单》，由相关部门完成资料收集。

在运用一对一访谈法、问卷调查法、资料调阅法等手段完成 OKR 调查的资料收集后，还可以考虑撰写《OKR 实施项目建议书》，它有助于说服公司每个高级经理尤其是公司的最高层。这时候你会发现，《OKR 实施项目建议书》是一个极好的文字材料，它有助于阐明开展 OKR 变革的理由，澄清 OKR 变革的步骤、OKR 变革的资源需求等。下面介绍一个 OKR 建议书的例子，为您说服公司高层领导并发起变革建议提供参考①。

① 该建议书中的公司为模拟的公司，请勿对号入座。

案例：OKR 管理咨询项目建议书

ABC 智能科技在过去的发展中取得了一定业绩并拥有一批高精尖科研开发人才，目前公司高层正积极准备上市、规范并调整组织架构、推进激发人才创意的自我目标管理。

2010 年，ABC 智能科技曾经与广州某咨询机构合作而引入过 KPI 工具，取得了一定实践成绩，但在实践中也遇到了很多问题。

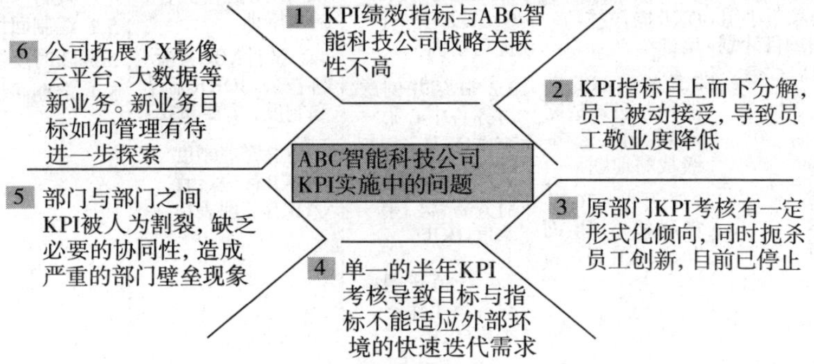

图 2-1 ABC 智能科技 KPI 实施中的问题

因此，ABC 智能科技公司期望在专业咨询机构的帮助下，引入 OKR 体系，推动公司自我目标管理能力的提升。

佐佳咨询认为，OKR 必须放置于大的战略背景下才能有效地引导员工聚焦、对齐并挖掘创造力，因此一直坚持将战略地图与 OKR 等工具融合，推动公司自我目标管理能力提升。

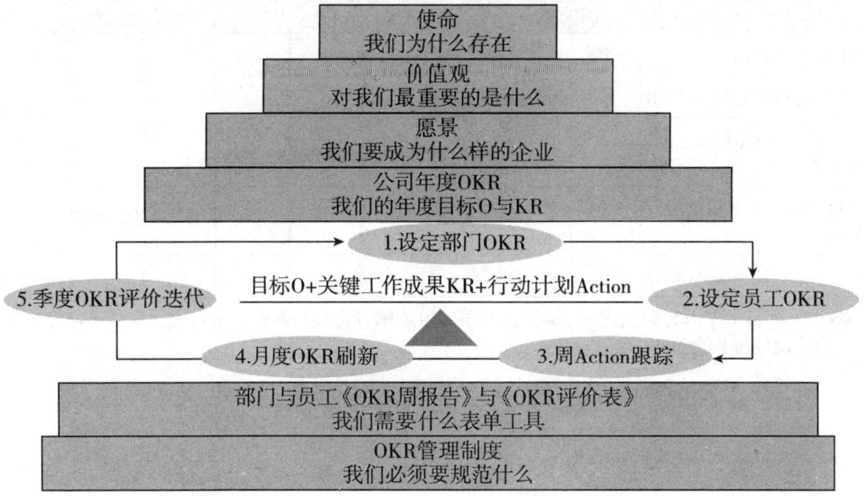

图 2-2 ABC 智能科技公司 OKR 体系架构

为顺利推进项目工作，根据对ABC智能科技公司项目需求的理解，佐佳咨询公司暂时建议本项目工作按照五个推进步骤开展。

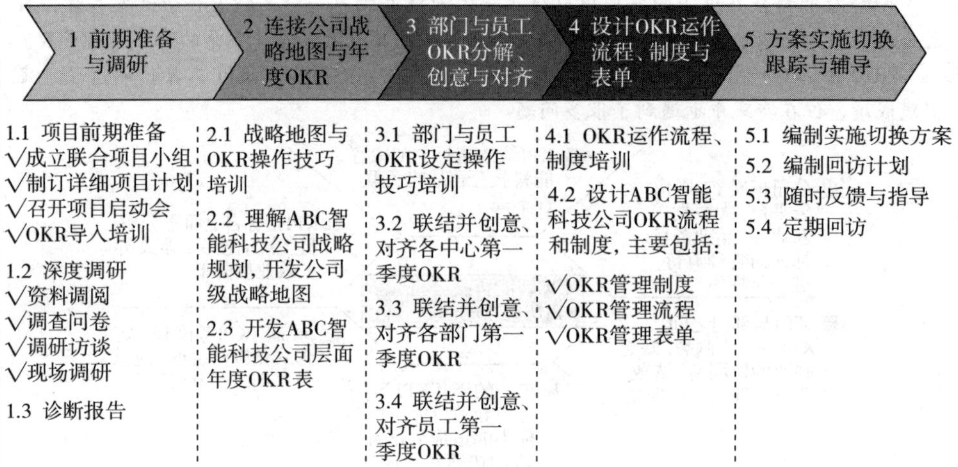

图2-3　ABC智能科技项目五个阶段建议

项目时间规划：第1~4步（即方案设计）为期约2.5个月，第5步为期6个月。

在项目开始初期制定详细驻点计划；每周末也将以商务联络函方式，提前安排下周工作计划。

注：■表示项目工作内容时间进度，■表示项目跟踪辅导进度；●表示研讨会；▲表示阶段报告会；★表示设计报告会。

图2-4　ABC智能科技OKR咨询项目时间规划

工作步骤一　前期准备与深度调研	输出关键资料与成果文件
1.1　前期准备 管理咨询项目的第一步，需要我们双方作好以下项目准备工作： √成立联合项目小组 √制定详细的项目计划 √召开项目启动会 √OKR导入培训 **1.2　深度调研** 前期调研的主要工作有： √资料调阅 √问卷调查 √调研访谈（一对一、一对多等） √现场调研 **1.3　诊断报告**	√《OKR项目整体工作计划》 √《OKR项目组成员名单与分工》 √《OKR调查问卷》 √《OKR资料调阅清单》 √《OKR访谈计划表》 √《OKR访谈提纲》（中高层） √《OKR开发与应用六步法培训》（PPT） 如贵司觉得有必要，还将输出《ABC智能科技公司绩效管理诊断报告》

图 2－5　ABC 智能科技 OKR 咨询项目工作步骤一

工作步骤二　连接公司战略地图与OKR	输出关键资料与成果文件
2.1　战略地图开发技巧培训 首先开展针对中高层经理的战略地图与BSC开发技巧培训，旨在让各级经理掌握战略地图与BSC开发的基本原理与操作技巧 **2.2　理解ABC智能科技公司战略规划，开发公司级战略地图** 理解公司战略规划是进行战略解码、开发战略地图与BSC的关键，因此我们将罗列《战略地图问题清单》与ABC智能科技公司最高管理层进行沟通，把握战略方向 **2.3　开发ABC智能科技公司层面的年度OKR** 在开发战略地图基础上组织公司战略解码研讨，开发公司级年度OKR表；按照4×4原则选择公司季度重点突破的OKR并迭代设计	√《公司级战略地图开发技巧培训》 √《ABC智能科技公司级战略地图》 √《ABC智能科技公司级年度OKR表》 √《ABC智能科技公司级第一季度OKR表》

图 2－6　ABC 智能科技 OKR 咨询项目工作步骤二

工作步骤三　部门与员工OKR分解、创意与对齐	输出关键资料与成果文件
3.1　部门与员工OKR设定操作技巧培训 为提升ABC智能科技公司管理人员的OKR实施能力，我们将首先开展OKR培训，让学员掌握部门与员工OKR的分解与创意设定 **3.2　联结、创意与对齐各中心季度OKR** 我们将运用价值树分解工具、协同分析、五因素分析法等工具，辅导ABC智能科技公司各中心联结并创意第一季度OKR **3.3　联结、创意与对齐各部门季度OKR** 辅导ABC智能科技公司各部门联结、创意与对齐第一季度OKR **3.4　组织设计员工季度OKR** 辅导ABC智能科技公司各员工分解并创意第一季度OKR	√《部门与员工OKR操作技巧培训》 √《ABC智能科技2019年第一季度中心OKR表》 √《ABC智能科技2019年第一季度部门OKR表》 √《ABC智能科技2019年第一季度员工OKR表》

图 2－7　ABC 智能科技 OKR 咨询项目工作步骤三

工作步骤四　设计OKR流程制度与表单	输出关键资料与成果文件
4.1 OKR运作流程、制度培训 培训主要目的：向相关人员介绍绩效管理PDCA循环流程、计分规则、操作技巧 **4.2 设计OKR运行流程制度与表单** 设计OKR运作体系目的是保障OKR管理能在ABC智能科技公司得到正常实施 该项设计重点主要包括三个方面的内容：OKR绩效管理流程、OKR绩效管理制度、OKR绩效管理表单 在OKR管理流程制度中我们将明确OKR目标设定、创意、对齐、迭代、复盘技巧；涉及同行评价的操作方法、评价结果与薪资回报接口等详细方法规定	√《OKR运作流程、制度培训》 √《ABC智能科技公司OKR管理制度》 √《ABC智能科技公司OKR管理流程》 √《ABC智能科技公司OKR管理表单》

图 2－8　ABC 智能科技 OKR 咨询项目工作步骤四

工作步骤五　方案实施切换跟踪与辅导	交付的过程性资料或设计成果
5.1　编制实施切换方案 在项目方案通过验收评审后，佐佳项目组将编制项目实施切换方案，明确时间节点、关键控制事项，对可能出现情况做出预案 **5.2　编制回访计划** 在OKR项目跟踪开展之前，佐佳项目组还将编制详细的实施回访计划，该计划将明确ABC智能科技公司在OKR项目方案实施切换后，进行回访时间安排 **5.3　随时反馈与指导** 为确保ABC智能科技公司正确实施OKR，我们将接受随时反馈与咨询，解答各种疑问 **5.4　定期回访** 严格按照项目跟踪计划，主动定期回访（一般分3次完成），对ABC智能科技公司在OKR实施中所出现的技术问题提供现场技术支持，具体如下： ➢解释公司战略地图与年度、季度OKR ➢辅导下一季度中心与部门OKR制定 ➢辅导下一季度员工OKR制定 ➢辅导OKR数据收集 ➢辅导并参加OKR复盘会 ➢辅导同行评价与激励机制实施 ……	√《ABC智能科技公司OKR管理咨询项目回访通报》 √《ABC智能科技公司OKR咨询项目回访通报》

图 2－9　ABC 智能科技 OKR 咨询项目工作步骤五

本次项目组织安排：为确保项目目标顺利实现，配置经验丰富的项目顾问组成项目团队（前后投入 3～4 名顾问，人员待定，具体名单需进一步根据贵司选择的合作形式沟通确认）。

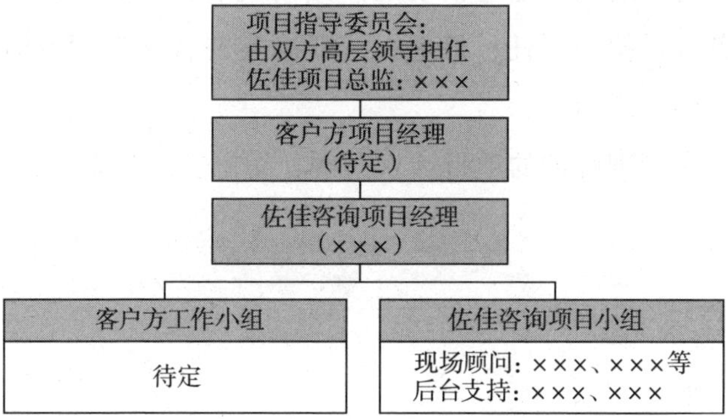

图 2－10　ABC 智能科技 OKR 咨询项目组织安排

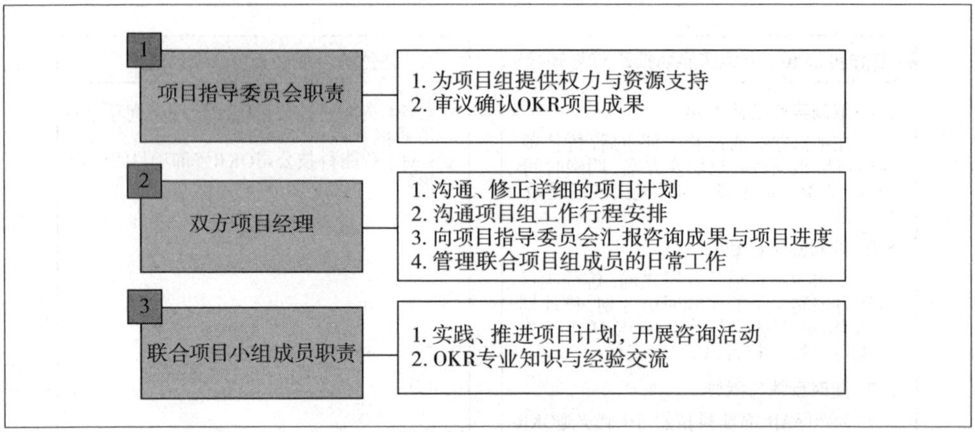

图 2－11　ABC 智能科技 OKR 咨询项目组织机构成员职责

2.4　如何编制 OKR 推进计划

编制 OKR 推进计划是前期准备的第二个步骤。在这个阶段，推进小组要对后期战略绩效管理系统的建设做出周密的安排，在咨询机构介入的前提下共同编排计划。

推进计划主要包括工作活动内容、责任人、时间进度安排和产出成果四个方面的内容。首先，应当详细列出项目推进的各个步骤及其包括的每项活动；其次，计划表应清楚地表明这些活动的开始时间和结束时间；再次，确定每个步骤及活动中各方承担的责任；最后，需要确定在各个步骤或活动结束后应当获得的结果，即界定产出。

下面分享一个管理咨询的项目计划案例，编制实施计划时可参照表 2－5。

案例：ABC智能科技发展有限公司OKR推进计划

表2－5　ABC智能科技发展有限公司OKR推进计划表

说明：在咨询顾问进场前，双方联络人将提前商定：①OKR联合项目小组成员；②OKR项目实施工作计划；③OKR项目启动会等。

阶段安排		时间（天）	工作内容	咨询顾问工作说明	ABC智能科技工作说明	过程文件或成果输出	备注
第一阶段	项目准备	1	项目启动会与OKR培训	1. 介绍项目组织方式及计划安排 2. 开展OKR开发与应用六步法培训（VUCA时代OKR如何适应敏捷性战略绩效管理的要求）	1. 中高层、关键顾问人员参加 2. 高层领导进行项目总动员	《OKR开发与应用六步法培训》	
		0.5	项目小组沟通与OKR培训	召开联合项目小组沟通会，进行项目交底	1. 项目小组参与讨论项目规划 2. 将确定后的项目规划发送至各相关部门、人员	—	
	开发公司级年度与第一季度OKR	10	项目深度调研	1. 一对一访谈 2. 资料调阅 3. 调查问卷（含战略、组织、绩效）	配合一对一深度访谈等工作	《访谈提纲》《调查问卷》	
		1	公司级战略地图开发培训	介绍公司级战略地图、年度OKR、季度OKR开发的标准步骤、方法、工具与模板	参与学习	《公司级战略地图开发技巧培训》	
		5	开发公司级战略地图	1. 讲解ABC智能公司级战略地图开发要点 2. 组织研讨会开发ABC智能科技公司级战略地图	根据开发要点，参与开发公司级战略地图	《ABC智能科技公司级战略地图》	实际讨论时，公司级地图可同步讨论
		5	开发公司级年度OKR表	组织研讨会开发ABC智能科技公司级年度OKR表，提供方法、工具说明	参与讨论确定战略目标O、KR、行动计划等内容	《ABC智能科技公司级年度OKR表》	
		5	开发公司级行动计划	组织研讨会开发ABC智能科技公司级行动计划表，辅导运用差距分析法编制行动计划（或行动方案）	参与识别行动方案，并参与讨论行动详细计划、节点、责任部门等	《ABC智能科技公司级行动计划表》	

续表

阶段安排		时间（天）	工作内容	咨询顾问工作说明	ABC 智能科技工作说明	过程文件或成果输出	备注
第一阶段	开发公司级年度与第一季度 OKR	3	开发公司第一季度 OKR 表	组织研讨会开发 ABC 智能科技公司级季度 OKR 表，提供方法、工具说明	参与讨论确定战略目标 O、关键工作成果 KR 等内容	《ABC 智能科技公司级季度 OKR 表》	
		1	公司级年度、季度 OKR 整理、汇报	组织召开汇报会，向 ABC 智能科技汇报公司级战略图卡表	公司中高层等人员参加，讨论公司级战略图卡表	《ABC 智能科技公司级年度与季度 OKR 开发报告》（PPT）	
第二阶段	开发部门第一季度 OKR	1	部门级季度 OKR 开发培训	介绍部门级季度 OKR 表开发的标准步骤、方法、工具与模板	参与学习	《ABC 智能科技部门季度 OKR 开发培训》	
		20	联结部门级 OKR	运用价值树、OKR 矩阵将公司 OKR 联结到部门，初步形成部门 OKR 初稿	各部门根据计划安排、“众筹法”参与讨论本部门 OKR 联结	《ABC 智能科技部门 OKR 联结矩阵》	
						《ABC 智能科技部门 OKR 价值树》	
			部门 OKR 创意	辅导部门负责人与部门员工众筹“自下而上”联结、创意 OKR	各部门根据计划安排、“众筹法”参与讨论本部门 OKR 创意	《ABC 智能科技部门 OKR 创意清单》	
		5	部门 OKR 公示、联结、对齐	辅导部门 OKR 进入集市、围观、提议、联结、对齐	部门 OKR 进入集市、围观、提议、联结、对齐	《ABC 智能科技部门季度 OKR 表》	
		1	部门级季度 OKR 整理与汇报	组织召开汇报会，向 ABC 智能科技高层领导汇报部门级 OKR 表	1. 部门负责人汇报本部门 OKR 开发报告 2. 公司中高层等人员参加，讨论部门 OKR	《ABC 智能科技部门级 OKR 开发报告》（PPT）、《ABC 智能科技部门季度 OKR 表》	

续表

阶段安排		时间（天）	工作内容	咨询顾问工作说明	ABC 智能科技工作说明	过程文件或成果输出	备注
第三阶段	开发第一季度员工季度 OKR	1	员工级季度 OKR 开发培训	介绍员工级季度 OKR 表开发的标准步骤、方法、工具与模板	参与学习	《ABC 智能科技员工级季度 OKR 开发培训》	
		20	联结员工级 OKR	运用价值树、OKR 矩阵将部门 OKR 联结到员工，初步形成员工 OKR 初稿	根据计划安排、“众筹法”参与讨论本人 OKR 联结	《ABC 智能科技员工 OKR 矩阵》	
						《ABC 智能科技员工 OKR 价值树》	
			员工 OKR 创意	辅导部门员工众筹“自下而上”联结、创意 OKR	根据计划安排、“众筹法”参与讨论本人 OKR 创意	《ABC 智能科技员工 OKR 创意清单》	
		5	员工 OKR 公示、联结、对齐	辅导员工 OKR 进入集市、围观、提议、联结、对齐	员工 OKR 进入集市、围观、提议、联结、对齐	《ABC 智能科技员工季度 OKR 表》	
		1	员工级季度 OKR 整理与汇报	组织召开汇报会，向 ABC 智能科技分管领导汇报员工级 OKR 表	1. 员工（抽选）汇报本部门 OKR 开发报告 2. 公司中高层等人员参加	《ABC 智能科技员工级 OKR 开发报告》（PPT）、《ABC 智能科技员工季度 OKR 表》	

续表

阶段安排		时间（天）	工作内容	咨询顾问工作说明	ABC 智能科技工作说明	过程文件或成果输出	备注
第四阶段	编制 OKR 制度初稿	3	1. OKR 总体流程 2. OKR 组织机构设置 3. OKR 设定及分解流程与操作原则 4. OKR 复盘会议、报告与跟踪 5. OKR 评价与围观、对话与反馈 6. OKR 场景下的 Peer Review	结合 OKR 实践原理，分析 ABC 智能实际情况，梳理 OKR 流程制度	—	《ABC 智能科技员工级 OKR 制度》、《ABC 智能科技员工级 OKR 流程》、《ABC 智能科技员工级 OKR 表单》（初稿）	
	OKR 制度公示、定稿	5	公示 OKR 制度共识、定稿	根据反馈意见修订 OKR 制度	公示并收集反馈意见	《ABC 智能科技员工级 OKR 制度》、《ABC 智能科技员工级 OKR 流程》、《ABC 智能科技员工级 OKR 表单》（定稿）	
第五阶段	OKR 方案实施切换跟踪与辅导	回访周期 6～12 个月	指导方案切换实施	咨询顾问对 OKR 方案实施宣贯培训，针对切换过程中的问题，做前瞻性说明；指导执行编制切换实施方案，明确时间节点、关键控制事项，对可能出现的情况进行预案	参加 OKR 方案培训	《ABC 智能科技 OKR 项目实施建议》 《ABC 智能科技 OKR 项目回访计划》	

续表

阶段安排		时间（天）	工作内容	咨询顾问工作说明	ABC 智能科技工作说明	过程文件或成果输出	备注
第五阶段	OKR 方案实施切换跟踪与辅导	回访周期 6 ~ 12 个月	项目跟踪与回访	OKR 项目方案切换、宣贯等辅导，编制回访计划，明确时间节点、关键控制事项，对可能出现的情况进行预案。随时反馈与咨询，解答各种疑问（现场工作时间 5 个工作日，一般分三次现场，每次现场 1 ~ 2 个工作日）	主导 OKR 实施切换	《ABC 智能科技 OKR 项目回访报告》	

注：①请在 ABC 智能科技准备一个可供 2 ~ 3 人办公的办公室，接入宽带等；②以上涉及的时间（天）遇到节假日顺延；③起止时间等进驻现场后再细化到具体时间，以上为计划时间；④总体方案设计时间规划 3 ~ 4 个月，先后投入 3 ~ 4 名专业顾问；⑤非现场期间，将对 ABC 智能的项目需求进行快速响应，通过采取视频会议、电话会议、到工作现场等方式解决 ABC 智能的项目问题。

2.5 组建 OKR 推进工作组

OKR 启程首先要注意组建什么样的工作组（TEAM）来推进 OKR，因为 OKR 变革不可能由某个人独自推进或由组织的全体成员来共同推进，因此必须组建一个 OKR 变革的推进工作组，这个工作组可以由工作背景不同的人组合在一起。虽然不同组织的构成人数存在差异，但是要想确保变革的成功，工作组必须具备一个基本特征，那就是“强有力的推动能力”。无论人员如何搭配，一个具备“强有力推动能力”的 OKR 推进工作组应当具备以下特征：

（1）掌握推动 OKR 所需要的权力与资源。

OKR 推进团队必须具有组织、调动公司相关资源的权力，这样才能为 OKR 建设提供足够的人力、物力及财力上的支持。企业中具有绝对的调动组织资源权力的无疑是“公司的最高领导”，因此，要想尽一切办法将其拉入 OKR 推进小组，让其亲自担任 OKR 项目指导委员会主任，借助他的力量保证公司 OKR 管理变革的成功。

（2）了解公司的整体运作，熟悉各个职能领域的现状。

推进工作组中应当有一部分成员对自己所在职能领域的运作十分熟悉，并具备相当的专业知识，一般来说，能满足这个条件的最佳人选是公司各个部门的负责人。让他们加入 OKR 推进工作组最大的好处就是：他们因为对各自的职能领域十分熟悉，所以能够及时提供有关职能领域的信息并参与分析；同时，他们还具有在部门内调动相关资源的权力，因此他们是其部门内发起 OKR 管理变革的最佳人选。

（3）熟练掌握 OKR 推进所需的专业知识与技能。

OKR 推进工作组中还有一部分成员是 OKR 专家，他们应当精通 OKR 体系建设所必须具备的专门知识与技术。这些专家绝对不是仅仅接受两三天培训、对 OKR 半懂不懂的非专业人士，也不能是某一个 OKR 理论体系的布道者（理论家）、培训大师，他们必须具备的基本条件如下：①熟悉战略、HR、财务、供应链管理知识，精通 OKR 体系运行；②有过一个以上 OKR 体系建设成功项目经验，十分熟悉 OKR 操作程序；③具备强有力的 OKR 推进所必需的协调、沟通与演讲能力；④了解公司实际运作特点（或具备在短时间内了解公司实际运作特点的能力）。

应当指出，中国企业内部往往很难寻找到满足上述条件的“OKR 体系建设专家”，因此很多企业会考虑邀请外部的管理咨询机构。但无论是内部选拔还是外部聘请，“任职资格”都是选择的不二法则！

OKR 推进工作组一般由指导委员会和工作小组构成。如果与外部咨询机构合作，咨询机构一般会与公司共同组建联合推进工作组，该小组里既有咨询机构的技术专家，也有公司的高层经理。一般情况下，咨询机构会要求公司董事长（或 CEO）担任项目指导委员会的项目总监（客户方），项目总监在 OKR 咨询项目中主要承担指导、监督及推动支持的职责；而公司工作小组的组长被称为客户方项目负责人，他在项目中主要负责与咨询技术专家具体的项目沟通、技术交流工作，并配合咨询技术专家主持 OKR 的整个推进工作；公司的工作小组成员主要是在项目负责人的带领下和 OKR 咨询技术专家的指导下，收集分管领域内与项目相关的资料并参加研讨。

2.6 OKR 宣传、培训与学习

为了获得公司全体人员的支持、参与及理解整个 OKR 体系建设活动，推进工作组还要组织做好实施 OKR 的宣传、培训与学习工作。在这个环节需要完成以下工作：

（1）动员大会。

召开动员大会的目的是向公司全体员工传递一个信号：公司的决策层领导已经下定决心将 OKR 革命进行到底！公司最高级别的领导在动员大会上的发言尤为重要，因为中国企业的最高领导在公司极具影响力与号召力。只有当最高领导竭力去倡导的时候，企业员工才会重视并参与、配合 OKR 的推进。

（2）网站宣传。

公司内网是与员工沟通的较好渠道。推进工作组可以在公司内网上发表关于 OKR 的文章和新闻；可以通过公司的内部论坛与员工进行以 OKR 为重点的互动沟通。特别是那些在异地工作的员工，可以从内网上了解、学习和下载关于 OKR 的知识信息。

（3）培训。

推进工作组可以组织几次 OKR 培训。如果公司人数众多，参加培训的人可以是公司的管理骨干人员。很多公司的管理者普遍缺乏 OKR 相关的知识与技能，甚至会误认为 OKR 是绩效考核的工具。前期的 OKR 培训可以使公司骨干人员初步掌握与 OKR 相关的基础知识，便于后期在 OKR 的推进过程中进行更便捷的沟通。

（4）发放宣传资料。

各种宣传资料能够使公司员工在参加培训、动员大会后，更详细地了解 OKR。因此，推进工作组应当事先准备好 OKR 相关的学习与宣传资料，打印装订 OKR 培训的教案，购买 OKR 书籍并发给公司的全体员工学习。

（5）分小组学习。

推进工作组可以向公司各部门的经理提出分小组学习的要求。为确保分小组学习不流于形式，可以要求他们编制学习计划并根据计划检查监督执行情况。需要强调的是，公司各级主管，特别是中层部门的经理对 OKR 知识的吸收与理解程度，往往会直接影响到公司 OKR 推进的成败。

第3章 设计公司使命、愿景、战略与目标

OKR 工具并不是孤立地存在于企业内部管理系统中，很多培训师无法理解 OKR 与公司使命、愿景、战略与年度计划、财务预算的逻辑关系，甚至刻意回避 OKR 与上述管理模块的联动与制约，这在实践中必然会导致 OKR 无法有效地落地。

如果你身处一个外部环境预见性较强、业务相对成熟的公司，那么可以采取“战略×执行”的战略管理模式。这时候需要在更长周期（如 10 年、20 年、100 年等）内思考公司的使命、愿景、战略，还需要按照时间维度将公司的使命、愿景、战略转化为三年、年度经营计划与预算；可以考虑运用战略地图对战略、计划与预算进行解码，并将其转化为“责任机制”。不要认为外部环境预见性较强、业务相对成熟就不需要卓越的战略管理系统，未来来自异业的颠覆随时都会发生。只有对外部环境变幻保持高度的警惕，才能确保未来在竞争中处于不败之地。

如果你身处一个外部环境预见性不强、业务不成熟甚至处于孵化期的“项目型公司”，那么你也许只能暂时把握公司发展战略方向，而无法清晰地勾勒出未来的战略发展路径。这时候建议采取“方向×试错”的战略管理模式，你们需要在较短周期（如 1 年、5 年、20 年等）内思考公司的使命、愿景、战略，可以考

虑运用更短周期的、轻量级的 OKR 对战略、计划与预算进行解码，沿着使命、愿景、战略、年度 OKR、季度 OKR 的思维逻辑不断试错，快速迭代 O 与 KR、Action，并通过更短周期的周例会、月度审视会、季度 OKR 评估会、年度 OKR 制定会等手段来管理你公司“具有不确定性的战略”。

3.1 使命、愿景、战略与 OKR、行动计划

OKR 在硅谷盛行的原因之一就是其灵活、短周期的目标与计划设定，较好地适应了硅谷很多待孵化项目型公司的敏捷管理要求。其最大的优势在于短周期执行，频繁地回顾 OKR 适应了外部环境快速迭代的需求。但是仅仅关注短周期可能会造成短视，因此要将 OKR 放在更大的战略框架中考虑，这就是 OKR 背景。由此可见，我们必须理顺使命、愿景、战略、OKR、行动计划之间的逻辑关系。

如图 3－1 所示，将 OKR 放置于战略背景下思考，实际上要求我们按照使命、愿景、战略、OKR、行动计划之间的逻辑关系来进行 OKR 的设计。

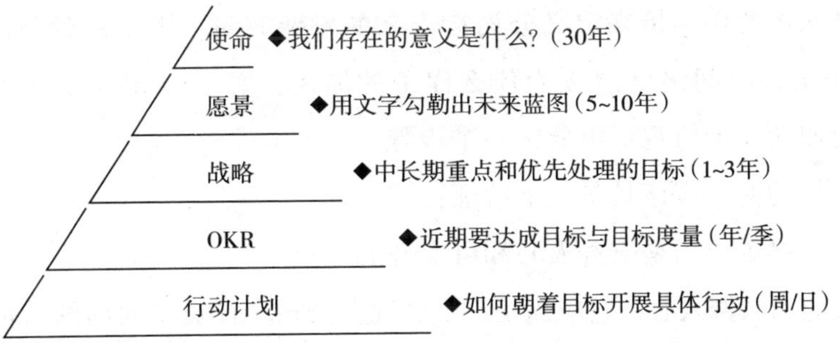

图 3－1 使命、愿景、战略、OKR、行动计划之间的逻辑关系

（1）使命。

每个企业从建立开始就应当承担相应的责任并肩负相应的使命，确定使命是制定公司战略的第一步。使命就是一家公司区别于其他类型的公司而存在的根本原因或目的，它不是公司经营活动具体结果的表述，而是公司经营应当坚持的一种原则。

企业的使命有广义和狭义之分。狭义的使命以产品为导向。例如，一家准备进入管理咨询领域的公司可以将其使命定义为“为中国的企业提供咨询服务”。这种表述虽然明晰了公司的基本业务领域，即生存的目的，但是限制了公司的活动范围，甚至可能剥夺其发展机会。

广义的使命则是从公司的实际条件出发，将使命提到更高的角度来看，你可以从提供的产品开始不断地问“为什么”。例如，“为什么要为中国企业提供咨询服务——为了提升中国企业的管理能力，为打造中国企业的航空母舰提供服务”。

一个好的使命应当具备以下四个方面的特征：①应该明确公司生存的目的；②应该宽泛以允许公司创造性地发展；③应该明确区别于其他企业并长期有效；④应该清楚明白、容易理解。

与传统企业关注 100 年周期的使命不同的是：不确定环境下的互联网公司的使命往往关注公司 20 年周期，也就是在未来的 20 年周期内思考“公司未来存在的价值与意义是什么”，这是一个创业精英团队孵化项目的根本动因。

（2）愿景。

如果用使命来定义公司存在的目的、用价值观来表述员工共同行为的永恒准则，那么还要用愿景来定义公司在未来的发展方向。愿景是对公司未来 5 ~ 10 年甚至更长时间最终想成为什么样子的描述，对于 OKR 开发与应用来说，这也是比使命、价值观更重要的一个步骤。

一个好的愿景应该具备以下特征：

第一，愿景应当是鼓舞人心和可实现的。

愿景应当鼓舞人心，它应当是一个展现在公司全体员工面前的目标，这种目标通常会使人不由自主地被它的力量所感染。愿景的力量应该在于它可实现且具有挑战性，它既是宏伟的，又是激动人心的。当讨论公司的愿景时，要让每个参会者思考一个问题：它是否能经常让你热血沸腾，甚至热泪盈眶；它能否经常让你为它彻夜难眠；它能否让你有一种热情、一股冲动，想将它与你的员工分享。

第二，愿景的描述应当简洁。

对愿景的描述应当尽量简洁明了、切中要害、便于记忆和理解。例如，“成为中国房模行业的领导者”这一愿景使员工既容易记忆和理解，也感到激情澎湃。试想，当员工面对一页页令人生厌的长篇大论时，他们会有激情吗？他们会花几周时间去背诵这一“杰作”吗？

第三，愿景应当能吸引利益相关方。

企业不关注其他利益相关方就能获得股东价值最大化的日子一去不复返了，

公司的愿景应当能吸引利益相关方的注意力。如果企业的愿景也能够让利益相关方热血沸腾，那么将得到他们足够大的支持。

第四，与使命、价值观保持一致。

愿景是在一定的使命与价值观之下的企业发展目标。经过一段时间后，公司的愿景可以随着环境的变化而调整，但是使命和价值观则在相当长的时间内不变。愿景是公司使命和价值观在特定时期的一种折射，它应当与使命、价值观保持一致，而不应当与使命和价值观相违背。

由于愿景制定出公司期望的经营活动领域、结果及在相关利益方心目中的形象，所以它对于设定公司战略有很大帮助，任何战略都不能与愿景相违背。需要特别提醒的是，互联网创新型公司的愿景一般建议在5年周期内思考和设定，这与传统企业关注20年愿景也有所区别。因为互联网等创新型公司（尤其是刚起步的孵化期的项目型公司）面对不确定的环境与未来，需要在更短的周期内思考自己的愿景，在更短的周期内回答“未来我将会成为什么样的企业。”

（3）战略。

在互联网行业里，不少从产品开发做到管理岗位的部门经理对于战略的认知一般有两种流行的却十分致命的观点。

第一种观点认为战略是宏观的甚至虚无缥缈的东西，一些部门经理把战略理解为遥不可及的、大老板考虑的事情，战略与自己的日常工作毫无关系；甚至有些经理认为本部门的产品原型没时间画、需求没时间分析和设计，更没有时间去理解战略了。公司每年的战略宣讲会完全是毫无价值的、走形式的产物，没有任何理由让他们有兴趣去了解战略是什么。而事实上，部门经理要想在这个时代的企业内部和行业内部脱颖而出，实现从企业中层向高层的职位跨越，就不仅要有专业技能的深度修炼，还要提高自身对待企业认知的视野与个人格局。格局小、认知高度不够的部门经理只能永远从事基础的管理工作，因为他永远无法与企业家同频。提升格局与认知高度，首先要了解所在企业的战略是什么，因为所有部门经理所做的全部工作都是为战略服务。

第二种观点认为由于互联网公司处于VUCA的外部环境，互联网公司未来面临很多不确定性，所以无法制定出公司的战略。其实这种观点是极其片面与错误的，对于 VUCA 的管理才是战略存在的理由与价值。如果外部环境都是唯一、确定的，公司的未来也是按照一个已知的、必然的结果发展，战略管理将毫无意义，企业发展道路上的风景也将暗淡无光。我们坚信，这个世界上没有一家企业不是在不确定性中探索与发展起来的。

VUCA 是人类社会进步和时代发展的必然规律，人类对客观世界的认识正由“确定性向不确定性，再向确定性”不断迭代、进化。世界在因果性、规律性、确定性和必然性之外，正显现出 VUCA 的趋势。正如很多企业家所言：“当今世界唯一确定的就是不确定性”。这种观点已渐成社会各界人士的共识，在全球各地报刊的媒体报告中，在各国政要精英的言辞里，在商界领袖的文件内，VUCA 似乎已成为出现频率最高的关键词。战略对 VUCA 管理，是指对公司战略决策有重大影响的 VUCA、对生死攸关的 VUCA 的管理。企业对此必须高度重视，认真研究，趋利避害。一方面，企业应该设法化解与超越可能造成严重伤害的 VUCA，力争把损失降到最低；另一方面，企业应该把握、利用甚至刻意创造 VUCA，以期获得重大的战略机遇，实现战略性赶超。

（4）OKR。

互联网创业公司的战略最初可能表现为一个大致的方向，具体的量化目标与详尽的实现路径仍旧处于探索中。这种业务在企业集团战略业务设计中属于不确定性的业务，往往最初表现为某一种在研产品。产品样机设计出来后就有可能转化为项目公司并进入孵化阶段，或引入风投，或由母公司注入大量资金，逐步发展为稳定的、确定性业务。华为公司针对这种确定性业务的管理要求是：“不能等，先开一枪，后开一炮。”对于这样的业务，OKR 的短周期视角往往是其战略管理的最佳实践工具。

在谷歌的 OKR 最佳实践中，从战略澄清到季度 OKR 设置之间还有一个过渡的桥梁，即年度 OKR。OKR 的设计者要擅长把公司战略方向分解为公司年度 OKR，年度 O 可以表现为一个大致的战略方向在年度的分解，它匹配了互联网创业公司在战略上的不确定性；但是衡量年度 O 进展的年度 KR 必须是量化的、可衡量的，它匹配了 O 在年度内应该实现的一个里程碑式的量化标准。谷歌在中长期战略与短周期的季度 OKR 之间设置年度 OKR，其目的是预防短周期

OKR 偏离中长期战略的要求，为季度 OKR 聚焦于公司的战略提供了指南针。

季度 O 一般来自年度 O 最直接的分解，一般会选择 3 ~5 个重点年度 O 作为本季度关注的 O，年度 O 与季度 O 有对应关系，一般不会有太大变化，除非当初目标 O 设定得不严谨或方向看不清而导致公司战略发生重大调整。虽然季度 O 可由年度 O 分解，并且保持一定的稳定性，但是衡量季度 O 进展的 KR 则不一定是年度对应 KR 的分解，为鼓励试错并保持 OKR 的敏捷性，季度 KR 如果在实施中出现问题（如信心指数变化），就要及时调整为其他 KR。总之，无论是变换 KR 还是重新调整 KR 值，季度 KR 都可以快速被刷新，为支持年度 OKR 实现而不断试错、调整。

（5）行动计划。

行动计划是为了确保 OKR 的实现而在短周期（如每周）采取的有计划的行动，行动计划是为支持 KR 实现而设置的。在 OKR 实施中，行动计划不是必需的。例如，华为公司在实施 OKR 时就将行动计划列为参考项，是整个 OKR 实施的非必选项，尤其到员工 OKR 层级，行动计划更加具有可选的自由。

因此，在公司、部门乃至员工等各层面的 OKR 设定中，都可以自由选择和设定行动计划。行动计划可以确保 OKR 在可控范畴，做到行动计划的目标明确、方向清晰、责任到位、应急预案措施到位。如果在 OKR 实践中发现编制行动计划能够帮助 OKR 实现以下任意一个作用，就可以考虑编制行动计划：

第一，行动计划可以促使你在 OKR 实现中增强承诺感。

行动计划要求 OKR 责任人每周能够清楚地说明他们希望如何完成 OKR 实现。相关研究表明，当人们有特定的、具体的行动计划时，更容易出现明显的变化。当他们把要完成的行动计划写下来时，便做出了承诺。通过把行动计划与其他人分享，他们在完成行动计划的过程中会变得更有责任感。

第二，行动计划有助于预见 OKR 实践中出现的问题。

在 OKR 实现过程中，花费时间运用新知识解决问题往往是困难的，因此很容易又回到原先熟悉的方法中。编制行动计划能够促使你预先想到可能的挑战，让你在实现 OKR 的过程中有更好的思想准备，并建立起支持计划，在需要时为你提供帮助。

本节中主要探讨使命、愿景、战略、年度 OKR 的设定，季度 OKR 与行动计划将在后文论述。

3.2 战略环境扫描分析

在战略的宏观背景下思考 OKR，需要首先澄清公司使命、愿景与战略。其中，澄清战略又需要进行环境扫描、SWOT 分析、战略规划、开发战略图（见图 3-2）。

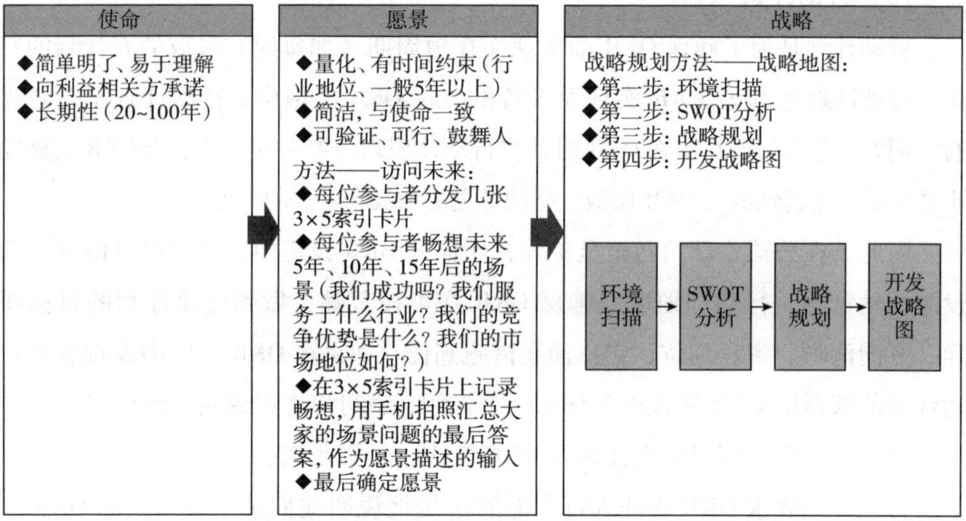

图 3-2 澄清使命、愿景与战略的逻辑关系

3.2.1 澄清使命与愿景

澄清使命与愿景，首先应当与公司创业者、最高领导进行沟通，询问他们创立公司的初心，然后帮助他们提炼企业的使命与愿景。

为确保使命描述与好的使命特征相吻合，任何使命的描述都应当遵循以下原则：①使命描述应当简单、易于理解与沟通；②是创始人向战略利益相关者的承诺；③具有长期性（20 年或 100 年不变）。

案例：亚马逊、星巴克、耐克、谷歌公司的使命、愿景

✓亚马逊：成为全球最以客户为中心的公司，让客户能够在其网站上寻找并发现他们可能需要购买的任何产品。

✓星巴克：激发并孕育人文精神——每个人、每杯、每个社区。

✓耐克：带给全球所有运动员灵感和创新。

✓谷歌：整合全球信息，使人人皆可访问并从中受益。

为确保使命愿景描述与好的愿景特征相吻合，任何愿景描述都必须遵循以下描述原则：①量化、有时间约束（行业地位、一般5年以上）；②简洁，与使命一致；③可验证、可行、鼓舞人。

著名的平衡计分卡咨询顾问保罗·尼文在其关于OKR的专著中建议用“访问未来”的方法来确定公司的愿景：①确定“访问未来”的参与者，给每位参与者分几张3×5索引卡片；②每位参与者畅想至少未来5年后的场景（我们成功吗？我们服务于什么行业？我们的竞争优势是什么？我们的市场地位如何?）；③每位参与者在3×5索引卡片上记录下畅想，用手机拍照；④汇总每位参与者特定场景问题的最后答案，作为愿景描述的输入；⑤认真分析每位参与者的最后答案，并最终确定愿景。

3.2.2 战略环境扫描

战略环境扫描分为宏观环境分析、产业环境分析与内部环境分析三个部分。

（1）宏观环境分析。

宏观环境分析可以运用PESTEL模型完成，该模型是在PEST模型基础上发展而来的。PESTEL分析模型又称大环境分析，是分析宏观环境的有效工具，不仅能够分析外部环境，而且能够识别一切对组织有冲击作用的力量。进行PEST或PESTEL[①]分析就是要分析上述环境的现状及未来的发展走势，对公司在宏观环境中的有利与不利因素进行分析，《宏观环境PESTEL分析表》（见表3－1）有利于帮助企业在不确定的环境下识别宏观战略环境的关联因素。

---

① PEST，即Political（政治）、Economic（经济）、Social（社会）、Techonological（科技）四个外部因素的首字母缩写组合。PESTEL，即Political（政治）、Economic（经济）、Social（社会）、Techonological（科技）、Environmental（环保生态）、Legal（法律）六个外部因素的首字母缩写组合。

表 3-1　宏观环境 PESTEL 分析表

内容	与行业的相关因素	具体的变化与趋势	机会	威胁	可能对策
政治	· 对高科技产业的投资政策				
经济	· GDP · 加入 WTO · 地区经济发展				
社会	· 人口数量 · 家庭户数 · 人口年龄结构				
科技	· 本产业技术变化 · 竞争产业技术变化 · 产业技术变化				
环保生态	· 环保政策				
法律	· 行业法规				

运用 PESTEL 模型并不仅仅是填写表格那么简单，很多公司在做战略规划时还会对政治、经济、社会、科技、环保、法律等维度中每个因素或指标进行“二维分析”，最后根据分析的结果填写《PESTEL 分析总表》。

案例：战略环境分析中的二维分析法（见图 3-3）

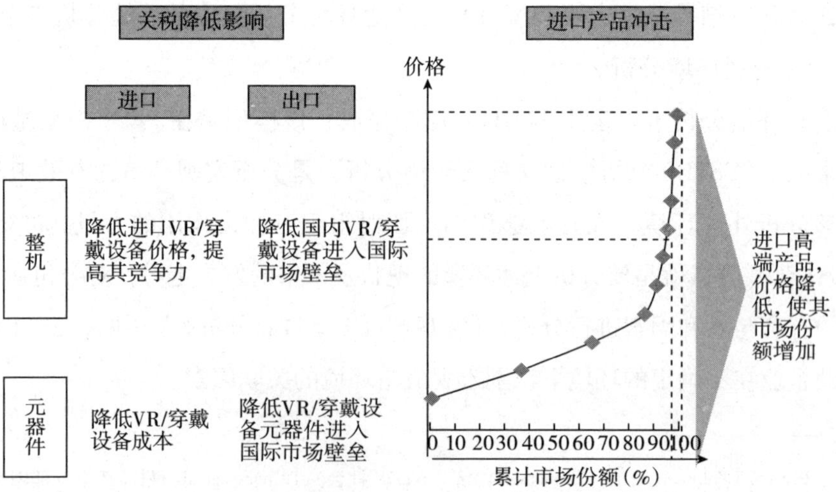

图 3-3　宏观环境因素分析中的“二维分析法”

（2）产业环境分析。

完成宏观环境分析后，还需要进行产业环境分析。产业环境分析要求OKR分析人员重点把握三个方面：①公司所处产业的现状及未来发展走势；②产业之间和上下游产业之间的关系；③各产业的未来竞争态势与强度。在此步骤中，可运用“波特五力＋利益相关者分析”工具进行产业环境扫描的简化操作。①

运用“波特五力＋利益相关者模型”对产业环境进行扫描后，可以填写《产业环境波特五力分析表》（见表3－2），以简明扼要地陈述行业竞争力的关键点，把握判断外部产业环境所面临的机遇和威胁。

表3－2　产业环境波特五力分析表

内容	相关因素	具体的变化与趋势	机会	威胁	可能对策
潜在竞争对手					
替代品					
供方讨价能力					
买方讨价能力					
现实竞争对手					
其他战略利益相关者					

同样，波特五力分析还会对潜在竞争对手、替代品、供方、买方、现实竞争对手、其他战略利益相关者等维度中每个因素或指标进行“二维分析”，最后根据分析的结果填写《产业环境波特五力分析表》。产业环境因素分析中的“二维分析法”见图3－4。

① “波特五力模型”被广泛运用于产业进入取舍的决策，同时也被运用于战略环境扫描。由于“波特五力模型”是一个得到广泛流传的战略决策工具，此处不再进行详细介绍。在管理咨询的实战中，有人提出对“波特五力模型”进行改进，增加了其他特殊利益群体（其他战略利益相关方）的分析维度。例如，汽油行业的变化会影响汽车行业的需求与竞争格局等。

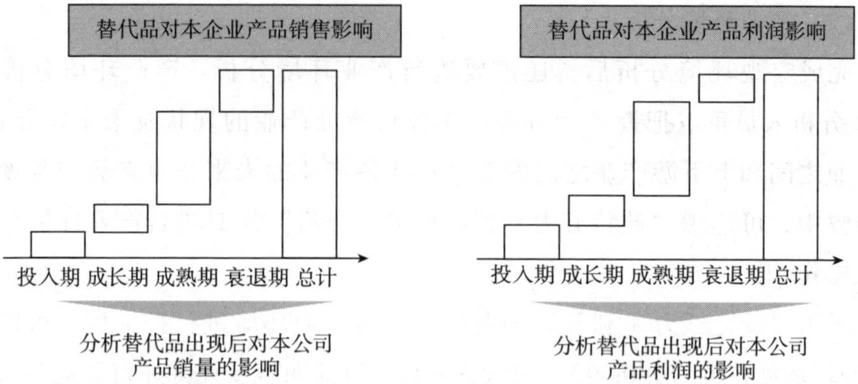

图 3-4 产业环境因素分析中的“二维分析法”

（3）内部环境分析。

尽管内部环境扫描的方法与工具有几十种，但是内部价值链分析仍旧是众多战略分析人员钟爱的一种战略分析工具。这个同样由著名战略管理学家波特开发的内部环境扫描工具得到了最为广泛的运用。

运用“波特内部价值链”进行公司内部环境的扫描，主要是把握公司在战略管理、企业文化建设、人力资源管理、品牌管理、计划与财务管理、信息化建设与管理、物流管理、市场管理、研发与采购管理、生产制造管理、销售、售后服务等各个环节的优势与劣势。这种优势与劣势包括内部资源与能力等多方面的内容，可以结合资源与能力分析法开展该项工作。

应当指出，我们不能想当然地认为“内部价值链”就是单体公司的价值链。集团型企业的内部价值链与单体公司存在很大差异，即使是多元化经营集团与单元经营的产业集团，在内部价值链的分布上也存在差异。

在运用“波特内部价值链模型”对公司内部环境进行扫描后，可以填写《内部价值链优劣势“速写表”》（见表 3-3），简明扼要地陈述公司内部环境优劣态势关键点。应当注意的是，外部环境分析尤其是产业环境等信息，是填写该表的一个重要参考依据，因为企业优劣势是相对于外部环境而存在的。

表 3－3　内部价值链优劣势"速写表"

价值链环节	现状分析与描述	机会	威胁	可能对策
战略投资				
企业文化				
人力资源				
财务管理				
技术研发				
……				

运用《内部价值链优劣势"速写表"》进行公司内部战略环境扫描时，同样可以运用二维分析法进行"内部价值链"的定量分析与定性分析。换句话说，在《内部价值链优劣势"速写表"》的背后是定量分析与定性分析，图 3－5展示的是运用二维分析法进行"内部价值链"定量分析与定性分析的片段。

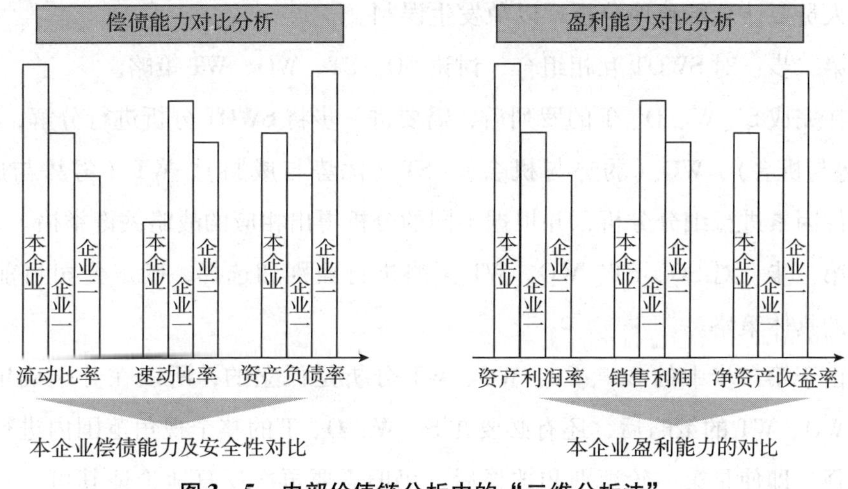

图 3－5　内部价值链分析中的"二维分析法"

（4）综合分析。

完成外部环境与内部环境的扫描后，需要开展战略环境扫描的综合分析。在这个环节里，推荐使用经典的战略环境综合分析工具 SWOT 分析法①，该方法是一种被普遍采用且比较成熟的战略分析工具。从整体上看，SWOT 可以分为两部

① SWOT 分析法中的四个英文字母依次是 Strength（强项、优势）、Weakness（弱项、劣势）、Opportunity（机会、机遇）、Threat（威胁、对手）的首字母。

分：第一部分为 SW，主要用来分析内部条件；第二部分为 OT，主要用来分析外部环境。另外，每个单项（如 S）又可以分为外部因素和内部因素，这样就可以帮助分析者对战略情况形成较完整的认识。

SWOT 分析法操作步骤如下：

第一步：罗列公司面临的 S、W、O、T。

进行 SWOT 分析需要罗列公司面临的所有外部环境机遇与威胁，内部环境的优势与劣势，这些 S、W、O、T 的信息来自已完成的内外部环境扫描的结果，如竞争分析时对标分析的结果等。

该方法在操作上有一个难以控制的技巧需要注意，那就是很多操作人员在界定一些问题时，往往不知道放在哪个象限内，例如，外部人力资源环境的变化对于人才保留是一个威胁，而对于人才吸引又是一个机遇。对于类似的问题，操作人员要认真细致地分析，以免发生误判。

第二步：对 SWOT 互相组合，讨论 SO、ST、WO、WT 策略。

在完成 S、W、O、T 的罗列后，需要进一步将 SWOT 分析进行分解，对 SO（优势与机会）、WO（弱势与机会）、ST（优势与威胁）、WT（劣势与威胁）等条件因素进行细分分析，并根据不同的分析得出相应的战略关键举措。

第三步：对 SO、ST、WO、WT 策略进行甄别和选择，确定公司目前应该采取的具体策略。

由于第二步中的 SO、ST、WO、WT 分析是孤立的，所以在分别确定 SO、ST、WO、WT 的策略后，还有必要在 S、W、O、T 的整个视角范围内进行甄别和选择。即使是第一轮甄别和选择后，仍旧需要再次反复地论证其可行性。由此可见，当完成 SWOT 综合分析这个步骤后，实际上已经具有一部分战略目标雏形与依据，下一步就可以开始激动人心的战略地图开发了。

3.3 运用战略地图澄清公司目标

很多管理顾问告诉企业的领导：贵公司没有战略！而事实上这是大错特错

的。很多企业将战略以文件的方式固化在组织中，例如，我国的国有企业一般都有宏伟的战略目标，根据国家的发展规划制定详细的"'十四五'规划"，这种战略属于"显性"的战略管理模式，通常人们称其为"有战略"；而一些创业型互联网民营企业的创业者每天都在思考在未来VUCA环境中如何把握住企业发展的确定性规律以谋求企业的未来和发展，然而这些战略思路都是存在于创业者的大脑之中，并通过其指挥各部门的"行动"来自发地实施，这种战略被称为"隐式"的战略管理模式，往往被人们错误地判断为企业"没有战略"。

1990年，罗伯特·卡普兰（Robert Kaplan）与戴维·诺顿（David Norton）提出战略地图（见图3-6）之后，战略地图在全球范围内被广泛运用于组织内部并成为描述企业战略的工具。"一张图胜过千言万语"，战略地图模板以平衡计分卡的四个层面目标（财务层面、客户层面、内部流程层面、学习与成长层面）为核心，通过分析这四个层面目标的相互关系而绘制成企业战略因果关系图。

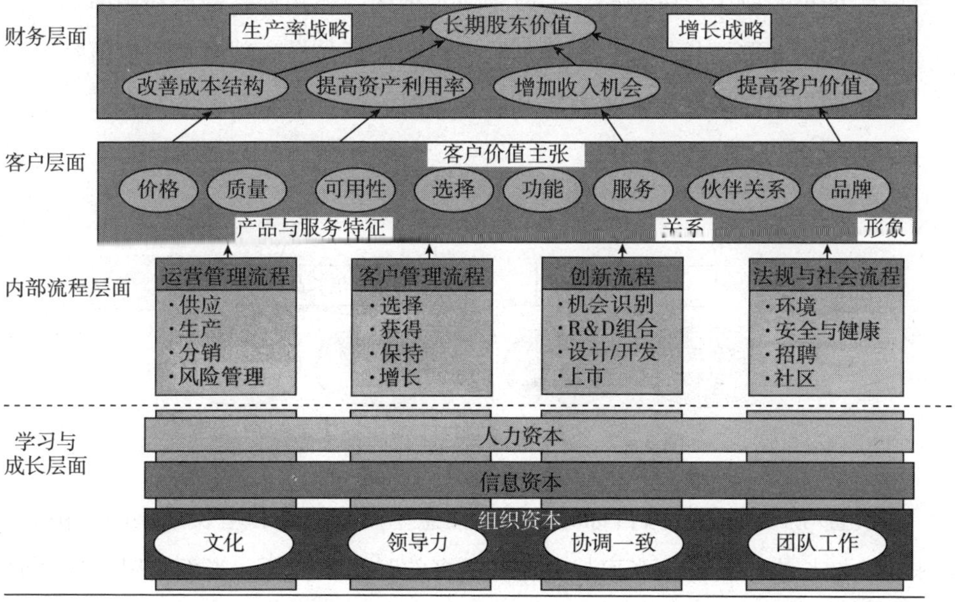

图3-6 战略地图模板

把公司价值创造的战略意图体现在一张图上就形成了战略地图，战略地图明确了具有相互逻辑关系的战略方向与目标。在日常战略管理中，战略地图成为公司内部沟通的战略语言。战略地图模板体现了财务、客户、内部运营和学习与成长四个维度的逻辑关系，阐述了四个维度的战略目标 O 如何集成在一起来描述战略，成为下一步开发公司年度 OKR 的重要源头与依据。

3.3.1 战略地图开发第一步：确定财务维度战略目标

战略地图开发一般首先应明确公司的财务战略目标。财务战略目标实际上是股东价值的体现，即股东利益最大化（当然并非不考虑利益相关者的要求），通常可以通过两大途径来实现：一是生产率战略，即提高生产效率，包括改善成本结构和提高资产利用率，从而提高单位产品的盈利能力和资产的使用效率。这样，在销售不变的情况下公司的盈利能力就会增加，或者在资产不变的情况下公司的生产效率就会提高。二是增长战略，即通过销售收入的增加提高公司的盈利能力（见图 3－7）。财务战略目标的设定可以从以下几个方面考虑：

（1）长期的股东价值如何实现——通过生产率战略，还是增长战略？

（2）如果采取生产率战略，是改善成本结构，还是提高资产利用率？

（3）如果采取增长战略，是增加收入机会，还是提高现有客户价值？

（4）如果同时采取生产率战略和增长战略，组合策略有哪些？

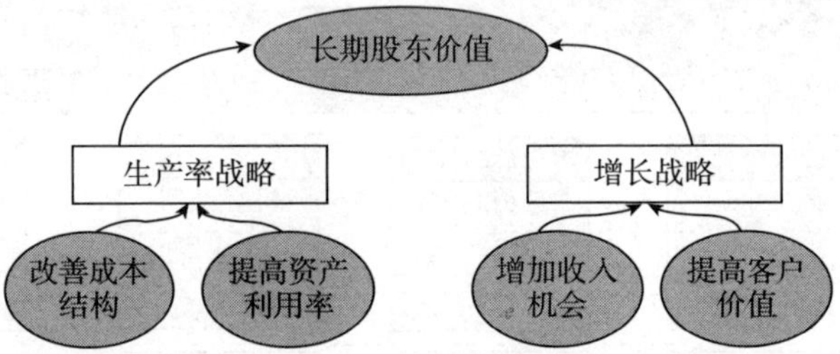

图 3－7　财务战略目标实现的两大途径

在设置/确认财务战略目标时，需要注意生产率战略和增长战略的平衡。一般来说，增长战略要比生产率战略花费更多的时间和资源，当面临财务压力时，管理者可能更倾向于改善成本机构或提高资产利用率这样的短期行动。然而股东价值最大化的终极目标是股东价值的持续增长，这就要求管理者必须考虑增长战略的某些指标，实现短期和长期财务目标的平衡。

这里需要指出的是，战略地图开发阶段要根据企业战略管理模式的要求确定是否需要设定详尽的目标值。如果采取“战略 + 执行”的模式，则一般需要进行“3 +1 滚动”的目标与指标值设定。“3 +1 滚动”就是分别规划 3 年的财务战略目标值，同时把最近 1 年的目标值分解到月度或者季度；如果采取“方向 + 试错”的模式，战略地图中的战略目标只要有一个大的方向就够了，对战略目标进展的数据性度量则可以交给更短周期的年度甚至季度 OKR。

3.3.2 战略地图开发第二步：确定客户维度战略目标

设置完财务战略目标之后，并非万事大吉。如果没有其他战略目标支持财务战略目标的实现，当你看到公司《财务报表》上糟糕的数据之后，一切已经晚了。从某种意义上讲，财务战略目标只是过去公司运营成果的体现，本身具有滞后性。当糟糕的财务数据出现时，坏的结果已为既定事实。我们在做管理咨询项目调研的时候，经常看到非常漂亮的《财务报表》，良好的利润和每股收益，表面看一切都非常好，然而这些漂亮的数据背后并不是健康的公司运作，过多的应收账款和存货、客户和人才流失、现金流隐患……所有这些正在侵蚀着公司的“肌体”。

设定财务战略目标后，需要思考客户维度的战略目标。客户维度的战略目标首先要回答的问题是我们如何实现收入增长。因此，首先要进行客户的细分，例如，某互联网 O2O 服务平台的高端的 A 类客户（年人均收入 100 万元以上的家庭），在线上支付后对线下体验服务的要求可能将服务品质、体验环境放在首位；相反，很多 C 类客户（年人均收入仅为 2 万元的家庭）最先关心的是价格，他们永远不会把服务品质、体验环境放在首位考虑。可见，要回答我们如何实现收入增长这个问题，首先要进行客户细分并以此为基础进行增长路径识别。著名战略管理学家安索夫发明的产品市场组合分析矩阵（又称为安索夫矩阵）能够有效地帮助我们在市场细分的基础上，识别企业未来增长的动力（见图 3 –8）。

确定收入增长路径识别的同时，还需要在战略地图的客户维度思考并回答另一个问题：这些客户为什么要购买你的产品，或者说他们在购买你的产品时关注什么。这些关注要点就是他们的价值主张。价值主张分析是任何类型的企

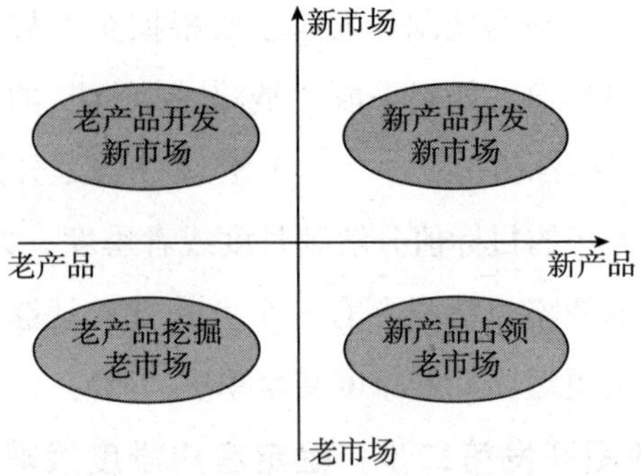

图 3-8　收入增长路径识别工具安索夫矩阵

业都必须关注、回答的问题，无论是短周期迭代的互联网公司，还是长周期的资源垄断型企业。

客户价值主张分析在实际操作中通常可以采用专家会议法来完成，该方法将客户价值主张（产品/服务的特征、关系和形象）罗列出来，让客户对他们的关注点进行优先排序，然后再对这些数据进行分析，就可以得出客户最关注的3~5个价值。在召开专家会议进行客户价值主张分析的时候，交互式策略分析表（见表3-4）是很好的工具，它将所列的客户价值进行两两对比，某一项关注点比另一项重要时填数字3，同等重要时填2，否则填1，然后将得分加总求和，按次序排列后就可以得到客户独特的价值主张了。从表3-4中可以看到，A类客户的价值主张集中在质量、伙伴关系和品牌形象上。

表 3-4　交互式策略分析表

××产品A类客户价值主张分析									
	价格	质量	可用性	可选择性	性能	服务	伙伴关系	品牌	得分
价格		1	3	2	1	2	1	2	12
质量	3		2	3	2	3	2	3	18
可用性	2	2		3	2	3	2	1	15
可选择性	1	1	1		2	2	1	1	9
性能	3	2	2	2		2	1	1	12
服务	2	1	1	2	2		2	2	12
伙伴关系	3	2	2	2	3	3		2	17
品牌	2	1	3	3	3	2	2		16

经典的战略管理理论告诉我们，企业在满足客户价值主张的竞争策略的选择上一般都会选择以下四种策略中的一种：

（1）总成本领先策略。采用该策略的企业为行业内的低成本生产者，强调生产规模，提供标准产品。其目标是价格优势、一致的产品质量、快速交货。比较典型的企业是格兰仕、戴尔等，它们都是总成本领先策略执行得比较好的代表。

（2）产品领先策略。采用该策略的企业为行业内的产品创新和领导者，强调产品性能和特征的领先。其目标是用高性能的产品获取高于行业平均水平的价格，从而获得超额利润。产品领先主要体现在速度、尺寸、准确性、功率、外观或超出其竞争产品被客户看重的性能特征，而这些产品往往领先于竞争对手上市，成为行业的领导者，比较典型的企业是索尼、海尔、奔驰等，它们是采用产品领先策略的代表。

（3）全面客户解决方案策略。采用该策略的企业为目标客户提供全面的解决方案。其目标是用个性化的服务和产品，满足目标客户的需求。全面客户解决方案的前提是对客户需求的理解和满足，其客户价值主张主要体现在产品或服务的全面性，以及良好的售前、售中和售后服务与客户关系管理。比较典型的是 IBM，它根据客户的需求，量身定制包括硬件、软件、安装、现场服务、教育培训和咨询的全面的信息服务解决方案。

（4）系统锁定策略。采用该策略的企业通过制造高昂的客户转换成本来锁定客户。其目标是客户选择了其产品或服务后，一旦选择竞争对手的产品或服务就必须支付高昂的转换成本，最好的方式是将自己的产品或者服务制定成行业标准。其典型代表是微软，用户一旦选择 Windows 操作系统，在转换其他操作系统时将面临巨大的转换成本，包括其他配套软件的更换、新的教育培训等费用。这种系统锁定客户能带来持续的利润和竞争优势。

上述四种不同的策略，对应不同的客户价值主张，战略地图的创始人罗伯特·卡普兰和戴维·诺顿将其归纳为图 3－9，可以作为确定客户价值主张的参考。

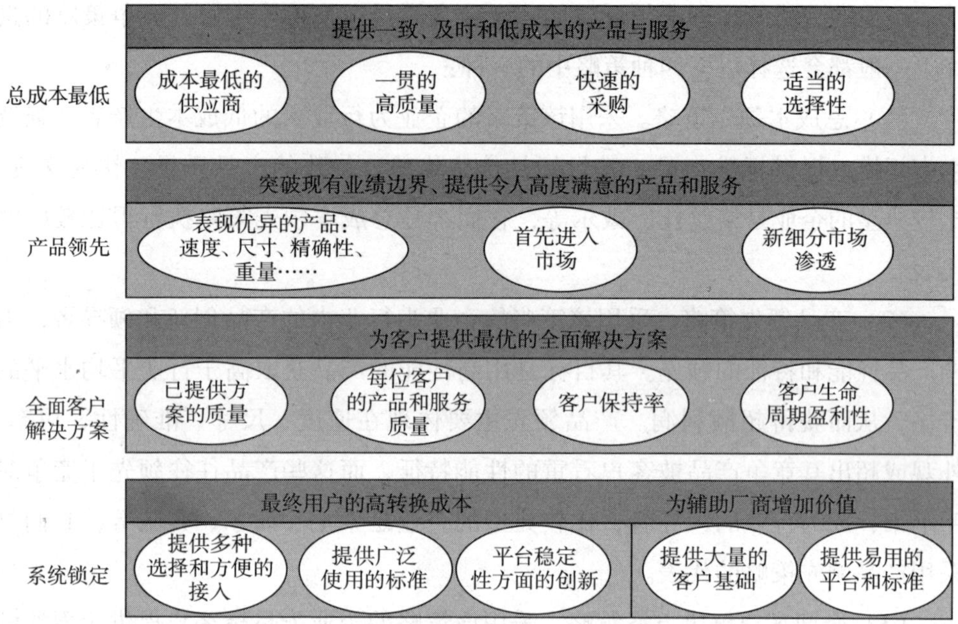

图3-9　四种竞争策略与客户价值主张的对应关系

3.3.3　战略地图开发第三步：确定内部运营维度战略目标

财务维度战略目标和客户维度战略目标都需要卓越的内部运营来实现。在完成战略地图财务和顾客构成的分析之后，需要进一步将财务和客户指标与内部运营相连接。做内部运营分析就是要确定公司内部哪些流程对财务目标和客户价值主张的实现意义重大，或者公司在哪些内部运营流程上需要改善。

需要从内部运营的角度思考如何实现财务目标、满足客户价值主张（客户进行购买决策的关注点）。例如，客户的价值主张之一是价格，就需要思考从整个移动端网络平台建设，到线上“吸粉”“引流”，再到线下服务直到会员管理等整个的业务流程上，哪些内部流程与客户价值主张的满足关系密切，这些流程应该如何改进以满足客户对价格的价值主张，如何根据满足客户价值主张的内部运营流程改进措施来设置对应的战略目标。

以传统制造业为例，笔者曾经服务过的汽车整车制造企业和医用敷料制造企业的内部运营分析就完全不同。汽车整车制造厂在设计阶段就决定了成本的

70%，即整车设计出来后的大部分成本，并且这种成本是不可逆的，无法通过工艺改进、材料替换进行削减，因此研发设计流程对成本控制而言是一个关键的流程；医用敷料企业的成本大部分取决于原材料采购环节的采购价格控制，而研发设计对成本的影响则不是特别重要，因此对医用敷料企业来说，影响成本战略目标实现的关键流程是供应商管理与采购流程。由此可见，汽车整车制造企业尤其关注研发设计项目的目标成本实现，只有这样才能满足客户对价格的价值主张；而医用敷料企业为了降低成本，则需要供应商的整体计划，更关注优良供应商占的比例。正是这种内部运营分析，才能使管理者很好地把握不同行业、不同企业在内部运营关键战略举措选择上的特点和差别。

与财务维度战略目标和客户维度战略目标设定相同的是，内部运营维度战略目标仍然要根据企业战略管理模式的要求来确定是否需要设定详尽的内部运营战略目标值。如果采取“战略×执行”的模式，则一般需要进行“3+1 滚动”的目标与指标值设定。

3.3.4 战略地图开发第四步：确定学习与成长维度战略目标

完成财务、客户、内部运营战略目标的设定后，接下来需要做的是在公司内部为这些目标和措施的实现做好支持和保障的准备，思考并设定学习与成长维度的战略目标是战略地图绘制的第四步。支持财务、客户战略目标实现的内部运营各流程最终无不需要公司的每位员工执行。因此，战略地图描述的内部运营战略目标，必须与学习成长维度的战略目标相连接。

在罗伯特·卡普兰和戴维·诺顿合著的《战略地图》中提出，学习与成长维度必须关注以下三个方面的内容：

（1）人力资本准备度。

人力资本被用于衡量组织支持战略所需的知识、能力的可用性。企业的宏伟目标、内部运营最终需要训练有素的员工来实现。设置人力资本准备度的意义在于衡量公司实现战略所具备的知识技能与理想状况的差距，通过制订相关的行动计划，逐步缩小这种差距，从而实现公司的战略。因此，衡量人力资本准备度时，首先要确定公司实现战略所需的能力、知识的集合，也就是建立能力素质模型，然后对照这种能力标杆测评现有差距，最后根据这些差距制订学习发展计划。

有人认为能力素质模型与任职资格应当有所区分，不应混在一起操作，笔者认为这是无稽之谈。无论是起源于心理学发达的美国的能力素质模型，还是起源于老牌欧洲国家英国的任职资格体系，虽然其起源关注点不同，但是在近几年的实际操作中不断融合，甚至可以将能力素质模型评价与任职资格认证结合在一起，毕竟管理理论实践本身就在不断演进。具体操作的时候主要有三个步骤（见图 3 –10）。

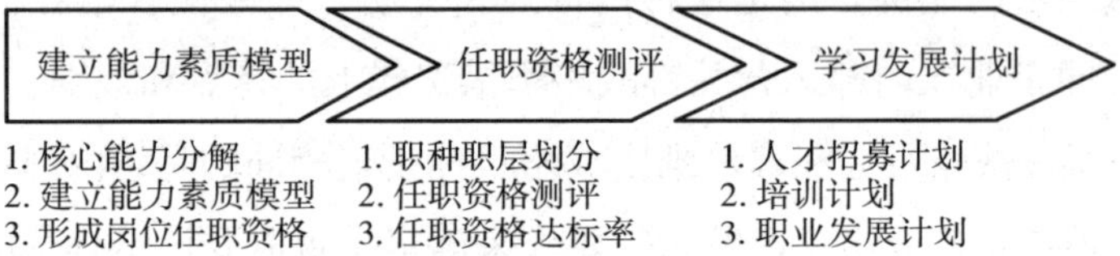

图 3 –10　学习发展计划编制的三个步骤

当公司内部进行过任职资格管理之后，人力资本准备度实际上可以转化为任职资格达标率，也就是把公司现有的任职者与其任职所需的能力素质标杆进行对比，看看有多少人能达到任职要求。没有达到要求的这一部分任职者需要重点改进，可以通过人才招聘、培训和职业发展计划来弥补现有的差距。

初创的互联网公司可能很难做到这一点，因此在季度 OKR 选择时，该战略目标往往作为状态指标被关注，而不作为当期公司 OKR 突破的重点。但当公司具备一定规模的时候，可以根据公司核心能力的分解，找出对公司战略实现至关重要的岗位和人员进行测评，把他们作为工作重点，这样既可以简化操作，又能抓住重点。

（2）信息资本准备度。

信息资本被用于确定组织支持战略所需的内部大数据、信息系统、网络等基础设施、外部情报能力等方面的目标。20 世纪 90 年代以来，信息技术一直是推动企业快速增长、提高效率的有效工具。因此，任何公司都不能忽视信息技术对战略实施的帮助。笔者在咨询项目的调研中多次发现，很多信息化建设影响公司战略的实施，如果不重视信息资本准备度，那么信息资本极有可能成为公司未来战略发展的“短板”。

罗伯特·卡普兰和戴维·诺顿认为，企业应当分析信息化建设，在变革型、分析型、交易处理型、技术基础设施四类信息化建设上寻找计划。变革型应用程序用于变革公司主流业务模式的系统和网络；分析型应用程序用于促进信息/知识分析、解释和共享的系统和网络；交易处理型应用程序是使公司基本的重复交易自动化的系统；技术基础设施用于促使有效传递和使用信息资本应用程序所要求的共享技术和管理专长。无论进行哪一类信息化建设，计划的确定都应当与公司的内部运营流程紧密结合，并根据这些需求编制信息化建设的计划与预算。衡量信息资本准备度实际就是衡量对这些信息化建设计划的完成情况。四类信息化建设方向见表3－5。

表3－5　四类信息化建设方向

序号	类别	项目名称	计划	资金预算
1	变革型应用程序			
2	分析型应用程序			
3	交易处理型应用程序			
4	技术基础设施			

（3）组织资本准备度。

组织资本被用于设定关于组织执行战略、发动变革能力方面的目标。我们通常讲的能力具体到某一个组织时，实际上可以分为个体能力和组织能力。个体能力指组织内某一成员具有的知识和技能，而组织能力则是组织具有的知识和技能的合力，组织可以是一个集团、一个公司、一个事业部、一个部门、一个项目小组。组织追求的是“1＋1＞2”的协同效应，如果个体能力很强而组织能力不强，就会出现“三个诸葛亮顶不上一个臭皮匠”的现象。对于组织来讲，最关注的组织能力包括文化、目标协同和组织氛围三个方面。

企业文化建设的目的是在组织内部对组织的使命、愿景和核心价值观达成共识。只有员工认同企业文化，才能凝聚人心产生协同，才能使他们处处为如何实现公司战略进行思考和努力。企业文化认知度和认同度都是衡量组织资本的好指标，需要通过对员工的调查获取企业文化认知度和认同度的数据，这种调查往往比较专业、复杂和难以操作，建议制订企业文化建设计划并通过其效果来进行衡量。

战略地图的表现形式不尽相同，有的以描述的方式表现，而有的以指标的形式表现。在使用过程中，可以选择适合自己公司情况的分析工具和表现形式。《战略地图》中给出的总成本领先、产品领先、全面客户解决方案和系统锁定四种战略的战略地图模板（见图 3－11 至图 3－14），可以作为绘制战略地图时的参考。

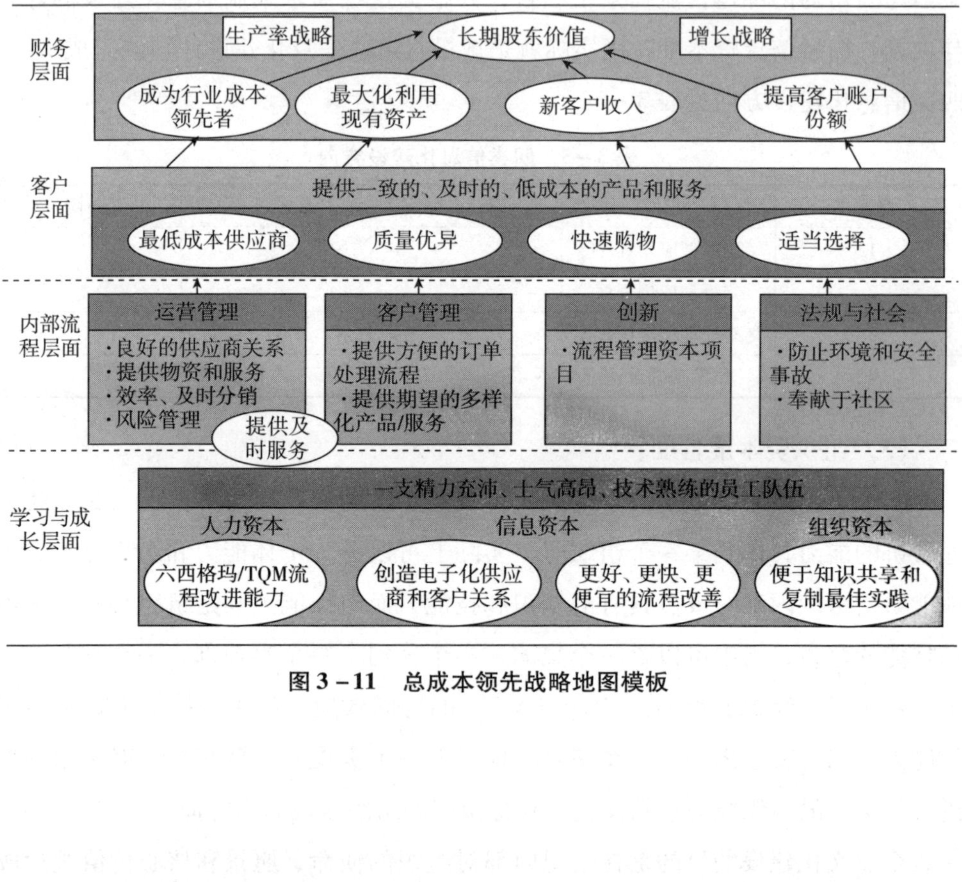

图 3－11　总成本领先战略地图模板

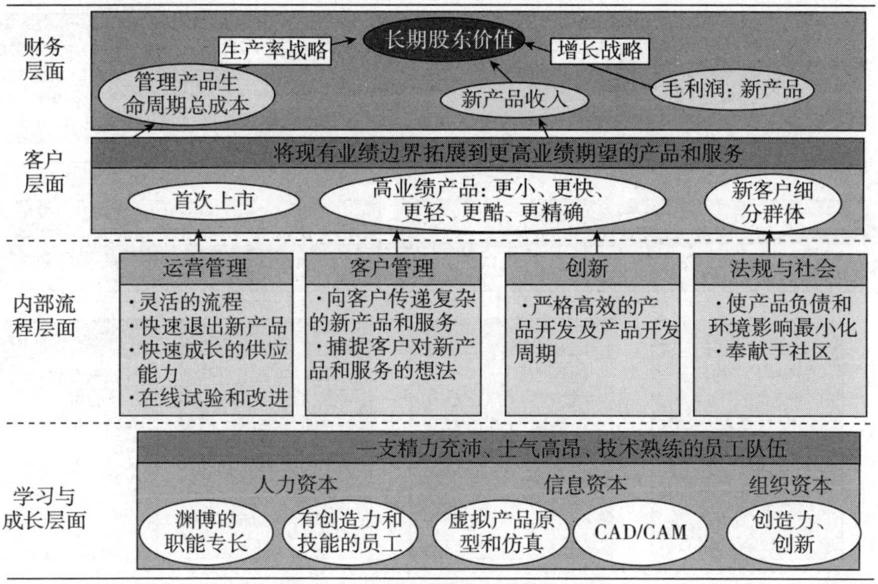

图3－12　产品领先战略地图模板

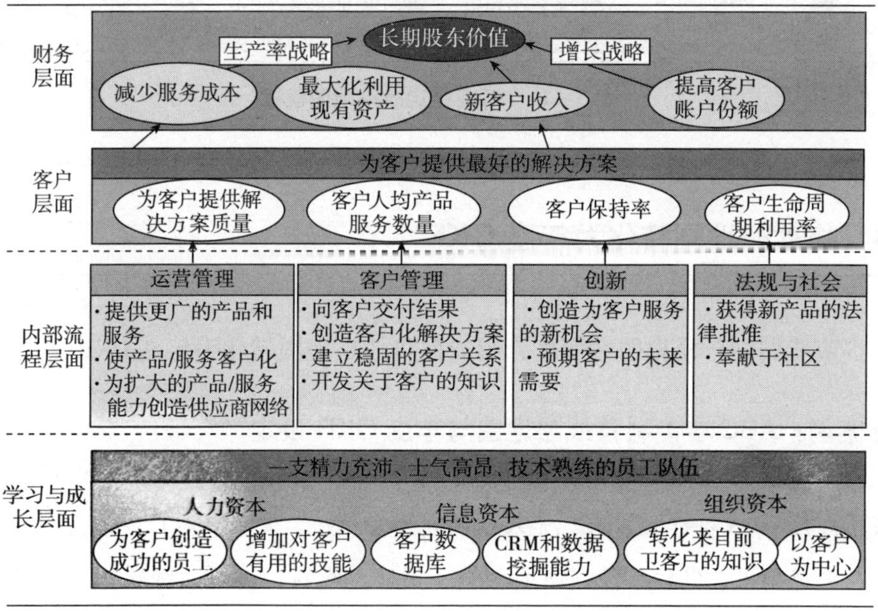

图3－13　全面客户解决方案战略地图模板

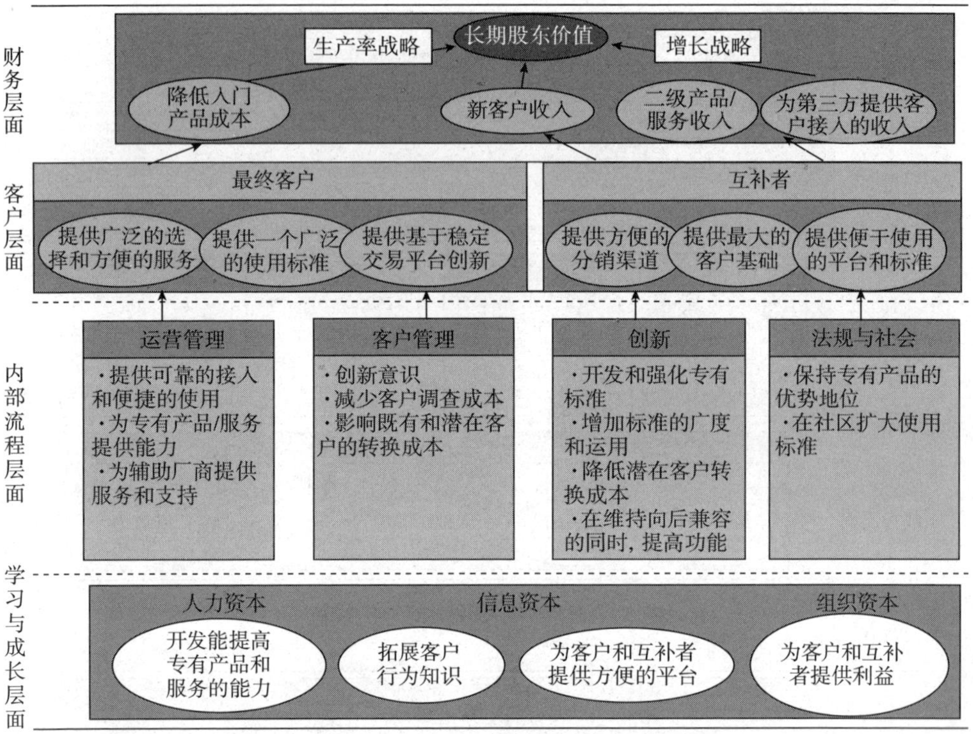

图 3-14　系统锁定战略地图模板

3.4　将战略地图转化为年度 OKR

本节我们结合模拟的案例来介绍如何将战略地图转化为年度 OKR。

案例：ABC 智能科技战略地图与年度 OKR 设定

ABC 智能科技发展有限公司（以下简称 ABC 智能科技）致力于以科技改变未来，专注于 AI 智能机器人、无人机的研发和制造，其产品被广泛地应用于地形勘测、影视拍摄、农林牧渔、新闻拍摄、消防、救援、交通、特殊领域等多个领域，是中国领先的人工智能企业。发展至今，ABC 智能科技已在美国、欧洲、加拿大等多地设立区域总部和分支研发机构，国际销售网络覆盖全球 14 个国家。

ABC 智能科技成立于 2015 年，创业团队的领导是“90 后”的代表，员工平均年龄只有29岁，这群年轻人正走在“以科技改变未来”成就梦想的路上。面对同样年轻的“千禧员工”，年轻的“90后”领导者、年轻的公司并没有墨守成规，而是选择了开放、包容和创新的组织文化。创业团队的领导者认为公司处于一个快速迭代、重视创新、自由自律的行业，保持员工的创造性思维是ABC智能科技未来走向成功的动力源泉，而创造性思维极度依赖人脑灵感和直觉，其发挥常常受到外在环境的影响和刺激，如愉悦的心情、宽松的工作氛围、激发灵感的音乐等，这也是ABC智能科技的很多研发技术人员天马行空、喜爱自由并不受管束的原因，因此，“开放、包容和创新的组织文化”是确保激发员工创造性思维的基础。但是创业团队的领导者也意识到：“开放、包容和创新的组织文化”并不意味着无度的随心所欲，高科技公司如何在保持员工高度自由的同时实现自律、自我管理也十分重要。

2016年底，创业团队的领导到美国硅谷考察后，决定引进风靡硅谷公司的OKR，并在公司第一次OKR培训会上指出：“OKR是一套明确和跟踪目标及其完成情况的员工自我目标管理工具，特别适合互联网以及高科技企业知识型员工的目标管理，强调应用在自由自律的组织文化背景下激发团队的创造力。ABC智能科技‘以科技改变未来’为使命，是一群年轻的、有理想的、有创造力的技术精英组成的公司，OKR能够帮助公司聚焦愿景与目标，成就我们创业的梦想。OKR一旦与ABC智能科技的创新文化结合在一起，必然能够发挥出无与伦比的创造力。”

ABC智能科技引入OKR体系遇到的第一个技术问题就是如何将OKR与公司战略关联起来，连接OKR与战略对于ABC智能科技来说确实比较尴尬：创业公司往往在高速成长时期并没有特别成熟的战略管理模式，很多业务与产品还在无人区中摸索，外部环境也显得十分不确定，这种场景下的战略规划不可能描述得十分详尽；但是创业公司又不能过度强调“不确定性”，一味地强调“不确定性”而拒绝思考公司未来发展是一种战略思维的懒惰，是一种推卸责任的借口。创业团队的领导在经过多方面的比较与论证后，决定参考咨询顾问的建议运用战略地图将OKR与公司战略连接起来。

ABC智能科技的战略地图开发采取了研讨会的形式，研讨议题主要围绕以下七大问题展开：

第一，ABC 智能科技内外部战略环境扫描分析。

第二，检讨并修订 ABC 智能科技使命、价值与愿景。

第三，ABC 智能科技未来衡量股东价值的财务战略目标是什么。

第四，ABC 智能科技未来高速增长的路径与战略目标是什么。

第五，如何满足 ABC 智能科技的客户价值，战略目标是什么。

第六，ABC 智能科技内部运营的关键战略举措与战略目标是什么。

第七，ABC 智能科技学习成长的关键战略举措与战略目标是什么。

为了充分挖掘公司每位知识型员工的创造力，ABC 智能科技的战略地图开发采取了“众筹法”，分别征求每个团队（部门）的意见，最后进行汇总、公示、定稿，实现了战略地图开发中的“自上而下、自下而上”（见图 3－15）。

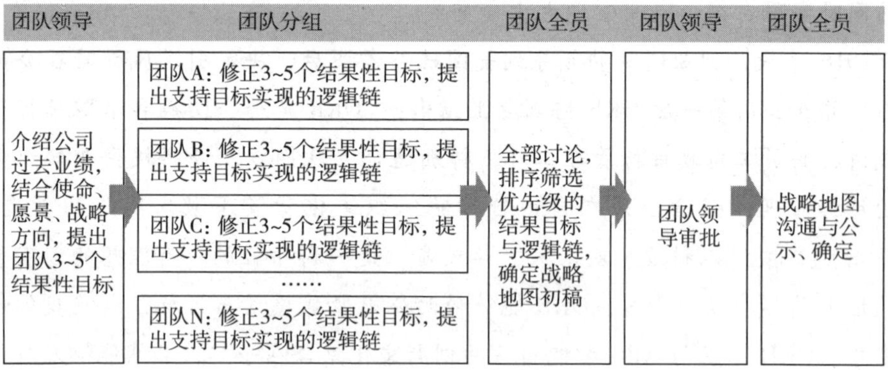

图 3－15　战略地图开发“自上而下、自下而上”流程

通过“自上而下、自下而上”的流程迭代，围绕最初战略地图开发七大问题的答案，ABC 智能科技进行了整理与提炼，开发出《ABC 智能科技发展有限公司战略地图》。

如图 3－16 所示，《ABC 智能科技发展有限公司战略地图》最上端是 ABC 智能科技的使命、价值观与愿景；在使命、价值观与愿景下一共有 9 个战略主题、13 个战略目标，整个战略地图有两个主要的目标逻辑链：第一个是战略目标 F2（确保史上最激动人心的增长），第二个是战略目标 F3（让资金的周转速度更快）。F2“确保史上最激动人心的增长”的支持战略目标有 C1、C2、C3，而支持 C1、C2、C3 战略目标的是 C4，支持 C4 的则是内部流程维度的 I1、I2；F3“让资金周转速度更快”则是由 I3 所支持的；L1、L2、L3 支持的是整个内

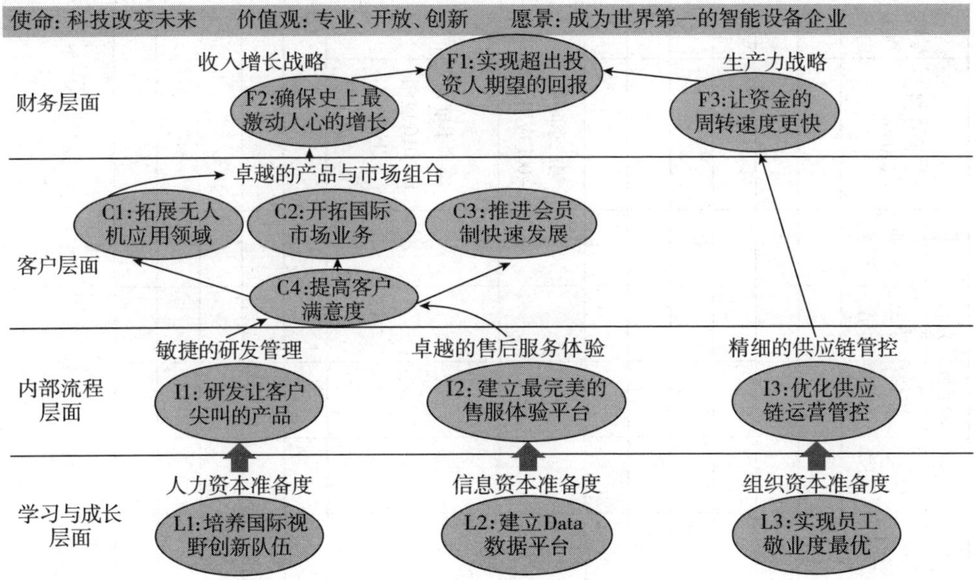

图3－16　ABC 智能科技发展有限公司战略地图

部流程维度的 I1、I2、I3 三个战略目标。战略地图每个战略目标时限是在 1～3 年考虑的，同时在描述中遵循了战略目标描述的句型——“动词＋动词对象”。

完成《ABC 智能科技发展有限公司战略地图》开发后，把战略地图转化为《ABC 智能科技发展有限公司年度 OKR 表》（见表3－6），表中包含了维度、战略主题、核心目标 O、关键工作成果 KR、年度与分解季度 KR 值、行动计划 Action、举牌人等信息，其中战略主题 9 个、战略目标 O13 个、年度与季度 KR 26 个、年度 Action（年度最终节点）4 个。

应当指出，为了适应快速迭代的外部环境，ABC 智能科技的战略目标只陈述了大致的战略方向，这些战略方向指导 ABC 智能科技的公司使命与愿景的落地，一般在年度中不轻易调整，除非公司战略方向发生了重大变化，但是在年度时间节点上设置的度量 O 进展的 KR，在更短周期的季度甚至月度是需要以“空杯心态”不断清零、调整的。同时，OKR 强调聚焦，《ABC 智能科技发展有限公司年度 OKR 表》中包含 13 个 O 与 26 个 KR，显然不符合 OKR 的聚焦原则，因此在季度 OKR 迭代中必须按照“4×4 原则”进行聚焦再聚焦，筛选出不超过 4 个 O 进行关注，同时度量每个 O 进展的 KR 数量也应尽量控制在 2～4 个。对于季度 OKR 的 4×4 筛选与迭代，第 4 章将继续阐述。

表 3-6 ABC 智能科技发展有限公司年度 OKR 表

维度	战略主题	核心目标（O）	关键工作成果（KR）	20××年目标值					行动计划（Action）	举牌人
				全年	第一季度	第二季度	第三季度	第四季度		
财务	收入增长战略	F1：实现超出投资人期望的回报	保持全年投资回报率在×%						—	
			确保全年度×亿元利润							
		F2：确保史上最激动人心的增长	实现40%以上的主营业务收入增长率						—	
			确保全年度××亿元的主营业务收入							
	生产力战略	F3：让资金的周转速度更快	实现总资金周转天数达到×天						—	
			实现流动资金周转天数达到×天							
客户	卓越产品与市场组合	C1：拓展无人机应用领域	推动 A-001 应用领域产品在第二季度末上线						第二季度末 A-001 应用上线	
			确保 B-016 全国民品市场月增长率达到 60%						第一季度末 B-016 应用上线	
			B-016 产品在 JP 市场占有率保持在 20% 以上							
		C2：开拓国际市场业务	北美市场达到××万美元销量						—	
			中东市场达到×万美元销量						—	
		C3：推进会员制快速发展	实现会员增长率达到×%						—	
			实现 A 级会员增长率 10%							
		C4：提高客户满意度	确保客户综合满意度在 80 分以上						—	

续表

维度	战略主题	核心目标（O）	关键工作成果（KR）	20××年目标值					行动计划（Action）	举牌人
				全年	第一季度	第二季度	第三季度	第四季度		
内部运营	敏捷的研发管理	I1：研发让客户尖叫的产品	储备 TC 核心 AI 组件技术						第四季度末实现 AI 组件技术储备率 100%	
			挑战平均续航里程达到×小时						第四季度末完成 F－032 电池替代	
	完美的售服体验	I2：建立最完美的售服体验平台	挑战售服平均响应周期 3 小时以内						—	
			确保售服问题妥善解决率 100%						—	
			挑战客户质量投诉率为零						—	
	精细的供应链管控	I3：优化供应链运营管控	杜绝三包索赔损失预算 100%						—	
			控制产品配套成本率××%						—	
学习与成长	人力资本准备度	L1：培养国际视野创新队伍	2019 年培养首席研发技术工程师 1 人，专家人才 2 人						—	
			确保全员任职资格达标率 95% 以上						—	
	信息资本准备度	L2：建立 Data 数据平台	完成 Data 平台计划						—	
			2019 年第一季度建立数据情报系统						—	
	组织资本准备度	L3：实现员工敬业度最优	建立员工敬业度管理体系						—	

第4章

设计公司季度OKR

对于处在快速迭代环境中的互联网科技型公司，年度 OKR 表中的 KR 仅仅具有参考价值，OKR 的重点是根据每个季度内外部环境的变化情况刷新 KR 值，甚至还可以在季度、月度中间根据信心指数变化刷新 KR 值。

“少即是多”，John Doerr 在其出版的有关 OKR 的专著 *Measure What Matters* 中指出，要将 OKR 聚焦于少数 O 与 KR 上，在谷歌也是按照聚焦原则来开展 OKR 设定与管理的。因此在战略地图转化为 OKR 时，我们需要将 OKR 聚焦于驱动战略目标实现的优先事项上，按照“4×4 原则”对公司年度 OKR 表中的十几个核心 O 进行筛选，实现聚焦再聚焦，最后筛选出不超过 4 个核心 O 进行重点关注，同时度量每个 O 进展的 KR 数量也尽量控制在 2～4 个。

“聚焦再聚焦”正是 OKR 的魅力所在，更少的 O 与 KR 可以确保每位员工都清楚理解什么才是最重要的，使员工抓住工作重点，将季度中有限的时间与精力聚焦于涉及公司竞争能力突破的优势与短板上，实现真正的“力出一孔”。

4.1 公司与分级季度 OKR 设定全景图

公司与分级（部门/团队、员工个人）OKR 可以按照季度设置，但是季度仅仅是一个参考的周期，而不是“紧身衣”。实施 OKR 的公司可以根据自身特点，在组织架构的不同层级选择不同的 OKR 周期：半年、季度、双月、月度等。为了便于读者理解与阅读，本书中假设年度 OKR 都是分解到季度为周期来进行阐述。

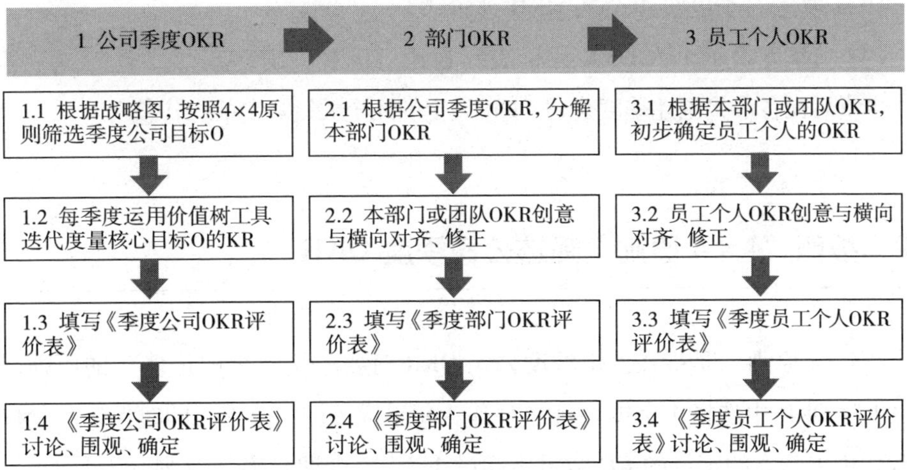

图4 1 公司与分级季度 OKR 设定全景图

图 4－1 所示的，“公司与分级季度 OKR 设定全景图” 向我们展示了公司、部门、员工个人 OKR 设定的三大操作步骤，以及每个步骤需要完成的具体工作内容。三大步骤与具体工作内容如下：

第一步：设定公司季度 OKR。

（1）按照“4×4 原则”筛选季度公司 O。

（2）每季度运用价值树工具迭代度量核心目标 O 的 KR。

（3）填写《季度公司 OKR 评价表》。

（4）《季度公司 OKR 评价表》讨论、围观、确定。

第二步：设定部门 OKR。

（1）根据公司季度 OKR，联结本部门 OKR。

（2）本部门 OKR 创意与横向对齐、修正。

（3）填写《季度部门 OKR 评价表》。

（4）《季度部门 OKR 评价表》讨论、围观、确定。

第三步：设定员工个人 OKR。

（1）根据本部门 OKR 初步确定员工个人的 OKR。

（2）员工个人 OKR 创意与横向对齐、修正。

（3）填写《季度员工个人 OKR 评价表》。

（4）《季度员工个人 OKR 评价表》讨论、围观、确定。

本章后面各节将阐述季度公司 OKR 设定的几个关键环节的操作技巧。

4.2 按照“4×4 原则”筛选公司季度 OKR

“4×4 原则”是指在设定季度公司 OKR 时要遵循“少即是多”的原则，从公司年度 OKR 中选择 4 个核心目标 O 作为每季度关注的重点，同时保证度量核心目标 O 进展状态的定量的 KR 数量不超过 4 个。“少即是多”原则并不是 OKR 独有的，它是 OKR 和 KPI、MBO 共同强调的操作原则之一，即强调公司、部门与员工要把主要精力聚焦于核心能力打造与短板改进的少数几个最核心的目标上。

由于年度 OKR 表中的核心目标 O 来源于公司战略地图的最直接转换，加之外部环境的不确定、公司商业模式处于探索期等，很多处于初创期的互联网等高科技企业的未来战略是模糊的、易变的，所以年度 OKR 表中的核心目标 O 实际上只能呈现大致的战略方向。同时，这个战略方向至少在目前状态下展望未来 3～5 年时，还难以清晰地转化为可计算的数据化指标，因此需要在年度、季度甚至更短周期内设置并不断地迭代 KR 值来度量目标的进展。所以，在 OKR 实战中，一般年度核心目标 O 分解到季度甚至月度时是不会调整、变化的，但是其对应的年度 KR 却需要适时地迭代、调整。

“重要—紧急矩阵”有助于我们遵循“4×4原则”，引导我们从十几个核心目标O（年度公司OKR表中）中，筛选出4个季度重点关注的核心目标O。该工具的一个重要观点就是员工应有重点地、优先集中处理那些重要/紧急的工作，但员工工作表现的最佳状况应当是重要/紧急工作数量不能居多。“重要—紧急矩阵”表明，日常工作中很多基层员工原本有机会及时并很好地完成一件工作，但常常因为“拖延症”而没有及时去做，随着时间的推移，当本来重要/不紧急的工作演变成重要/紧急的工作时再慌慌张张地去处理，必然造成工作质量的下降。

运用“重要—紧急矩阵”筛选公司重点关注的季度核心OKR，要求我们把公司年度OKR表中十几个核心目标O按照紧急、不紧急、重要、不重要的排列组合分成四个象限，通过四个象限的划分使得OKR在落地中聚焦再聚焦。“重要—紧急矩阵”评估标准是重要、紧急程度，在实际操作中还可以按照分数刻度确定重要、紧急的评估标准，一般是从不重要到重要设置5分刻度：1分是不重要、5分是重要，2分、3分、4分则是在中间的刻度，紧急也按照1~5分进行评价。最后根据两个维度的得分确定每个目标在象限中的位置，越靠近右上角越是需要优先实现的核心目标O。重要—紧急矩阵见图4-2。

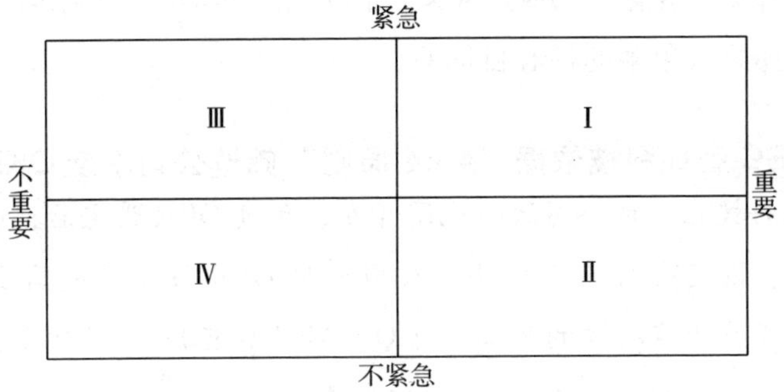

图4-2 “重要—紧急矩阵”

“重要—紧急矩阵”四个象限中核心目标O处理方法如下：

第一象限：立刻去做（Do it now）。包含一些紧急重要的事情。这类核心目标O在时间要求上非常紧迫，同时对公司未来战略愿景的影响也非常重要，是关乎公司核心能力打造或重要短板的弥补。我们无法回避，也不能拖延，必须首先全力以赴地处理和优先解决。

第二象限：稍后做（Do it later）。包含一些不紧急但重要的事情。落入这一象限的核心目标 O 不具有时间上的紧迫性，但它关乎公司核心能力打造或重要短板的弥补，对于公司战略愿景的实现具有重大意义。因此，未雨绸缪是对第二象限核心目标 O 管理的形象描述，针对落入该象限的核心目标 O 要做好计划，稍后处理。

第三象限：授权（Delegate）。包含一些紧急但不重要的事情。这些事情很紧急但并不重要，对公司战略愿景实现的影响相对较弱，因此可以考虑授权下属去做。这一象限的事件具有很大的欺骗性，很多人在认识上存在误区，认为紧急的事情都显得十分重要，实际上像无谓的电话、面谈、附和别人期望等事件并不重要。

第四象限：不做（Don't do it）。包含的是既不紧急也不重要的事情。落入该象限的大多是一些时间不紧迫、不重要的目标 O，如果在这种目标 O 的实现上投入大量的时间、精力，纯粹是在浪费员工宝贵的时间，浪费公司的资源。该类目标 O 可以考虑放弃。

应当指出，公司战略地图转化年度 OKR 表中的核心目标 O，绝大部分都会落入第一象限和第二象限。按照“4×4 原则”，应当优先选择第一象限的核心目标 O，再选择第二象限的核心目标 O。

案例：ABC 智能科技依据“4×4 原则”筛选公司季度 OKR

ABC 智能科技在完成公司战略地图开发、年度 OKR 设定后，开始在每个季度开始前迭代、设定公司季度 OKR。公司季度 OKR 设定首先需要按照“4×4 原则”选择每季度重点关注的核心目标 O，ABC 智能科技的 OKR 推进工作组选择的工具是“重要—紧急矩阵”，其操作步骤如下：

第一步：从重要/紧急两个不同维度评估目标 O 所属象限。

如图 4-3 所示，ABC 智能科技从重要/紧急两个维度，对公司年度 OKR 表中的 13 个核心目标 O 进行评估，其中 C1（拓展 AI 智能机应用领域）、C2（开拓国际市场业务）、C3（推进会员制快速发展）、P1（研发让客户尖叫的产品）、P2（建立最完美的售服体验平台）、P3（优化供应链运营管控）6 个目标

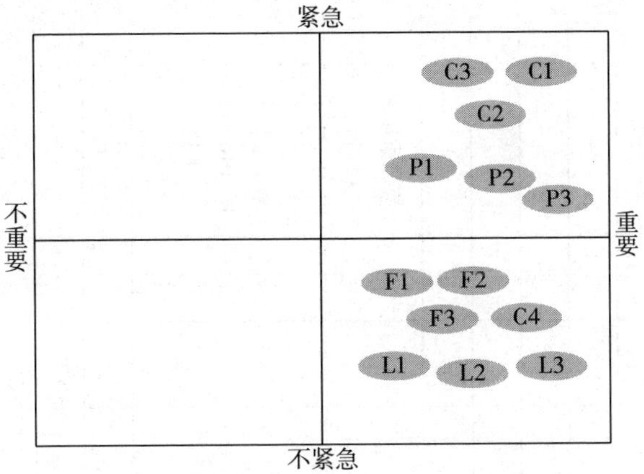

图4－3　从重要/紧急两个不同维度评估目标O所属象限

被纳入第一象限。

第二步：在第一象限中再筛选出4个核心目标O。

在本步骤中，ABC智能科技需要从C1、C2、C3、P1、P2、P3这6个目标中继续进行第二次筛选，直至保留的公司季度OKR核心目标O的数量控制在4个以内。第二次选择了“交互式分析法”推进再筛选工作。“交互式分析法”是将6个待选的核心目标O按照年度突破后对核心能力与短板提升的影响进行两两对比评分，最后选择4个得分最高的核心O作为季度OKR评价表重点关注的OKR。

表4－1　ABC智能科技季度OKR筛选交互式分析表

	C1	C2	C3	P1	P2	P3	得分
C1		2	2	2	3	3	12
C2	2		2	2	3	3	12
C3	2	2		2	3	3	12
P1	2	2	2		3	3	12
P2	1	1	1	1		2	6
P3	1	1	1	11	2		6

如表4－1所示，运用“交互式分析法”进行评分的得分情况为：C1、C2、C3、P1得分为12分，P2、P3得分为6分；最后，选择C1、C2、C3、P1作为季度OKR评价表重点关注的核心目标O。该核心目标O在每季度一般不做变动，除非战略发生重大变化，战略地图调整后需要重新审视公司OKR的核心目标O（见表4－2）。

表 4－2　ABC 智能科技最终确定在本季度重点关注的核心目标 O

维度	战略主题	核心目标（O）	关键工作成果（KR）	20××年目标值					行动计划（Action）	举牌人
				全年	第一季度	第二季度	第三季度	第四季度		
财务	收入增长战略	F1：实现超出投资人期望回报	保持全年投资回报率在×%						—	
			确保全年度×亿元利润							
		F2：确保史上最激动人心的增长	实现40%以上的主营业务收入增长率						—	
			确保全年度××亿元主营业务收入							
	生产力战略	F3：让资金的周转速度更快	实现总资金周转天数达到×天						—	
			实现流动资金周转天数达到×天							
客户	卓越产品与市场组合	C1：拓展 AI 智能机应用领域	推动 A－001 应用领域产品在第二季度末上线						第二季度末 A－001 应用上线	
			确保 B－016 全国民品市场月增长率达到 60%						第一季度末 B－016 应用上线	
			B－016 产品在 JP 市场占有率保持在 20% 以上							
		C2：开拓国际市场业务	北美市场达到××万美元销量						—	
			中东市场达到××万美元销量						—	
		C3：推进会员制快速发展	实现会员增长率达到×%						—	
			实现 A 级会员增长率 10%							
		C4：提高客户满意度	确保客户综合满意度在 80 分以上						—	

续表

维度	战略主题	核心目标（O）	关键工作成果（KR）	20××年目标值					行动计划（Action）	举牌人
				全年	第一季度	第二季度	第三季度	第四季度		
内部运营	敏捷的研发管理	P1：研发让客户尖叫的产品	储备 TC 核心 AI 组件技术						第四季度末实现 AI 组件技术储备率 100%	
			挑战平均续航里程达到×小时						第四季度末完成 F－032 电池替代	
	完美的售服体验	P2：建立最完美的售服体验平台	挑战售服平均响应周期 3 小时以内						—	
			确保售服问题妥善解决率 100%						—	
			挑战客户质量投诉率为零						—	
	精细的供应链管控	P3：优化供应链运营管控	杜绝三包索赔损失预算 100%						—	
			控制产品配套成本率××%						—	
学习与发展	人力资本准备度	L1：培养国际视野创新队伍	2019 年培养首席研发技术工程师 1 人，专家人才 2 人						—	
			确保全员任职资格达标率 95% 以上						—	
	信息资本准备度	L2：建立 Data 数据平台	完成 Data 平台计划						—	
			2019 年第一季度建立数据情报系统						—	
	组织资本准备度	L3：实现员工敬业度最优	建立员工敬业度管理体系						—	

4.3 迭代度量核心目标 O 进展的 KR

完成季度公司 OKR 核心目标 O 的筛选后，就需要迭代该季度度量核心目标 O 进展情况的 KR。如前所述，公司 OKR 中的 O 往往来自对公司战略愿景最直接的支持，是公司战略地图中不超过 4 个最为关键的、突破后给公司战略愿景实现带来巨大影响的核心目标 O，往往要从核心能力培育、短板突破两个维度思考。对于处在快速迭代环境中的互联网科技型公司，年度 OKR 表中的 O 表明了公司未来的战略方向。一般来说，O 着眼于长周期，不会随意变化，除非内外部环境发生根本性的突变，当初设定的商业模式已经需要完全颠覆，否则在大致方向上具有一定的稳定性；但是短周期度量核心目标 O 进展的 KR 却在快速变化，每季度设定 KR 要有“空杯心态”，不要将上一季度的 KR 顺延到下一季度，甚至在同一季度周期内也会变化、迭代。因此，年度 OKR 表中的 KR 以及 KR 值仅具有参考价值，不能按照常规 KPI 的思路进行分解。

每季度可以选择“价值树模型”工具来刷新、迭代 KR。“价值树模型”最早运用于 KPI 指标分解，它实际上是将公司 KPI 分解到部门、员工层面的工具，在价值树模型图上分别列出公司的战略目标、对应的关键绩效指标（KPI 核心衡量指标）及驱动这些指标的关键驱动 KPI 指标。在现实的 KPI 管理咨询项目中，流程分析获得的一些指标对价值树分析有极大的帮助，往往一个一级流程指标的驱动指标就是二级子流程指标。例如，新品上市周期（指从研发立项至可量产）KPI 指标事实上由企业内部研发与中试两个流程驱动，规范的研发与中试流程是提高企业创新速度的关键成功要素。为此，上述两个流程 KPI 指标研发周期、中试周期、样品交验合格等指标都是驱动新品上市周期指标的价值要素。因此，结合流程分析对于指标价值分解，特别是内部运营指标的分解有着十分重要的意义。

案例：某公司 KPI“价值树模型”联结实例

具体内容见图 4－4 至图 4－7。

战略目标	关键绩效指标	关键驱动流程	关键流程绩效	可能涉及的部门
提高资产利用率	总资产周转率	应收账款管理流程	应收账款周转率	销售部门
			过期应收账款比率	销售部门
			坏账比率	销售部门
			每位销售员应收账款周转率	销售部门
		存货管理流程	存货周转率	储运部门/生产部门
			材料周转率	储运部门/生产部门
			产成品周转率	生产部门/销售部门
		固定资产管理流程	在建工程按期完工指标	企业发展部门
			固定资产利用率	公司

图 4－4　“价值树模型”（财务类）示例

战略目标	关键绩效指标	关键驱动流程	关键流程绩效	可能涉及的部门
提高最终客户满意度	最终客户满意度	大客户管理流程	大客户满意度	销售部门
		经销商管理流程	市场上由于经销商造成冲货次数	销售部门
			对冲货进行制止反应速度	销售部门
		产品开发流程	最终客户评分	研发/技术
		质量管理流程	产品退货率	生产/质量
		价格管理流程	价格变化周期	销售部门
			价格变化幅度	销售部门
		售后服务流程	售后服务客户满意度	销售部门
		客户意见反馈流程	客户意见反馈达成率	销售部门
		客户满意度调研流程	客户满意度调研次数/质量	销售部门

图 4－5　“价值树模型”（客户类）示例

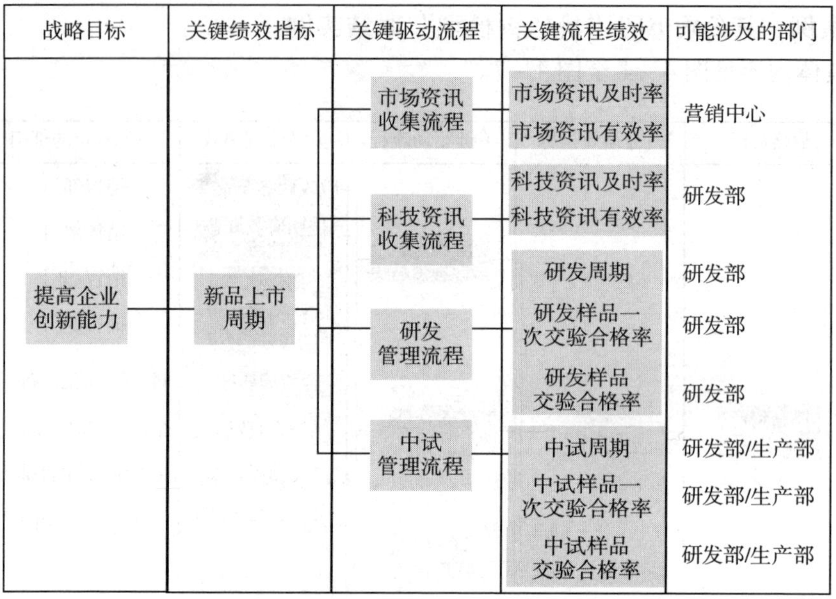

图 4－6　“价值树模型”（内部运营类）示例

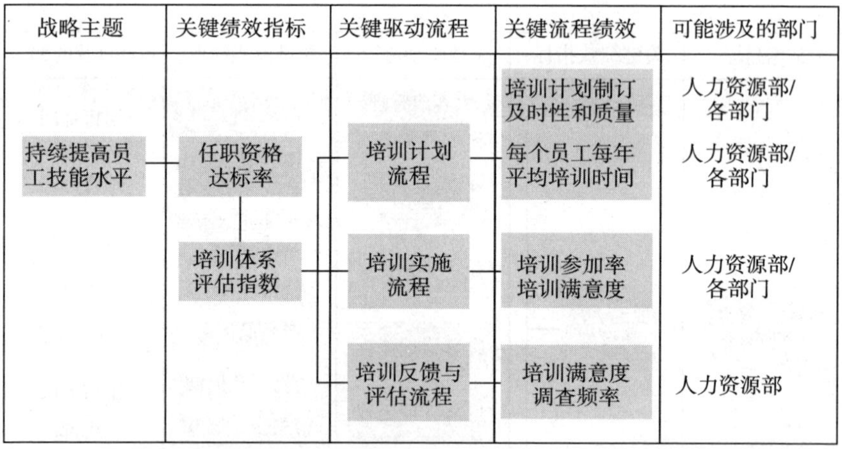

图 4－7　“价值树模型”（学习与发展类）示例

笔者在大量的应用案例中发现“价值树模型”也被应用于 OKR 联结，下面继续以 ABC 智能科技为例来分析“价值树模型”的应用。

案例：ABC 智能科技运用价值树模型刷新、迭代季度 KR

ABC 智能科技筛选出 4 个核心目标 O 以后，在季度的时间节点上就需要以"空杯心态"不断地刷新、迭代 KR，ABC 智能科技选择了价值树进行 KR 的演绎与思考。为了充分挖掘公司年轻的、知识型员工的创造力，ABC 智能科技公司季度 OKR 刷新与迭代的方式采取了头脑风暴的研讨会议形式展开，每季度创业团队的领导都会组织一场马拉松式的 OKR 辩论会，任由创意工程师们对公司 OKR 进行"拍砖"。如图 4－8 至图 4－11 所示，季度 OKR 的刷新与迭代研讨会议按照以下 4 个步骤开展：

第一步：ABC 智能科技将每个年度 OKR 表中的核心目标 O 和 KR 列入价值树。

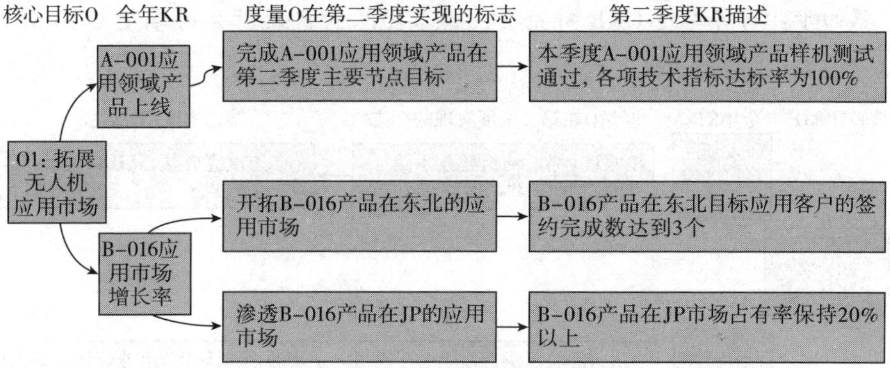

图 4－8　价值树示意

第二步：站在当期季度节点上，思考度量核心目标 O 实现的标志是什么。

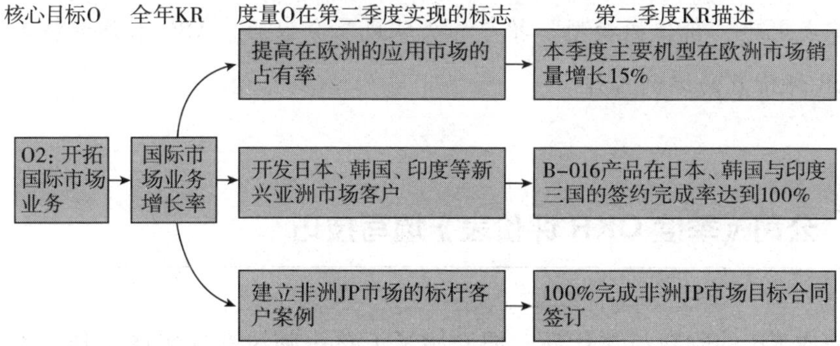

图 4－9　设定度量核心目标 O 实现的标志

第三步：根据度量核心目标 O 实现的标志，推导第二季度 KR。

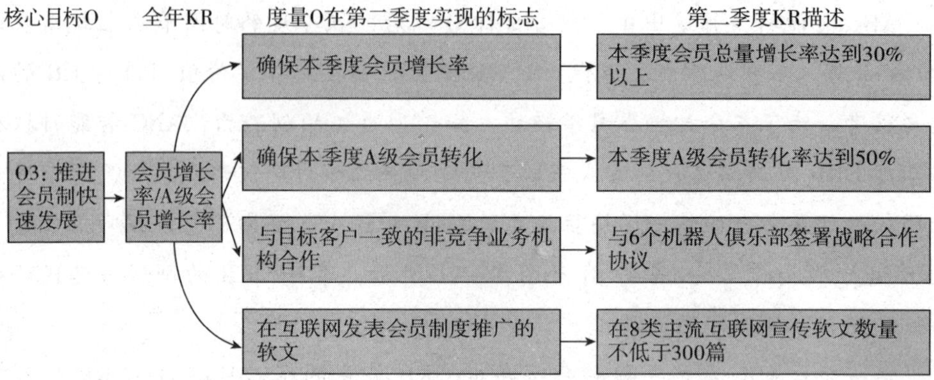

图 4－10　推导第二季度 KR

第四步：召开季度 OKR 辩论会，由各团队的代表对公司季度 OKR 评价表初稿“拍砖”、修订。

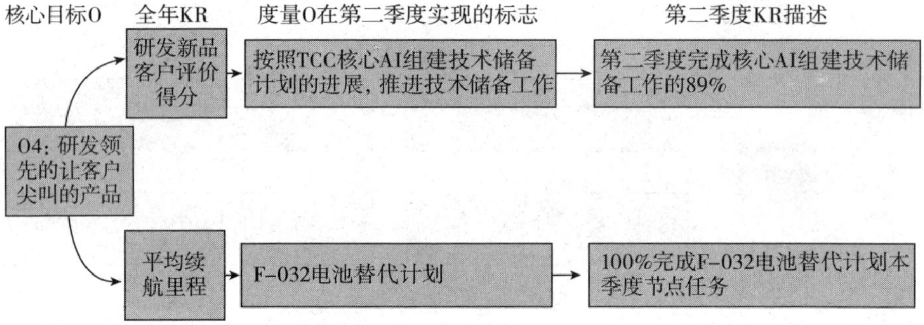

图 4－11　ABC 智能科技运用“价值树模型”刷新与迭代季度 OKR

完成上述“价值树模型”推导的头脑风暴会议后，ABC 智能科技开启了季度 OKR 评价表的编制工作。

4.4　公司《季度 OKR 评价表》填写技巧

完成 KR 的刷新与迭代后，便开始了汇总头脑风暴成果的工作。汇总头脑风暴成果就是编制公司《季度 OKR 评价表》。在阐述《季度 OKR 评价表》编制技巧之前，先介绍两个不同特征与使命的 OKR：承诺型 OKR 与愿景型 OKR。

（1）承诺型 OKR。

承诺型 OKR 是指我们必须要保障实现的 OKR，这类 OKR 是保障公司正常运行的基础目标，目标清晰度相对高于愿景型 OKR。值得注意的是，这并不意味着不去挑战承诺型 OKR，OKR 的思想是鼓励我们不断去挑战。John Doerr 认为，对于这类 OKR，我们必须通过调整工作时间和资源配置，以确保其得以实现，并不断提升、迭代。按照谷歌的实践经验，承诺型 OKR 指标预期得分应该是 1.0，若得分小于 1.0，则需要解释未完成部分的原因，因为它表明团队存在某种失误。不能在承诺型 OKR 上获得 1.0 分的团队，需要迅速加大实现承诺型 OKR 的实施力度。如果在截止日期到来时，承诺型 OKR 没有达到 1.0 分，那么就需要对其进行重新审视与反思。当然，审视与反思不是为了惩罚团队的成员，而是为了让团队成员找出他们在实现承诺型 OKR 中出现的不足，从而帮助团队成员最终具备承诺型 OKR 得到 1.0 分的能力。

（2）愿景型 OKR。

愿景型 OKR 实际上就是公司未来前进与创新方向的 OKR，一个公司想要获得激动人心的长远发展，就不能局限于承诺型 OKR，而愿景型 OKR 就是公司未来前进与创新方向最好的阐述。对于此类 OKR，其完成优先级可以低于“承诺型”目标，但是在每个阶段都要有其存在从而让大家牢记整个团队前进与创新的方向目标。约翰·杜尔认为，在承诺型 OKR 完成的前提下，应尽可能多地将资源投入愿景型 OKR。承诺型 OKR 与愿景型 OKR 加在一起要超过部分季度内执行的资源与能力范畴。OKR 的优先级应该告知团队成员：在达成团队承诺型 OKR 之后，还应该将剩余时间用在哪些地方。一般来说，优先级别较高的 OKR 应该在优先级别较低的 OKR 之前完成。愿景型 OKR 及其相关优先 OKR 应该保留在团队的 OKR 列表中，直到完成为止。由于进度缓慢而将它们从 OKR 列表中删除是错误的做法，因为这样会导致 OKR 优先级别颠倒、资源配置误判或无法被全面理解等。

未能正确区分承诺型 OKR 与愿景型 OKR 是 OKR 实施的陷阱之一。一方面，如果将承诺型 OKR 当作愿景型 OKR 来看待，一般会增加失败的风险，团队可能不重视它，也可能不会改变其业务的优先顺序去专注于该 OKR 的实现；另一方面，错误地将愿景型 OKR 当作承诺型 OKR，会人为地制造障碍并低估 OKR 实现的难度，结果使团队无法有效地找到一条实现该 OKR 的路径，并且可能会导致优先级的反转，使致力于实现承诺型 OKR 的人员转而专注于愿景型 OKR。

案例：ABC 智能科技《第二季度公司 OKR 评价表》编制

完成“价值树模型”推导的头脑风暴会议后，ABC 智能科技开启了《季度 OKR 评价表》的编制工作。整个编制工作由创业团队的领导牵头，他们将创意工程师们的建议融入《第二季度公司 OKR 评价表》中。

如表 4－3 所示，ABC 智能科技公司在 2019 年第二季度的 OKR 一共有两个承诺型 OKR 和两个愿景型 OKR，填写规则如下：

（1）OKR 总体数量按照“4×4 原则”进行控制，O 的数量不超过 4 个，度量 O 季度进展的 KR 数量不超过 4 个，尽量控制在 2～4 个。

（2）O 是方向性的定性描述，但是度量 O 的 KR 必须量化，可以用计分规则对 KR 打分，必须符合指标设定的“SMART”原则。

（3）每个 KR 按照度量 O 的重要程度设置权重，但是每个核心目标 O 对应的所有 KR 的权重加总后等于 100%。

（4）KR 计分规则按照通行的“层差法”设定，承诺型 OKR 与愿景型 OKR 的 KR 计分规则有严格区分与不同。

（5）公司季度 OKR 表有 KR 自评与自评说明和每个 O 最终得分等纵列，公司季度 KR 自评由创业公司领导者牵头自评并填写自评说明。

（6）ABC 智能科技在内网系统中的《季度公司级 OKR 表》增加了对公司季度 OKR 评分围观的内容，该评分围观对每位员工开放。

完成上述公司《季度 OKR 评价表》编制后，ABC 智能科技开启了公示与围观的程序。创业团队的领导者录制了约 20 分钟的视频，讲解了公司战略地图、年度 OKR 表以及第二季度核心目标 O 选取原因、季度 KR 刷新与迭代思路。该视频被发布在 ABC 智能科技的内网上随时让所有员工围观，同时还对战略地图、年度 OKR 表、季度核心目标 O 选取的“紧急与重要矩阵”、季度 KR 刷新与迭代价值树、季度公司 OKR 评价表进行了公示，以广泛征求公司创意工程师对公司战略地图、年度 OKR、季度 OKR 设定的意见。

表 4－3　ABC 智能科技《2019 年第二季度公司 OKR 评价表》

序号	属性	本季度 O	KR	权重	计分规则	KR 自评	自评说明	O 得分
1	承诺型 OKR	O1：拓展无人机应用领域	本季度 A－001 应用领域产品样机测试通过，各项技术指标达标率为 100%	0. 30	挑战值（10 分）：全部达到 100% 的达标率，完全通过 目标值（6～7 分）：5 个主要技术指标达到 100%，基本通过 淘汰值（0 分）：5 个主要技术指标未达到 100%，未通过			
			B－016 产品在全国目标应用客户的签约完成数达到 3 个	0. 35	挑战值（10 分）：3 个目标客户全部签约 目标值（6～7 分）：2 个目标客户签约 淘汰值（0 分）：1 个及以下目标客户签约			
			B－016 产品在 JP 市场占有率保持 20% 以上	0. 35	挑战值（10 分）：20% 及以上 目标值（6～7 分）：18% ～20% 淘汰值（0 分）：18% 以下			
		O2：推进会员制快速发展	本季度会员总量增长率达到 30% 以上	0. 50	挑战值（10 分）：30% 及以上 目标值（6～7 分）：27% ～30% 淘汰值（0 分）：27% 以下			
			本季度 A 级会员转化率达到 50%	0. 50	挑战值（10 分）：50% 及以上 目标值（6～7 分）：45% ～50% 淘汰值（0 分）：45% 以下			

续表

序号	属性	本季度 O	KR	权重	计分规则	KR 自评	自评说明	O 得分
2	愿景型 OKR	O3：开拓国际市场业务	本季度主要机型在北美市场销量增长 15%	0. 20	挑战值（6～7 分）：达到 13%～15% 的增长率；目标值（4～6 分）：达到 11%～13% 的增长率；淘汰值（7～10 分、0～4 分）超出 15% 或者低于 11% 的增长率			
			B－016 产品在 YL、YLK、XLY 三国 10 个目标客户的签约完成率达到 100%	0. 50	挑战值（6～7 分）：达到 63%～70% 目标值（4～6 分）：达到 57%～63% 淘汰值（7～10 分、0～4 分）：超出 70% 或者低于 57%			
			100% 完成非洲 JP 市场目标合同签订	0. 30	挑战值（6～7 分）：达到 63%～70% 目标值（4～6 分）：达到 57%～63% 淘汰值（7～10 分、0～4 分）：超出 70% 或者低于 57%			
		O4：研发让客户尖叫的产品	第二季度完成核心 AI 组建技术储备工作的 89%	0. 50	挑战值（6～7 分）：达到 80%～89% 目标值（4～6 分）：达到 72%～80% 淘汰值（7～10 分、0～4 分）：超出 89% 或者低于 72%			
			100% 完成 F－032 电池替代计划本季度节点任务	0. 50	挑战值（6～7 分）：完成节点规定全部任务工作目标值（4～6 分）：完成节点规定主要任务工作 淘汰值（7～10 分、0～4 分）：超出节点进度或者未完成节点任务			

4.5 公司季度 OKR 评价讨论、围观与确定

1924—1932 年，美国哈佛大学教授梅奥（Mayo George Elton，1880—1949）主持了美国芝加哥郊外的西方电器公司霍桑工厂的一系列实验，目的是弄清照明的质量对生产效率的影响，但未取得实质性进展。但是，霍桑实验却意外地获得了一个结论：发现工人不是只受金钱刺激的“经济人”，而个人的态度在决定其行为方面起重要作用。

霍桑实验一开始就将工人分成两组：一组为控制组，所有工人都在以往环境不变的情况下持续工作；另一组为实验组，实验本身是为了观察工作环境经过各种改变时工人的反应情形。最后，比较两组的生产效率。霍桑实验通过改变照明亮度这一工作环境来观察工人的变化，当照明亮度增加，生产效率旋即提高。但让实验人员不解的是，当照明亮度逐渐下降时，实验组工人的生产效率仍然持续升高。更奇怪的是，控制组的照明一点都没改变，但生产效率仍会提高，即便实验人员延长工时或减少休息时间，生产效率也会上升。

1927 年，梅奥应邀解释这些不合常理的实验结果，也被请求进一步做相关实验来进行验证，如用休息时间自定或实验组加薪、控制组不加薪相比。有趣的是，实验组与控制组的产能都提升了。经过几年的研究，梅奥与同行的研究人员终于发现薪资激励并不影响生产效率，因为在实验中无论加薪与否，产能都提升了。梅奥与同行的研究人员认为这些工人被选出来参与实验时，本身即感到是一种个人的光荣，这种心态又形成整个团队的荣誉感，而导致“情绪性的连锁反应”。

梅奥与同行的研究人员在霍桑实验中领悟到：第一，个人荣誉与团队荣誉也是员工追求的重要目标之一；第二，同时赋予个人与团队某项任务的特殊使命，也会起到极大的激励作用；第三，领导对员工个人工作的关注，会增强员工为组织做出贡献的责任感，能够激励员工更加努力地工作。

霍桑实验表明，由于围观能够增强员工的责任感，所以公司 OKR 的初稿制

定并录入 OKR 内部 IT 平台后，公司领导应发起年度 OKR 围观的要求，邀请公司所有相关团队成员就整个公司的年度 OKR 发表意见。公司领导应重点关注各部门和员工的意见。为确保公司年度 OKR 围观有效，很多公司还会借助季度、月度、每周的 OKR 复盘会议来促进 OKR 的围观。在复盘会议上，公司领导会对上一个周期的 OKR 进行回顾，并就下一个周期的 OKR 初稿的意见展开征询。

围观不仅对公司 OKR 的制定十分有效，而且对公司、部门与员工 OKR 的自我评价也同样有较大的正面促进作用。谷歌公司的 OKR 虽然没有与绩效考核挂钩，但是 OKR 围观制度让公司每位员工都感到了压力——如果员工 OKR 没有挑战性，会在围观中被上级、同事甚至下级员工质疑；如果员工 OKR 的自我评价出现了严重失真，那么 OKR 失真是主观原因还是客观原因就要在众目睽睽下被“晒”出来；如果员工的 OKR 表中醒目地出现了红色方格，那么员工必须解释失败的原因以及导致失败的因素。那种 OKR 围观的经历所带来的压力与不适感会激发谷歌公司每位员工的胆识，让他们敢于去做很多具有突破性的事情来避免失败。

第5章

设计部门[①]与员工分级OKR

部门与员工分级 OKR 的设计实际上来自两个方向：第一个方向是公司 OKR“自上而下”纵向联结，该项活动的目的是确保 OKR 在公司、部门与员工层面的纵向联结的一致性，确保 OKR 与公司战略对齐，该项活动的组织者往往是公司领导；第二个方向是部门或员工自身“自下而上”OKR 创意，OKR 鼓励员工自主发挥对 OKR 设计创意的贡献价值，挖掘自身创造力去提议有创意的 OKR。

值得注意的是，在 OKR 设计的两个方向上，OKR 体系特别强调“自下而上”的创意挖掘，Google 公司认为好的 OKR 体系中至少有60%的 OKR 来自员工自身的创意。只有这样的比例才能说明 OKR 的实施真正挖掘了员工的创造力，激发了公司部门的创新能力与意识。

① 本章提到的部门指部门或团队。

5.1 部门 OKR 联结与创意

透明是 OKR 倡导的语境，而沟通则是促进 OKR 透明的方法之一。我们都知道良好的沟通对促进公司各个部门透明协作的重要性，企业内部沟通从组织上来看莫过于两个方面：一是纵向的沟通，即上级和下级的沟通，这种沟通有助于开展第一个方向的 OKR 设计，即公司 OKR “自上而下” 纵向联结；二是横向的沟通，即部门与部门、员工与员工之间的横向协作沟通，这种沟通有助于开展第二个方向的 OKR 设计，即部门或员工自身 “自下而上” 的 OKR 创意。在我国，很多企业横向沟通中存在的问题往往比纵向沟通中的问题要多得多，特别是在部门横向沟通上，往往会出现很大的问题。在很多传统企业，部门经理的会议常常演变成 “抱怨会” “批斗会”，他们之间相互指责、相互埋怨，部门壁垒现象十分严重。

在 OKR 体系导入过程中，提升纵向与横向沟通效率与效果的较好办法是：在进行部门 OKR 联结与创意时，进行部门纵向与横向协同分析以关注 “内部利益相关者” 需求，这对实现良好的沟通具有十分重要的积极意义。

首先，将公司 OKR 联结为部门 OKR 时，部门与员工要将公司当成 “内部利益相关者”，讨论部门与员工如何满足在公司 OKR 实现中做出价值贡献，这种基于 “内部利益相关者” 角色的转换有效地加强了上级和下级之间的沟通。由于 OKR 分解的过程是公司领导和部门、员工共同完成的，这样就可以使上下级之间获得一个充分的沟通空间，每个部门与员工可以充分地了解自己部门 OKR 与公司 OKR 的内在逻辑关系，使上下级在部门或员工 OKR 联结上达成共识。

其次，在部门与员工的创意中，部门与部门、员工与员工之间要召开 OKR 协同分析的沟通会，部门与员工要将其他部门与员工当成自己平级的 “内部利益相关者”，打破了传统单一封闭地从自己部门角度来选择 OKR。透明的 OKR 沟通有助于把 A 部门的 OKR 转化为需要其配合的 B 部门的 OKR，这种横向沟通使部门的协作通过 OKR 设计变得显性化。例如，新品开发中的市场资讯收集 OKR 可能涉及的是营销和研发部门，那么推导出的相关 OKR 都可以关联到这两个部门。又如，生产部门、研发部门、财务部门对营销部门的期望可能是：生产部门期望营销部门能够挑战销售预测准确这个目标 O；研发部门期望营销部门能够挑战市场信息反馈目标 O；财务部门可能期望营销部门能够挑战应收账款的周转速度目标 O，在赊销账款的安全性方面设置更有挑战性的 OKR。

除了来自“内部利益相关分析”的沟通，部门与员工还可以通过从公司最高层的 OKR 直接关联自己的 OKR 来寻找创意。在实际操作中，OKR 不一定被逐层分解，在 ABC 智能科技，如果一个底层研发工程师发现自己可以驱动公司领导的 OKR 实现，那么他完全可以直接将公司领导的 OKR 与自己的 OKR 关联起来，使公司级 OKR 直接击穿到底层。同时，部门与员工还可以从职能履行的挑战角度去寻找自身的 OKR 创意，例如，M 房地产公司楼盘开发周期的平均值一直是“项目拿地后 12 个月内开盘”，部门认为开发周期有改进空间，非常想挑战缩短开发周期，于是设置了一个具有挑战性的 KR——“项目拿地后 9 个月内开盘”。

综上所述，开展部门 OKR 联结与创意的设计可以考虑采取的四个操作步骤如图 5－1 所示。

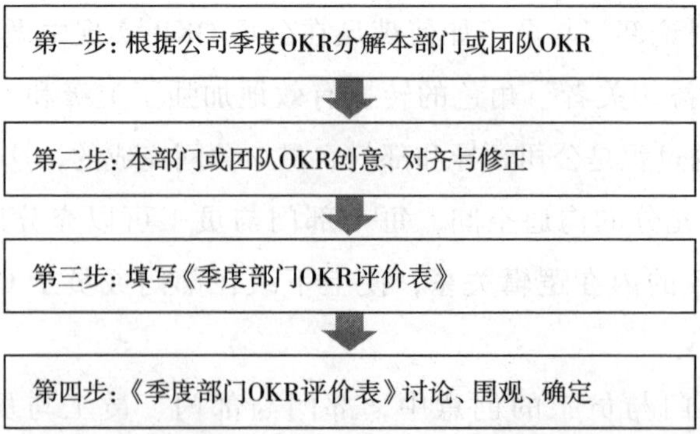

图 5－1　部门 OKR 联结与创意的设计步骤

5.2 根据公司季度 OKR 联结部门 OKR

部门 OKR 首先来自公司 OKR 的最直接分解，公司 OKR 实际上就是初步获取部门 OKR 的“源头”。

对于部门 OKR 联结，可以采取沟通会的形式来进行。这个会议可以由公司领导组织，公司领导及各部门负责人、员工代表参加，这样做的意义在于充分保证公司领导和部门负责人在分解部门 OKR 时获得充分沟通的环境。在会议上，上级向下级传达自己的期望，而下级则及时向上级反馈意见。应当注意的是：第一，部门的季度目标 O 应当来自公司 KR 的分解，换句话说，公司 OKR 里面的每个 KR 都要转化为部门当季度的核心目标 O。第二，组织 OKR 分解时，一定要找到各部门对公司 KR 的驱动力，不要把一些与该部门职能毫不相关的、无任何驱动力的公司级 KR 联结到该部门去。例如，公司层面的 KR 利润，对于营销部门来说是无法完全驱动的，营销部门能驱动的是设定两个核心目标 O，即增加销售收入和控制销售费用。如果没有根据部门驱动力来分解公司 KR，将与该部门毫不相关或无法完全驱动的公司级 KR 联结起来，那么最终会招致各个部门对 OKR 的抵触；如果将公司级 KR 强制联结起来，那么即使员工迫于“权力原因”接受了这些 OKR，也不会在日常工作中真正关注，因为他们会认为无法实现驱动和控制，所以“关注了也没有用，还不如不关注”，这与 OKR 倡导的员工自驱文化是相悖的。

事实上，管理工具对管理方法体系的建立起着十分重要的推动作用，没有这些工具将寸步难行。下文将重点介绍 OKR 联结矩阵和价值树模型两种 OKR 分解的工具。

5.2.1 OKR 联结矩阵

OKR 联结矩阵（见表 5－1）是一个将公司 KR 分解为部门目标 O 的工具，通常在纵列中列入公司级 OKR，在横栏中列入部门的名称，在交叉矩阵中按照部门对公司 KR 的驱动力，分解、填入部门核心目标 O。

表 5-1 OKR 联结矩阵

公司级 OKR		部门 1	部门 2	部门 3	部门 4	……
O	KR					

OKR 联结矩阵的使用规则：第一，在公司级 OKR 纵列中填入当季度的 O 与 KR，将它们作为联结的“源头”；第二，根据各个部门职能进行各部门对公司 OKR 驱动力的分析；第三，区分各部门对公司 KR 影响的两种责任，即驱动责任与结果责任；第四，在公司 OKR 与部门两个维度的交叉栏内填入分解出来的部门目标 O。

案例：上海云信息科技有限公司 OKR 联结矩阵

上海云信息科技有限公司（以下简称上海云信息科技）是从事人工智能、×平台开发与交付的互联网科技型公司，在上海、北京、深圳三地设有机构。目前有员工 500 人，获得高新资本的持续多轮投资。公司一直持续探索前沿 AI 智能与互联网新科技，聚焦商业应用落地，目前正在打造“无与伦比的 AI 完美解决方案”，并在计算机视觉、语音与声学、语义、对话、×平台开发与交付等技术领域中不断深耕，不断拓展 AI 技术的应用边界。此外，对外输出云信息科技的 AI 智能产品及×平台开发与应用实施，同时在餐饮、百货零售、服装零售、医药零售、商贸流通等领域持续打造 AI 与×平台的规模化应用，持续探索 AI 商业创新模式，并将其与实体经济相融合，期待释放 AI 真正的产业和社会价值。

2019 年，上海云信息科技引入 OKR 体系，首先开发 2020—2022 年战略地图（见图5－2）并聚焦选择公司2020年度OKR，目标O数量不超过3个，每个O度量的KR数量不超过5个。该公司还运用OKR联结矩阵进行公司OKR联结，进而分解推导出部门季度承诺型OKR，并强调创意愿景型OKR。同时，要求根据环境变化适时、短周期地不断刷新愿景型OKR。相关内容见表5－2至表5－5。

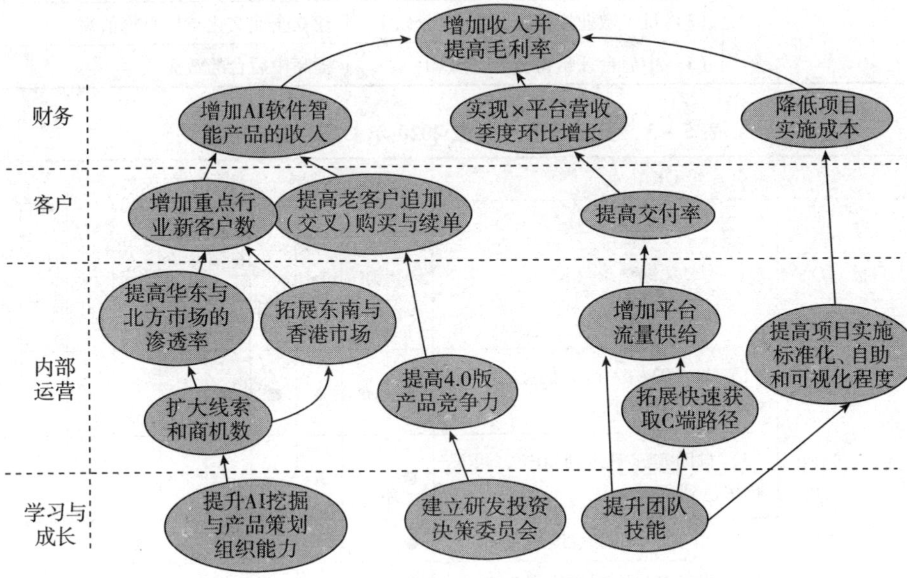

图5－2 上海云信息科技2020—2022年战略地图

表5－2 上海云信息科技2020年OKR

序号	目标（O）	关键结果（KR）	公司战略意图
1	增加AI软件智能产品的收入	（1）AI－034达到1亿元，AI－986达到5800万元	AI－034、AI－986成为销售业绩的核心评价标准
		（2）自助实施率达到60%，可视化率达到90%	实现AI产品实施半自助和可视化
		（3）4.0客户调查满意度达到93%	大幅提升客户满意度
		（4）当年客户回款率达到75%	强化产品竞争力
		（5）开发出18款受市场认可的产品	
2	×平台业务形成可复制商业模式	（1）C端注册用户每月环比增加100%	发现快速获取C端的路径
		（2）B端产品每月应用频率超过4次	产品快速反应，顺应商业模式
		（3）C端品牌知名度达到100%	提高市场知名度

续表

序号	目标（O）	关键结果（KR）	公司战略意图
3	组织与能力颠覆性提升	（1）每元薪资成本支出产生的收入增长率达到90%以上	完善薪酬和绩效考核体系
		（2）骨干员工主动离职率低于历史水平的10%	完善人才管理体系
		（3）员工敬业度调查达到85分以上	建立企业文化与核心价值观
		（4）中后台评价得分95分以上	提高中后台的敏捷性

表5－3　上海云信息科技2020年OKR联结矩阵

公司级 OKR			与一级部门的相关程度									
序号	目标（O）	关键结果（KR）	AI 研发中心	AI 营销中心	AI 交付中心	×平台事业部	×平台销售中心	营销中台事业部	客户服务中心	信息行政中心	财务中心	人力资源中心
1	增加 AI 软件智能产品的收入	（1）AI－034 达到1亿元，AI－986 达到5800万元	▲	●	▲	●	●					
		（2）自助实施率达到60%，可视化率达到90%	●		▲							
		（3）4.0客户调查满意度达到93%	●						▲			
		（4）当年客户回款率达到75%	●						▲			
		（5）开发出18款受市场认可的产品	●		▲							
2	×平台业务形成可复制商业模式	（1）C端注册用户每月环比增加100%	▲	●	▲							
		（2）B端产品每月应用频率超过4次				▲	●					
		（3）C端品牌知名度达到100%	▲	▲	▲	▲	▲	●				
3	组织与能力颠覆性提升	（1）投入产出比达到×%	▲	▲	▲	▲	▲	▲	▲	▲	▲	●
		（2）骨干员工主动离职率小于×%	▲	▲	▲	▲	▲	▲	▲	▲	▲	●
		（3）员工敬业度调查达到×分以上	▲	▲	▲	▲	▲	▲	▲	▲	▲	●
		（4）对中后台的360度评价得分×分以上						●	●			

注：●表示联结程度强，▲表示联结程度适中。

表 5－4　上海云信息科技 2020 年部门 OKR 示例

类型	目标（O）	关键工作成果（KR）
营销	扩大××区销售	（1）挖掘 80 条有效销售线索
		（2）拜访 30 家排行榜 TOP 50 的企业
		（3）每个销售的产品演示次数达到 7 次以上
		（4）确保销售漏斗内预期销售额达到 2000 万元
		（5）签订合同 1000 万元
		（6）通过增值服务使平均客单价提高 30%
	加强客户关系	（1）整理所有客户信息并上传到新 CRM 系统中
		（2）在营销数据库中添加 3000 个联系人
		（3）与 50 个新目标客户建立关系
		（4）收集 10 家标杆用户的需求
		（5）得到 3 名客户的五星级评价
	拓展销售渠道	（1）发展 10 个新的代理商
		（2）完成 20% 的新渠道促销活动
	提高团队技能	培养发展 5 名 SRD 社交销售人员
软件实施	降低项目实施成本	（1）修订发布《项目实施手册》V1.2 版
		（2）制作 21 部客户培训视频
		（3）将实施成本降至合同金额的×%以内
		（4）将平均实施周期降至×个月以内
项目交付	提高 C 端交付率	（1）流量获客成本与收入之比小于×%
		（2）自主交付获客成果×名以上
		（3）×名以上
		（4）及时转化率达到×%以上
		（5）成交率达到×%以上

续表

类型	目标（O）	关键工作成果（KR）
客户成功	提高客户满意度	（1）将净推荐者分数（NPS）提高至 60 分以上
		（2）打造 10 家标杆客户
		（3）客户反馈漏洞修复率大于 90%
		（4）客户操作问题及时关闭率大于 90%
		（5）将客户保留率提高到 98%
		（6）将客户（净）流失率降至 5% 以下
		（7）老客户增购（续单）率达到 ×%
		（8）老客户续费率达到 ×%
		（9）老客户续费金额达到 1000 万元
研发	提高研发效能	（1）成功投放 × 种产品
		（2）成功发布 × 个功能
		（3）客户应用规模（使用人数、功能点数、频率）大于 ×
		（4）月度发布频率大于 × 次
		（5）平均发布前置时间小于 × 天
		（6）平均开发周期小于 × 天
		（7）平均交付周期小于 × 天
		（8）交付需求数量大于 × 个
		（9）（线上）单位时间内故障数量小于 × 个
		（10）故障平均解决时长小于 × 小时
		（11）成功投放需求占需求总数的比例提高 ×%
		（12）《市场需求管理制度》评审发布
中台建设	优化获客方式	（1）App 取得 1000 次下载
		（2）公众号订阅数（关注数）达到 10 万
		（3）将平均获客成本降低 20%
		（4）销售人均成单数量大于 10 个

续表

类型	目标（O）	关键工作成果（KR）
中台建设	提高品牌知名度	（1）获得15次媒体曝光，出席10次路演
		（2）发布20篇媒体稿/博客
		（3）赞助3场活动，举办10场用户聚会
		（4）举办两场行业领袖参加的媒体晚宴
		（5）举办1次线上VIP用户交流会
		（6）保证CEO在TED进行一期分享
		（7）进行5次关于D轮融资的相关报道
		（8）与10位分析师共同建立季度分析简报
		（9）制作1个客户案例
		（10）在5个工作日内发布合作快讯
		（11）宣传文章转发次数（点评数）
		（12）雇用1个新的品牌代理公司
	带来更多SEO流量	（1）与10个相关网站建立友情链接
		（2）确保点击率不低于3%
		（3）访客每月增长7%
		（4）网站页面停留时间增加40%
		（5）提高网站20%的加载速度
		（6）将线上转化率提高10%
组织和人力资源	提升组织效能	（1）将人均营业收入提高至870万元
		（2）将人均管理费用降低至20万元
		（3）将营收增长率提高到人数增长率的2倍
		（4）将营收增长率提高到薪酬增长率的2.2倍
	完善职位管理体系	（1）将关键职位内部选拔率提高至60%
		（2）将任职资格符合度提高至80%
	优化薪酬管理体系	评审发布V2.0版《薪酬管理制度》
	招聘业界精英	（1）将“面试邀约”比率提高至4:1
		（2）到3月底雇用5名新的销售总监
		（3）入职转正率达到×%以上
		（4）截至2月中旬完成3家猎头供应商签约

续表

类型	目标（O）	关键工作成果（KR）
组织和人力资源	提高培训质量	（1）销售及客服团队培训率达到×%以上
		（2）将培训满意度提高至80%
	优化人才管理体系	员工满意度调查评分达到80分
财务	提高财务管理水平	（1）将公司月度核算缩短至5个工作日
		（2）完成3个项目的成本—收益决算
		（3）实现新增融资×万元
		（4）将公司综合税负降低×%
		（5）将应收账款总额降至×万元
		（6）将季度管理费用降至×万元
		（7）将财务费用（资金成本）降低×%
		（8）配合会所输出无保留意见的审计报告
		（9）配合投资方完成尽职调查报告
		（10）将公司资金预算准确率提高至85%
		（11）完成公司固定资产盘点
IT	提高IT系统性能	（1）新版EHR、CRM、财务管理系统上线
		（2）部署并实施新的云备份系统
		（3）网络故障次数少于1次
		（4）网络故障时间小于0.5小时

表5-5　上海云信息科技公司2020年部门OKR表模板

上海云信息科技×××部2020年度OKR					
序号	类型	目标（O）	关键工作成果（KR）	评分方法	备注
1	承诺型OKR		（1）		
			（2）		
			（3）		
			（4）		
2	愿景型OKR		（1）		
			（2）		
			（3）		
			（1）		
			（2）		
			（3）		

5.2.2 价值树模型

价值树模型最早主要运用于将公司 KPI 分解到部门、员工，在 OKR 体系建设中有助于刷新与迭代每季度的 KR，同时还有助于有效地呈现 OKR 联结矩阵的成果。

如图 5－3 所示，价值树模型的第一层最顶端呈现公司级的核心目标 O 和权属度量的 KR，第二层罗列出与公司级 OKR 有直接关联的部门，以及根据公司 KR 转化的部门目标 O，同时也呈现部门目标 O 的权属度量 KR。

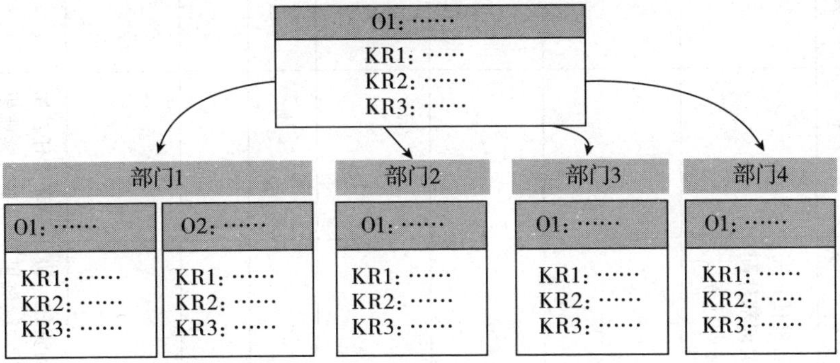

图 5－3 价值树模型呈现 OKR 联结工具示意图

案例：ABC 智能科技根据公司 OKR 联结部门 OKR

在完成公司第二季度 OKR 开发后，ABC 智能科技开始推动部门 OKR 的联结与创意。部门 OKR 联结仍旧采取头脑风暴会议形式进行。创业团队的领导者亲自组织该会议，各部门与员工代表参会。“头脑风暴”会议召开的程序如下：

（1）事先准备好公司 OKR 联结矩阵表（见表 5－6），在纵列中首先列入公司在 2019 年第二季度的 4 个 OKR，在 OKR 联结矩阵表的横栏中列入 ABC 智能科技的各个部门。

（2）由创业团队的领导者介绍公司 OKR 联结矩阵的头脑风暴规则，尤其强调头脑风暴陈述时不允许“拍砖”，只有在陈述结束后才可以提出异议。

（3）将各部门提议本部门第二季度应当实现的核心目标 O 写在便签纸上，同时应标明与公司 KR 的对应关系。

（4）将各部门便签纸上提议的本部门第二季度应当实现的核心目标 O 列入

表 5－6　ABC 智能科技 OKR 联结矩阵表

公司级 OKR		公司 KR 的部门分解						
核心目标（O）	关键工作成果（KR）	研发部	外协管理部门	采购部	品控部	生产部	营销部	……
O1：拓展无人机应用领域	推动 A－001 应用领域产品在第二季度末上线	结果责任：确保 A－001 应用领域产品准时上线	驱动责任：完成关键部件配套生产任务	驱动责任：完成关键部件配套采购任务				
	确保 B－016 应用市场月增长率达到 60%	驱动责任：收集 B－016 应用反馈并制订产品迭代计划					结果责任：确保 B－016 应用市场高速月增长	
O2：开拓国际市场业务	北美市场达到××万美元销量		驱动责任：布局墨西哥外协配套工厂				结果责任：开拓北美市场	
	中东市场达到××万美元销量		驱动责任：布局中东外协配套工厂				结果责任：开拓中东市场	
O3：推进会员制快速发展	实现会员增长率达到×%						结果责任：实现会员增长	
	实现 A 级会员增长率 10%						结果责任:实现 A 级会员增长	
O4：研发让客户尖叫的产品	储备 TC 核心 AI 组件技术	结果责任：储备 TC 核心 AI 组件技术	驱动责任：协同储备 TC 核心 AI 组件技术					
	挑战平均续航里程达到×小时	结果责任：挑战平均续航里程达到×小时	驱动责任：协同平均续航里程挑战计划	驱动责任：协同平均续航里程挑战计划	驱动责任：协同平均续航里程挑战计划			

分解矩阵，形成公司 OKR 分解矩阵表初稿。

（5）各部门互相“拍砖”，对其他部门提议的本部门第二季度应当实现的核心目标 O 提出异议，并沟通达成一致，修订公司 OKR 联结矩阵。

（6）讨论公司 KR 分解至部门后的责任属性，区分结果责任与驱动责任，最后确定公司 OKR 联结矩阵表。

如表 5－6 所示，OKR 联结矩阵表全面、直观地展现了 ABC 智能科技 OKR 向部门与团队层面的分解逻辑，每个公司核心目标 O 对应的 KR，以及每个公司 KR 对应的部门 O 的逻辑关系十分清晰。矩阵表中的结果责任与驱动责任关系标注得十分清楚。创业团队的领导者的评价是：从来没有一个工具能够像联结矩阵这样清晰地帮助我们联结 OKR。

头脑风暴会议确定了公司 OKR 联结矩阵表的所有内容，ABC 智能科技继续将部门核心目标 O 转化为度量的工作成果 KR，并用价值树呈现公司 OKR 与部门 OKR 之间的逻辑关系（见图 5－4）。

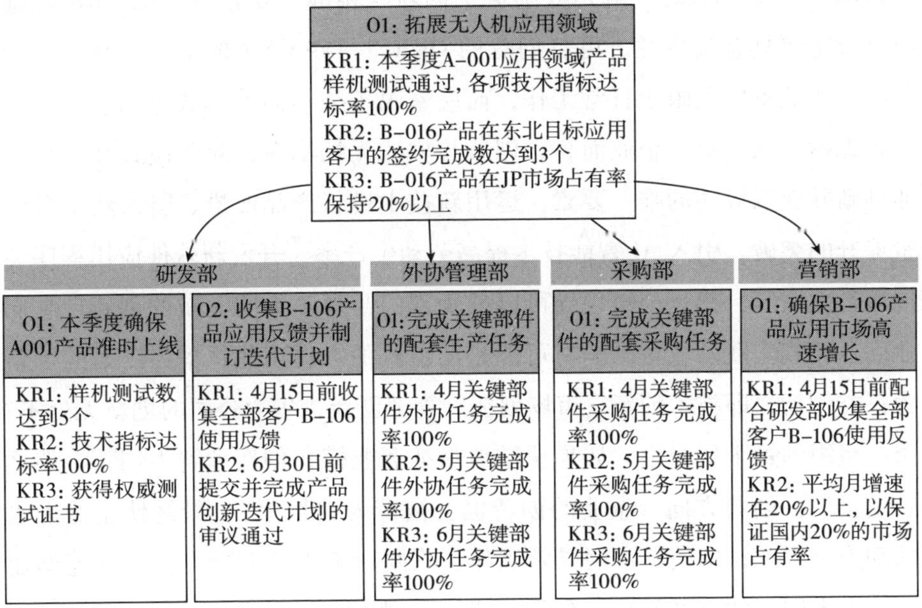

图 5－4　ABC 智能科技 OKR 价值树（公司与部门联结）

5.3 部门 OKR 创意、对齐与修正

除了来自公司 OKR 分解的部门 OKR 外，部门 OKR 的另一个来源是“自下而上”的创意。一般来说，为确保 60% 的 OKR 来自部门与员工自我创意，部门可以从三个方面进行思考、挖掘，即从鼓励员工创新并挑战 OKR、“穿越”联结上级 OKR 和“横向”联结平级 OKR 三个方向思考创新。

5.3.1 鼓励员工创新并挑战 OKR

马云曾经要求阿里巴巴每位员工要在绩效管理上保持创新与挑战精神，“今天的最好表现，是明天的最低要求”是阿里巴巴绩效文化的组成部分。正是因为一直保持着“创新与挑战精神”，阿里巴巴才创造了中国互联网发展历史上的奇迹。

OKR 的核心思想之一就是鼓励员工创新与挑战，要在过去的 OKR 基础上给自己设定更具有挑战性、更有创意的 OKR。一些 OKR 的培训师认为，OKR 的创新与挑战不应着眼于日常工作，而应着眼于公司商业模式等内容，这完全是一种无稽之谈。对于企业而言，创新与挑战无处不在，商业模式并不是一个企业创新并获取成功的唯一要素，运用新技术进行产品改进、引入新工具实现质量提升的突破、引入 AI 智能技术提高劳动生产率、开发新软件应用程序突破系统运行效率等，都是公司领导可以鼓励部门与员工大胆尝试的创新，它们对企业商业模式实践的成功影响有可能是颠覆式的。任正非将华为公司的创新定义为三类创新，即技术创新、市场创新、管理创新，华为公司的创新无处不在，渗透在组织的每个层级中。如果狭隘地只把商业模式创新理解为创新，那么企业一定会失去创新方向，企业的创新也会被带入“坑里”，最终使企业失去创新的动力。因此，即使是常规日常工作，只要有突破、创新的空间并能够驱动公司战略方向，就有必要设定 OKR 去创新、挑战。

“五因素分析法”可以帮助员工设定与日常工作有关的突破提升的挑战性 OKR，是让员工通过从日常工作创新方面思考五个因素来寻找突破的 OKR，五

个因素是指时间、成本、数量、质量和风险五个方面的推导指标。“五因素分析法”最早应用于KPI指标的推导，佐佳咨询将其成功地运用于OKR设定，但是“五因素分析法”在OKR设定中与运用于KPI的重大差异是：OKR一定要着眼于在日常工作中寻找创新和突破点，由于OKR强调聚焦，所以这种创新和突破点应当尽量与公司核心能力打造和短板弥补密切关联。参考职能创意OKR不是简单思考如何履行部门职能，而是要问在履行部门职能上能够做到的创新点与提升点是什么。换句话说，要找到让你有成就感的OKR是什么。

“五因素分析法”的使用规则是：①在《五因素分析法》表格（见表5－7）第一纵栏内填入部门职能的序号；②在《五因素分析法》表格第二纵栏内填入与创新、突破相关的部门职能描述；③在分析维度与指标栏内，根据部门职能进行分析后填入对应OKR；④不是每个职能都需要从时间、成本、数量、质量和风险五个维度寻找OKR。

表5－7　OKR创新与突破《五因素分析法》

序号	部门职能创新点	分析的五因素维度					寻找出创新和突破的OKR
		时间	成本	数量	质量	风险	

5.3.2　“穿越”联结上级OKR

KPI指标体系分解一般是逐级分解，例如，一个公司级KRI分解到副总经理、总监，形成副总经理、总监的KPI后再分解到部门、主管、员工，形成部门、主管和员工的KPI。这种逐级分解虽然在一定程度上保障了上下级KPI的一致性，但由于KPI强调聚焦，所以实际操作中要求每个组织层级的KPI指标数量一般最多不超过10个，最佳数量控制在6个，其他多余的KPI则不被纳入该组织层级的KPI体系之中。KPI的这种聚焦操作确实遵循了集中主要资源实现战略最关键目标的原则，但是在实操中也隐藏着一个比较大的风险——由于KPI在层层分解时是逐层放大的，即公司的一级KPI到部门层级后可能被放大为 10 个二级 KPI，再到岗位级就会被放大为上百个三级 KPI。“聚焦”的原则会导致公司层面一些 KPI 极有可能在某个层级被屏蔽，这样可能会导致公司层面一级 KPI 无法最终并被完整彻底地分解到最底层。

OKR 鼓励在创意中采取“穿越”的手段，即某位员工如果发现隔了若干组织层级的领导（哪怕是公司领导）的 OKR 与自己有关联，就可以自由地创意设置自己的 OKR 与其对齐。OKR 这种鼓励在创意中“穿越”的手段，彻底规避了 KPI 指标层层分解带来的战略目标“被屏蔽”的风险。在 Google 公司，哪怕是最基层的一个创意工程师，只要发现拉里·佩奇（Larry Page）和谢尔盖·布林（Sergey Brin）的 OKR 能够与自己关联，就可以“穿越”组织层级，直接联结上级的 OKR（见图 5－5）。

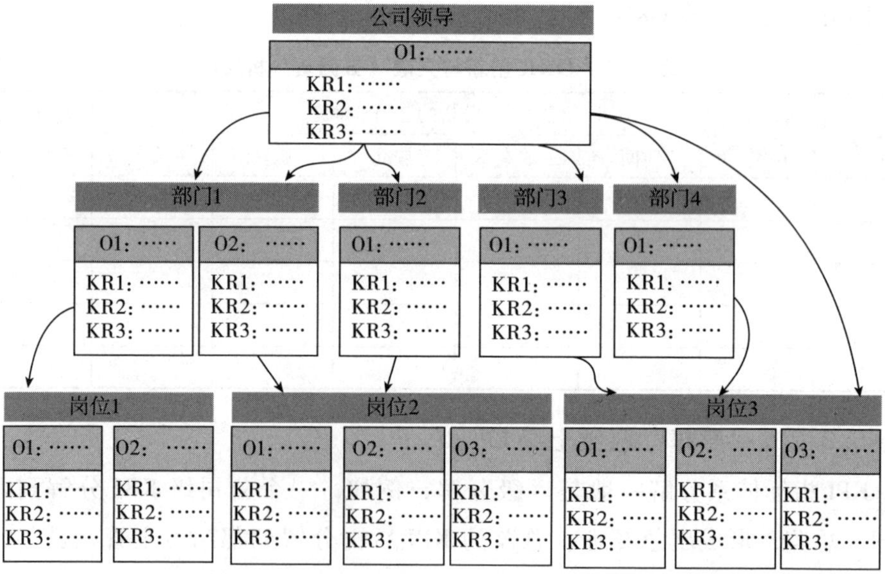

图 5－5　OKR 创意“穿越”联结上级 OKR

5.3.3　“横向”联结平级 OKR

“本位主义”或“只见树木，不见森林”是常见的缺乏全局观念与企业整体思维的一种外化行为表现，在公司内部极易产生“部门横向沟通的壁垒”，形成“部门墙”现象。“部门墙”对公司快速响应能力的伤害是巨大的，会极大地降低整个组织敏捷性，特别对外部环境快速迭代的互联网高科技公司尤为不利。

缺乏全局观念与企业整体思维的本位思考是人类思维的天性。首先，人的基本需求是生存，而与生存最紧密相关的就是其身处的周边世界。因此，为了维持生存，人的本能是密切地关注自己本位周边的危险信号。离我们比较远的信息，要么不可得或信号微弱，要么没有那么迫切或重要，我们通常不会优先处理。可见，本位主义、局限思考在某种程度上是人保护自我的本性使然。其次，本位思考与信息的对称、公开透明存在一定联系，是人的认知系统内一系列过程或要素相互影响和作用的结果。人们由于获取“本地”信息更加容易，所以对本地的认知更多，逐渐形成强烈的本地信念，从而更加关注本地信息。与此同时，人们因获取不到足够的全局信息而无法建立全局信念，本地信念的强化则削弱了人们对全局信息的关注，使人们获取全局信息的能力被削弱。逐渐地，人们形成了牢不可破的局限思考模式。

公司目标常被分解为部门目标，但是这些被分解的部门目标之间高度关联，需要整体配合、协同才能共同完成并驱动公司目标的最终实现，这种共同完成并驱动公司目标实现就是我们经常提到的“部门协同”。虽然公司目标需要“部门协同”才能实现，但是由于很多公司的部门员工存在“缺乏全局观念与企业整体思维”的本位思考，所以每位员工都站在自己的角度看待公司与部门目标，最终导致实际运行情况陷入了糟糕的境地——公司中的各个部门与员工之间存在所谓“利益上的冲突”，很多部门与员工抱着“本位主义”，“各人自扫门前雪，莫管他人瓦上霜”。挂在嘴边的总是“我们部门怎么样”“其他部门怎么样”。最后的结局是：每个部门均站在各自的局部利益角度看待公司整体目标的实现，即使某些局部部门目标完成甚至超额完成，公司整体目标也不可能完成。公司目标是互相关联的系统，绝不可能封闭在“部门孤岛”里独立地存在和实现。

OKR 体系强调透明、对齐，就是要在目标管理上打破“部门壁垒”现象，因此，“横向”连接平级 OKR 也是部门与员工创意 OKR 的来源之一。《OKR 横向对齐分析表》（见表 5－8）可以帮助我们进行部门与部门之间、员工与员工之间 OKR 的横向连接分析，该表格的使用规则如下：

第一，在第一纵列中填入部门 OKR 的序号。

第二，在横栏中，OKR 应横向对齐填入部门内需要协同配合的部门名称，如表 5－8 中的“部门 A”“部门 B”等。

第三，在纵列的部门 OKR 中，在每个 OKR 与横栏横向对齐的部门交叉栏里填入需要配合的内容。

第四，根据每个部门需要配合的内容，提出本部门对其他部门横向协同的 OKR 建议。

表 5－8　OKR 横向对齐分析表

部门 OKR	OKR 需要横向对齐的部门						
	部门 A	部门 B	部门 C	部门 D	部门 E	部门 F	……
OKR1							
OKR2							
OKR3							
OKR4							

案例：ABC 智能科技部门或团队 OKR 自主创意

除了“自上而下”分解公司 OKR 外，部门或团队 OKR 的另一个来源就是“自下而上”的创意。在开展公司 OKR 分解的同时，ABC 智能科技开始推动部门与团队 OKR 创意，创业团队的领导者将这项活动的决策权交给了部门与员工，且在此之前组织了若干场部门与团队 OKR 创意的培训与模拟。

部门与团队 OKR 创意主要由部门和员工自主提议，主要来自三个方面：

第一，部门或团队自主创新并挑战 OKR。

部门或团队从日常工作创新方面自主思考创新并挑战 OKR，这种创新主要体现在技术创新、市场创新、管理创新三大模块，各个部门或团队的职能不同，其创新、挑战 OKR 创意的属性也有所不同。ABC 智能科技各部门或团队 OKR 创新运用“五因素分析法”工具进行分析。OKR 推进小组提醒各部门与团队：OKR 一定要着眼于在日常工作中寻找创新点和突破点，并且尽量与公司核心能力打造与短板弥补密切关联，各部门与团队要了解在履行部门职能上所能够做到的创新点与提升点是什么，换句话说，找到让部门与团队每位成员都有成就感的 OKR 是什么？ABC 智能科技综合管理部 OKR 创意见表 5-9。

表 5-9 ABC 智能科技综合管理部 OKR 创意

序号	部门职能的创新点	时间	成本	数量	质量	风险	寻找出的创新与突破 OKR
1	人力资源规划	√		√	√		O：实现人力资源规划水平的突破 KR1：2011 年 10 月 15 日前，完成公司 300 名员工的人力资源规划工作，包括 4 名资深程序员的画像与招聘计划 KR2：2011 年 11 月 15 日前，获得集团公司年度经营计划质询会的一次性审议通过
2	公司文控管理			√	√		O：创新突破文控管理 KR1：本季度文档抽检符合率提高到 100% KR2：集团公司文控管理评分排名第一
3	后勤服务	√		√	√		O：成为新招应届生的卓越生活伙伴 KR1：业务生活满意度评价 80 分以上 KR2：本季度流失率控制在 0

第二，“穿越”联结上级 OKR。

ABC 智能科技实施 OKR 鼓励在创意中采取“穿越”手段，一旦部门或团队发现隔了若干组织层级的创业团队领导者的 OKR 与自己有关联，就可以自由地创意设置自己的 OKR 与其对齐。仍旧以 ABC 智能科技的综合管理部为例，2019 年第二季度该部门 OKR 主要有 4 个，其中前三个 OKR 是从日常工作中的自主创新突破推导出来的，而第四个 OKR 则是直接从创业团队领导者的年度 OKR 中直接关联的（见表 5-10）。

表 5-10 ABC 智能科技综合管理部“穿越”联结上级 OKR

序号	核心目标（O）	关键工作成果 KR
1	O1. 实现人力资源规划水平的突破	KR1：2011 年 10 月 15 日前，完成公司 300 名员工的人力资源规划工作，包括 4 名资深程序员的画像与招聘计划 KR2：2011 年 11 月 15 日前，获得集团公司年度经营计划质询会的一次性审议通过
2	O2. 创新突破文控管理	KR1：本季度文档抽检符合率提高到 100% KR2：集团公司文控管理评分排名第一
3	O3. 成为新招应届生的卓越生活伙伴	KR1：业务生活满意度评价 80 分以上 KR2：本季度流失率控制在 0
4	O4. 培养国际视野创新队伍	KR1：在 10 个主流招聘渠道上发布招聘信息 KR2：本季度完成全员的人才盘点工作

第三，“横向”联结平级 OKR。

除了上述两个维度创意 OKR 以外，ABC 智能科技还根据咨询顾问的意见“横向”联结平级 OKR（其他部门与团队 OKR）。ABC 智能科技的 OKR 推进小组为此发放了《OKR 横向对齐分析表》，统一收集、统计各部门 OKR 的协同需求，为各部门“横向”连接平级 OKR 提供了建议。

5.3.4 填写、围观并确定《季度部门 OKR 评价表》

在 OKR 设定中，如何保持 OKR 挑战性是一个非常重要却又难以把握的操作难点。运用信心指数不断刷新、挑战 KR 的值将有助于实现 OKR 的挑战性。

“信心指数”是对 OKR 实现信心的量化指标，主要看 KR 实现的信心。在 OKR 的管理中，在不同时间节点上的信心指数如果有变化，就要适时调整 KR 值，以确保 OKR 的挑战性。所以，信心指数犹如显示 OKR 挑战性的驾驶舱、仪表盘，有助于监控 OKR 是否具有挑战性。

一个好的 OKR 中的所有 KR 值都应当按照 0.5 的信心指数设定。如果在季度内进行 OKR 复盘时发现 KR 值的信心指数有所提高，那么就应当及时调高 KR 值，将信心指数平衡在 0.5 的状态，以确保整个 OKR 的挑战性。在设计 OKR 时，要引导公司每位员工运用信心指数来挑战 OKR。

案例：M 房地产公司经理运用信心指数挑战 OKR

M 房地产公司设计年度 OKR 时，在第一稿中围绕实现资金快速周转的目标 O 设定了 4 个 KR。

O1：实现资金快速周转。

KR1：项目拿地后 9 个月内开盘。

KR2：项目拿地后 × 个月竣工验收并入伙。

KR3：首开去化 60% 以上。

KR4：Y 个月内尾盘存量小于 5%。

在修改后的第二稿中，运用信心指数对 KR 值再刷新，按照 0.5 信心指数重新设定、刷新后的 OKR 如下：

O1：实现资金快速周转。

KR1：项目拿地后 8 个月内开盘（KR 值难度上调★）。

KR2：项目拿地后×个月竣工验收并入伙。

KR3：首开去化80%以上（加速★）（KR值难度上调★）。

KR4：Y个月内尾盘存量小于5%。

通过本案例可以看出，OKR本意之一就是保持其挑战性，通过信心指数不断挑战KR值，可以培育公司内部挑战、创新的文化氛围。

完成信心指数的刷新与挑战后，可以输出部门或团队OKR分解与创意的最终成果《季度部门或团队OKR评价表》（见表5-11）。该表的格式与公司级季度OKR评级表格式基本相同。《季度部门或团队OKR评价表》的主要结构如下：

纵列“序号”项：按照OKR填写序号。

纵列“属性”项：主要填写OKR的属性是愿景型还是承诺型。

纵列“本季度O”项：填写不超过4个本季度重点追踪的核心目标O。

纵列KR项：填写在本季度度量对应核心目标O的所有KR，总体数量不超过4个。

纵列“权重”项：填写度量对应核心目标O的所有KR的计分权重，每个O权属权重加起来等于1。

纵列“计分规则”项：填入KR的计分方法，要区分愿景型或承诺型OKR的不同计分规则。

纵列“KR自评”项：在季度结束后，部门或团队按照完成状态与计分规则对KR的评分。

纵列“O得分”项：根据对应的KR得分计分规则和权重汇总出O的最终得分。

该OKR评价表的最后可以加一个“围观”的纵列，然后在公司内部公示，让其他部门进行“围观”，对自评情况进行评价、留言（该功能可以通过OKR软件实现开放）。

表 5－11　季度部门或团队 OKR 评价表

ABC 智能科技发展有限公司（2019 年第二季度　部门级）OKR 评价表								
序号	属性	本季度 O	KR	权重	计分规则	KR 自评	自评说明	O 得分

案例：某软件公司开发事业部季度 OKR

下面以某软件公司开发事业部 2019 年第三季度 OKR 表作为示例（见表 5－12）。

表 5－12　某软件公司开发事业部 2019 年第三季度 OKR 表

一、承诺型 OKR								
编号	目标（O）	关键工作成果（KR）	权重	信心指数	评价方法	KRS 得分	O 得分	围观备注
1	确保事业部卓越收益	事业部利润	20%	50/50	挑战值（10 分）：Y 以上 目标值（6～7 分）：X～Y 淘汰值（0 分）：小于 X			
		事业部收入	60%	50/50	挑战值（10 分）：Y 以上 目标值（6～7 分）：X～Y 淘汰值（0 分）：小于 X			
		事业部运营成本	20%	50/50	挑战值（10 分）：X 以下 目标值（6～7 分）：X～Y 淘汰值（0 分）：Y 以上			

续表

一、承诺型 OKR								
编号	目标（O）	关键工作成果（KR）	权重	信心指数	评价方法	KRS得分	O得分	围观备注
2	提升事业部运营效率	代码量	40%	50/50	挑战值（10分）：Y以上 目标值（6~7分）：X~Y 淘汰值（0分）：小于X			
		代码量与直接成本比	30%	50/50	挑战值（10分）：Y以上 目标值（6~7分）：X~Y 淘汰值（0分）：小于X			
		人均代码量	30%	50/50	挑战值（10分）：Y以上 目标值（6~7分）：X~Y 淘汰值（0分）：小于X			
3	成为卓越的软件供应商	HW软件供应商排名	30%	50/50	挑战值（10分）：第1名 目标值（6~7分）：第2~3名 淘汰值（0分）：未入榜			
		项目计划完成率	20%	50/50	挑战值（10分）：100%完成 目标值（6~7分）：重点100%完成 淘汰值(0分)：重点未100%完成			
		项目交货质量	20%	50/50	挑战值（10分）：全部达到100%的达标率，完全通过 目标值（6~7分）：主要技术指标达到100%，基本通过 淘汰值（0分）：主要技术指标未达到100%，未通过			
		常识性错误水平	20%	50/50	重犯或量多(30%以上)为A(0分) 量较多(30%以下)为B(6~7分) 量少(50%以下)为C(10分)			

续表

二、愿景型 OKR								
编号	目标（O）	关键工作成果（KR）	权重	信心指数	评价方法	KR得分	O得分	围观备注
1	引导客户需求，提高反提案能力	提案能力 FPI，反提案 5 个	50%	50/50	挑战值（6～7 分）：达到 4～5 个及以上反提案 目标值（4～6 分）：达到 3 个及以上反提案 淘汰值（7～10 分、0～4 分）：达到 6 个或者低于 2 个			
		应变能力 100%	50%	50/50	挑战值（6～7 分）：达到 63%～70% 的比率 目标值（4～6 分）：达到 57%～63% 的比率 淘汰值（7～10 分、0～4 分）：超出 70% 或者低于 57%			
OKR 事业部总经理自我评语								
合计								
OKR 委员会意见	（签章） 年 月 日		编制人		（签章） 年 月 日			

5.4 员工季度 OKR 的联结与创意

完成部门 OKR 联结与创意，就可以开展部门内部员工个人 OKR 的设定了，员工个人 OKR 联结与创意的操作大致分为四个步骤（见图 5－6）。

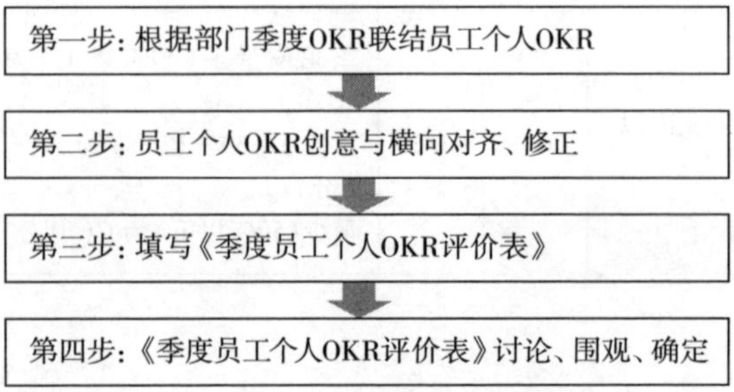

图 5－6　员工个人 OKR 联结与创意的设计步骤

5.4.1 根据部门季度 OKR 联结员工个人 OKR

部门 OKR 实际上就是初步获取部门内部员工个人 OKR 的“源头”。员工个人 OKR 联结仍可以采取沟通会的形式来进行，这个会议一般由部门负责人及本部门员工参加。这样做的意义在于充分保证部门负责人和员工在联结员工个人 OKR 时能够获得充分的沟通。在沟通会议上，部门负责人向员工传达自己的期望，而员工则及时向部门负责人反馈意见。

联结员工个人 OKR 应当注意两点：第一，员工个人目标 O 应当来自部门 KR 的联结，也就是部门 OKR 里的 KR 要转化为员工当季度的核心目标 O；第二，联结组织 OKR 时要找到员工个人对部门 KR 的驱动力，除非公司和 Google 一样有 20% 的时间让员工自由选择做自己喜欢的项目，否则不要把一些与员工毫不相关的、无任何驱动力的部门 KR 联结。与部门 OKR 联结相同的是，OKR 联结矩阵和价值树模型都有助于开展工作。

（1）OKR 联结矩阵。

OKR 联结矩阵是一个非常好的将 KR 分解为部门目标 O 的工具，该工具是如表 5-13 所示的一个矩阵表格，通常在纵列中列入部门 OKR，横栏中列入部门员工的名字，在交叉矩阵中按照部门对公司 KR 的驱动力，联结填入部门核心目标 O，OKR 联结矩阵的使用规则如下：

第一，在部门 OKR 纵栏中填入当季度的 O 与 KR，将它们作为联结的“源头”。

第二，根据部门员工履行的工作职责进行个人对部门 OKR 驱动力的分析。

第三，区分部门各位员工个人对部门 KR 影响的两种责任，即驱动责任与结果责任。

第四，在部门 OKR 与部门员工两个维度交叉栏内填入联结的员工个人目标 O。

表 5-13 OKR 联结矩阵

部门 OKR		部门员工 1	部门员工 2	部门员工 3	部门员工 4	……
O	KR					

续表

部门 OKR		部门员工 1	部门员工 2	部门员工 3	部门员工 4	……
O	KR					

（2）价值树模型。

价值树不仅有助于将公司 OKR 转换为部门 OKR，而且有助于将部门 OKR 联结到员工个人，完整地呈现部门 OKR 与员工个人 OKR 之间的逻辑关系，部门负责人可以通过召开员工个人 OKR 联结讨论会来挖掘员工创意。图 5 –7 为 ABC 智能科技研发部 OKR 联结员工个人 OKR 的价值树示例。

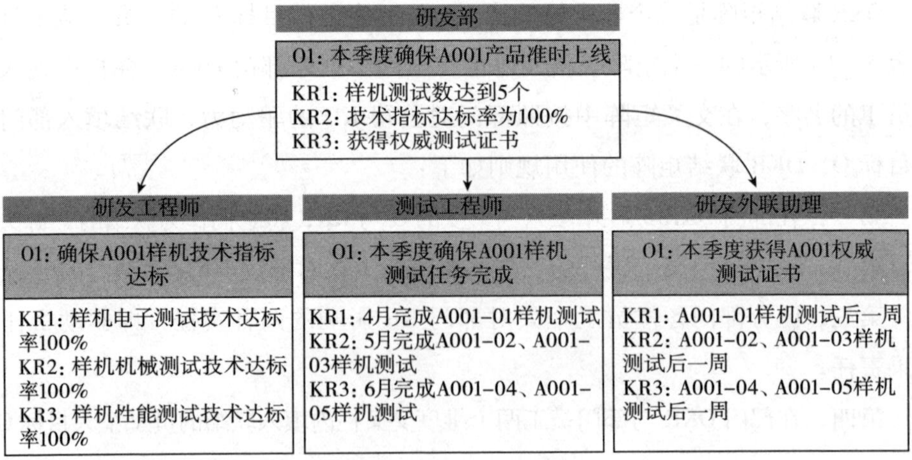

图 5 –7　ABC 智能科技研发部 OKR 联结员工个人 OKR 的价值树

如图 5 –7 所示，价值树模型第一层（最顶端）呈现的是 ABC 智能科技研发部的核心目标 O 和权属度量的 KR；第二层罗列出与研发部 OKR 有直接关联的岗位，以及根据研发部 KR 转化的岗位个人目标 O，同时呈现岗位个人目标 O 的权属度量 KR。

5.4.2 员工个人 OKR 创意与横向对齐、修正

除了来自部门 OKR 联结外，员工个人 OKR 的另一个来源是“自下而上”的创意。这种创意来自三个方向的思考创新：鼓励员工创新并挑战 OKR、“穿越”联结上级 OKR、“横向”联结平级 OKR。

（1）鼓励员工创新并挑战 OKR。

“五因素分析法”同样适用于员工个人 OKR 的设定。部门负责人可以鼓励员工运用“五因素分析法”寻找日常工作中的创新点和突破点，以支持公司核心能力打造与短板弥补。

（2）“穿越”联结上级 OKR。

员工如果发现跨越部门上级（更高层级的负责人）的 OKR 与自己有关联，就可以自由地创意设置自己的 OKR 并与其对齐。OKR 这种鼓励在创意中“穿越”的手段彻底规避了公司级 OKR 在员工个人层面“被屏蔽”的风险。

（3）“横向”联结平级 OKR。

OKR 体系强调透明、对齐就是要在目标管理上打破“部门壁垒”现象的产生，因此“横向”联结与自己日常工作结合比较紧密的其他员工的 OKR 也是员工创意 OKR 的来源之一。

5.4.3 填写《季度员工个人 OKR 评价表》

如表 5－14 所示，《季度员工个人 OKR 评价表》主要结构如下：

✓纵列“序号”项：按照 OKR 填写序号。

✓纵列“属性”项：主要填写 OKR 的属性是愿景型还是承诺型。

✓纵列“本季度 O”项：填写不超过 4 个本季度重点追踪的核心目标 O。

✓纵列“KRS”项：填写在本季度度量对应核心目标 O 的所有 KR（不超过 4 个）。

✓纵列“权重”项：填写 KR 计分权重，每个 O 权属 KR 的权重加起来分别等于 1。

✓纵列“计分规则”项：主要填入 KR 的计分方法，要区分愿景型或承诺型 OKR 的不同计分规则。

✓纵列“KR 自评”项：主要在季度结束后，员工个人对 KR 按照完成状态

与计分规则评分。

✓纵列“O 得分”项：根据对应的 KR 得分、计分规则、权重汇总出 O 的最终得分。

表 5－14　季度员工个人 OKR 评价表

ABC 智能科技发展有限公司（2019 年第二季度　部门级）OKR 评价表								
序号	属性	本季度 O	KRS	权重	计分规则	KR 自评	自评说明	O 得分

5.4.4　《季度员工个人 OKR 评价表》讨论、围观、确定

在员工个人 OKR 设定中，部门负责人可以鼓励员工运用讨论、围观等手段保持 OKR 挑战性。由于 OKR 强调透明，所以在谷歌称其为“令人发指”的沟通工具。鼓励围观的同行员工运用信心指数建议不断刷新、挑战 KR 的值。如前所述，信心指数主要取决于 KR 实现的信心达到什么样的状态，一个好的 OKR 的所有 KR 值都应按照 0.5 的信心指数设定。如果在季度内进行 OKR 复盘时发现 KR 值的信心指数有所提高，那么应当及时调高 KR 值，将信心指数平衡在 0.5 的状态，以确保整个 OKR 的挑战性。在设计 OKR 时，应引导公司每位员工运用信心指数来挑战、讨论、围观并最终确定 OKR。

案例：谷歌公司季度员工个人 OKR 示例

谷歌公司季度员工个人 OKR 示例见表 5-15。

表 5-15　谷歌公司季度员工个人 OKR 示例

序号	本季度 O	KR	权重	计分规则	KR 自评	自评说明	O 得分
1	加速博客收入的增长	向所有用户增加放置盈利广告的栏位	20%				
		增加广告主通道，以提高 RPM 80%	30%				
		启动 3 个收入调查，研究驱动收入增长的原因	30%				
		完善博客广告网络的研发，确保 Q1 的工程师配置	20%				
2	博客流量可持续增长	增加 3 个功能点，以获取可衡量的博客流量增长	20%				
		刷新 404 页面的处理技术，延长用户在线的时长 15%，提高 30% 的浏览量	80%				
3	提高博客声誉	在 3 个业界大事件中发声，以求重新建立博客的领先地位	30%				
		协调博客 10 周年庆的公关工作	20%				
		找到博客访问量排在前 50 位的用户并前往拜访	20%				
		完善数字版权的处理程序，100% 消除音乐板块被取缔的风险	20%				
		在推特上增加@ blogger 功能，参与 70% 以上关于博客的话题	10%				

资料来源：互联网。

5.5 季度 OKR 的联结与创意应当注意的问题

5.5.1 运用“四象限模型”思考 OKR

填写 OKR 表时，还可以按照“四象限模型”来思考本季度的 OKR。“四象限模型”是克里斯蒂娜·沃特克在其著作《OKR 工作法》中提出的 OKR 分析模型。该模型认为，一个完整的 OKR 表一般包含目标 O、关键工作成果 KR、行动计划、监控指标四部分，其中 O 和 KR 是必选项，而行动计划、监控指标是可选项。填写季度 OKR 表之前，可以在四个象限内填入内容并思考（见图 5-8），步骤如下：

第一步：设定季度目标。目标是一个方向，不要求量化，但一定要具有挑战性。同时设定三个 KR，每个 KR 都要有信心指数 0.5，也就是 KR 的量化值按照 0.5 的信心指数设定指标值。

第二步：设置状态指标（关注指标），又称“健康度量项”。虽然这个状态指数是 OKR 之外的，但是表明了长远战略利益，回顾时还可以标上红黄绿色。

第三步：围绕本季度 OKR 的实现，设定本周的计划（任务）。这些计划（任务）能够有效地推动季度 OKR 的实现。

第四步：未来 4 周推进重要的计划。当一些事情需要协作时，市场、研发、销售及其他部门不会被弄得措手不及。

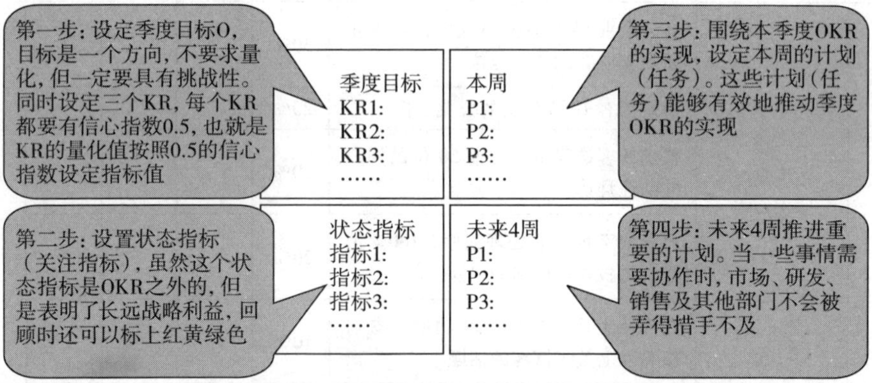

图 5-8 “四象限模型分析”步骤与各象限内容呈现

在完成四个象限的思考后，可以按照表 5-16 的格式来填写 OKR 相关的表格。

表 5 – 16　季度 OKR 表与周追踪报告

2018 年第一季度（第 7 周）OKR 追踪报告						
OKR 当前状态				本周（2 月第 2 周）重点工作任务		
序号	本季度 O	KR	信心指数	本周计划	进度复盘	组织者
1			0.5			
2			0.5			
3			0.5			
4			0.5			
状态指标				未来 4 周重点工作任务		
序号	指标名称	目标值	进度复盘	未来 4 周计划	进度复盘	组织者

注：0.5 分以下为红灯，表明信心指数下降；0.5 分为黄灯，表明信心指数不变；绿灯表明信息指数上升。进度复盘时，完成为绿灯，完成一般为黄灯，未完成为红灯。

从表 5 – 16 中可以看出，运用“四象限模型”思考 OKR，可以把周行动计划与季度 OKR 整合在一起。在季度实施中进行 OKR 追踪时，还需要使用《季度 OKR 评价表》《OKR 周计划追踪表》等配套表格，相关内容将在后文介绍。

5.5.2　确保 O 与 KR 符合 OKR 设定原则

OKR 设定要确保 OKR 实现透明、挑战、聚焦等特征，因此，在公司、部门、员工个人层面设定 OKR 时，需要一套科学性的自检标准。OKR 专家况阳曾指出，华为公司在实施 OKR 时，为了确保各级主管与员工 OKR 符合 OKR 特征要求，特意建立了一套 OKR 评价标准来帮助各级主管和员工判断其确定的

OKR 是否合格。他在其专著《绩效使能》中提出了 O 与 KR 设定的“561 自检标准”，即 O 符合 5 项自检标准、KR 符合 6 项自检标准、OKR 整体符合 1 项自检标准。该标准具有一定的操作价值，值得在 OKR 实战中借鉴、参考。

在“561 自检标准”中，O 的 5 项自检标准是：所有个人 O 必须围绕团队（团队 O 围绕公司 O）开展、必须要具备商业价值、必须聚焦即遵循“少即是多”的要求、O 是定性描述且有足够的挑战性以鼓舞人心、O 的描述语言力求简洁。KR 的 6 项自检标准是：KR 必须足够支持 O 的达成（或能够全面度量 O 的进展），KR 必须聚焦并遵循“少即是多”的要求，KR 必须有足够的挑战性（最好是 0.5 的信心指数），必须量化以实现可衡量，KR 不能与任务混淆（必须是 1 个月以上完成的），KR 必须足够具体与清晰，做到简洁、无歧义。OKR 整体的 1 项自检标准是：OKR 的依赖关系必须清晰化，必须主动澄清横向对齐。具体见表 5 – 17。

表 5 – 17 “561 自检标准”

类别	检查项
目标	O 是否支持团队目标的达成？ 个人 O 必须始终围绕团队 O 开展
	O 是否创造了商业价值？ 商业价值是指从客户视角看，这件事情是否有意义，能否给客户带来收益
	O 是否聚焦？ 在制定目标时，切忌大而全，建议 O 的个数不多于 5 个
	O 是否鼓舞人心？ O 应尽可能是定性描述，让人振奋，感受到被激发
	O 是否足够简洁？ 应尽可能用简洁的话描述清楚 O，冗长的目标难以记忆，也就起不到激励自己的作用
关键结果	KR 是否有效支撑了 O 的达成？
	KR 是否聚焦？ KR 应聚焦 O 的主要方面，建议每个 O 下的 KR 数量不多于 4 个
	KR 是否足够挑战？ 如果 KR 很容易达成，也就失去了价值
	KR 是否可衡量？ KR 应尽量定量描述，或者采取类似里程碑的方式

续表

类别	检查项
关键结果	KR 颗粒度是否足够？ 不应把 KR 描述成任务，任务是指只需数天即可完成的工作项，KR 的颗粒度应该比任务要粗，通常需要 1 个月以上时间才能完成
	KR 是否足够具体和清晰？ KR 应尽可能简洁，无歧义
整体 OKR	OKR 的依赖关系是否理清，并知会了利益相关者？ 如果自己的 OKR 依赖于其他人的 OKR，应主动同对方沟通澄清依赖关系，确保 OKR 能有序推进

5.5.3 关于 KR 计分规则

KR 计分规则是指如何根据 KR 实际值计算、确定 KR 得分的规则。KR 计分规则会影响到 OKR 最终的评分，进而影响到部门与员工对下一期 OKR 拟定的信心。因此，无论是公司、部门的 OKR 设定，还是员工层面的 OKR 设定，都需要注意计分规则的选择。

层差法是最常用的 KR 计分规则，它的特点是需要对 KR 可能出现的多种情况设定标准，并设定出各种情况、标准的对应计分方法。层差法在实际操作中分为速写层差法和描述层差法两类，最常用的是速写层差法。速写层差法按照 0.5 的信心指数确定 KR 值，后期则按照事先给定的速写计分标准进行判断。由于速写层差法判断具有一定的主观性，所以描述层差法在 OKR 实践案例中也得到了广泛运用。描述层差法针对每个 KR 事先确定好层差描述，随后根据实际值匹配层差描述打分。

案例：M 集团研究院 KR 的速写计分标准

M 集团研究院 KR 的速写计分标准见表 5－18。

表 5－18　M 集团研究院 KR 的速写计分标准

愿景型 OKR			承诺型 OKR		
分层	分层状态速写	KR 分值	分层	分层状态速写	KR 分值
红灯：需要改进	KR 基本达到事先预期，KR 值超过 80%	0.8 分以上	绿灯：最佳状态	KR 完全达到事先预期，KR 值超过 80%	0.8 分以上

续表

愿景型 OKR			承诺型 OKR		
分层	分层状态速写	KR 分值	分层	分层状态速写	KR 分值
绿灯：最佳状态	KR 基本达到事先预期的 60% ~80% 状态	0.6 ~ 0.8 分	黄灯：基本符合	KR 基本达到事先预期，KR 值达到 60% ~80%	0.6 ~ 0.8 分
黄灯：基本符合	KR 基本达到事先预期的 40% ~60% 状态	0.4 ~ 0.6 分	红灯：需要改进	KR 没有达到事先预期，处于未完成状态	0.6 分以下
红灯：需要改进	KR 没有达到事先预期，完成状态在 40% 以下	0.4 分以下			

示例 1：承诺型 OKR 的 KR1：本季度 S007 产品样机测试通过，各项技术指标达标率为 100%。

描述层差法计分规则：①挑战值（10 分）为全部达到 100% 的达标率即完全通过；②目标值（6 ~7 分）是五大主要技术指标达到 100% 即基本通过；③淘汰值（0 分）为五大主要技术指标未达到 100% 即未通过。

示例 2：愿景型 OKR 的 KR2：第二季度完成核心 AI 组建技术储备工作的 89%。

描述层差法计分规则：①挑战值（6 ~7 分）为达到 80% ~89% 的储备率；②目标值（4 ~6 分）为达到 72% ~80% 的储备率；③淘汰值（7 ~10 分、0 ~4 分）为超出 89% 或者低于 72% 的储备率。

除了运用层差法的 KR 值计分规则，在实际中还可以考虑应用以下计分规则：

（1）扣分法。

预先给出一个工作任务理想状态下的标准分数，当发现指标在完成过程中出现异常时，按照一定标准进行扣分；如果没有发现问题，得满分。由于操作比较烦琐，所以目前采用该方法的越来越少。

（2）连续计分法。

对于一些能够用数字表示标准的指标，可以采用连续计分法。例如，KR 实现 50 亿元销售收入目标，如果销售收入达到 50 亿元，就是完成目标，可得 0.6

分；如果销售收入实际完成了60亿元，那么运用连续计分法的实际得分就是60（亿元）÷50（亿元）×0.6（分）=0.72（分）。

（3）关键事件法。

事先只对KR达成状态进行描述，最后一个季度结束自评时，按照速写层差法进行打分。但由于没有事先给定各层差状态的描述，所以为了便于同事对OKR进行围观，要求打分者进行理由（关键事件）举证说明的陈述。

（4）非此即彼法。

OKR往往由2~4个KR衡量，其中有一个KR可以对整个OKR一票否决。如果该KR出现问题，那么其他KR完成得再好，整个OKR得分也会失去意义。该KR就可以采取非此即彼法，即对OKR结果只做两个可供选择的结果认定，要么是完成，要么是没有完成，考核结果也只有两种情况。

对于同样的KR值，选择不同的KR计分方法得到的分数是不同的。例如，KR为实现销售收入60亿元，而实际完成了75亿元，如果按照层差法可能得1分（假设层差标准是50亿元以下得0分，50亿元、60亿元、70亿元得0.6分，70亿元以上得1分）；但是，如果按照连续计分法，则可以得0.75分，即假设销售收入完成60亿元得0.6分，75（亿元）÷60（亿元）×0.6（分）=0.75（分）。所以，公司OKR推进小组尽量在OKR制度中建议选择一种计分规则，以便每位员工对OKR计分规则都能统一理解，便于OKR真正实现透明、围观、挑战的目的。

6

第6章

OKR运行刷新与复盘

在开展公司、部门与团队、员工级OKR分解与创意的同时，还需要设计出保障OKR运行刷新与复盘的相关流程制度。在OKR的流程制度中对OKR分解与创意、OKR复盘会议、OKR报告、OKR评价与围观等日常运行进行机制上的固化，通过设计规范的OKR组织机构、OKR流程制度来保障OKR运行刷新与复盘。

因此，在“OKR开发与应用六步法”中，我们必须关注：OKR的总体运行流程；OKR管理的组织机构设置；OKR分解与创意的一般流程与操作原则；OKR复盘会议召开的频度与要求，如召开年度与半年、季度、月度、周复盘的会议；OKR报告频度与模板结构，如年度与半年OKR报告、季度OKR报告、月度OKR审视表、周行动计划追踪表等；OKR评价与围观、对话与反馈的规则；OKR场景下Peer Review操作的一般流程、技巧与表单；Peer Review与薪资等激励回报的接口；等等。

6.1 OKR 总体运行流程

OKR 的总体运行流程涉及两个关键问题：一是 OKR 与战略管理的关系是什么，如 OKR 与战略、计划、预算与绩效的流程关系；二是 OKR 自身运行周期，尤其在年度、季度、月度与每周的时间节点上如何设计 OKR 刷新与复盘的频度。

6.1.1 OKR 与战略管理的关系

OKR 强调试错，但并非让企业在没有战略的背景下盲目地试错，无论是公司层面 OKR 还是部门、员工层面 OKR，都必须在统一的战略语境下设定。即使外部环境迭代的速度太快，处于创业期、商业模式处于探索期的公司也需要明确战略方向，通过短周期的 OKR 来实现战略的“试错与落地”。因此，理顺 OKR 与战略管理的关系是设计 OKR 总体运行流程必须思考的第一个问题，它要求我们能够将 OKR 放置在大的战略背景下思考，在 OKR 流程制度、战略管理流程制度设计中，明晰 OKR 与公司战略规划、年度经营计划、财务预算、组织与员工绩效等流程的关联，这一点对于大型企业集团引入 OKR 显得尤为重要。

案例：华为公司 OKR 与 DSTE 战略管理流程关系

从华为公司成立的第一天开始，任正非就十分重视战略与目标的管理。1996 年，华为颁布了《华为基本法》，明确华为发展战略的基本原则；1997—2003 年成立市场策略部；2008 年，引入战略管理工具（Business Leadership Model，BLM）、《个人业绩承诺书》（Personal Business Commitment，PBC）；2012 年，引入战略执行工具（Business Execution Model，BEM），开始运作从战略到执行（Develop Strategy To Execute，DSTE）流程；2016 年，开始 OKR 试点工作。由于 OKR 并不是孤立的管理流程，所以必须将 OKR 放置于华为公司独特的 DSTE 战略管理流程中才能真正理解它的全貌。我们在此试图从一些已知的、公共渠道的资料中解读华为公司 OKR 与战略管理的关系。

华为DSTE战略管理流程分为若干个模块：战略规划、年度业务计划与预测、管理执行与监控，DSTE是一个不断动态循环迭代的战略管理流程。华为公司DSTE战略管理流程见图6-1。

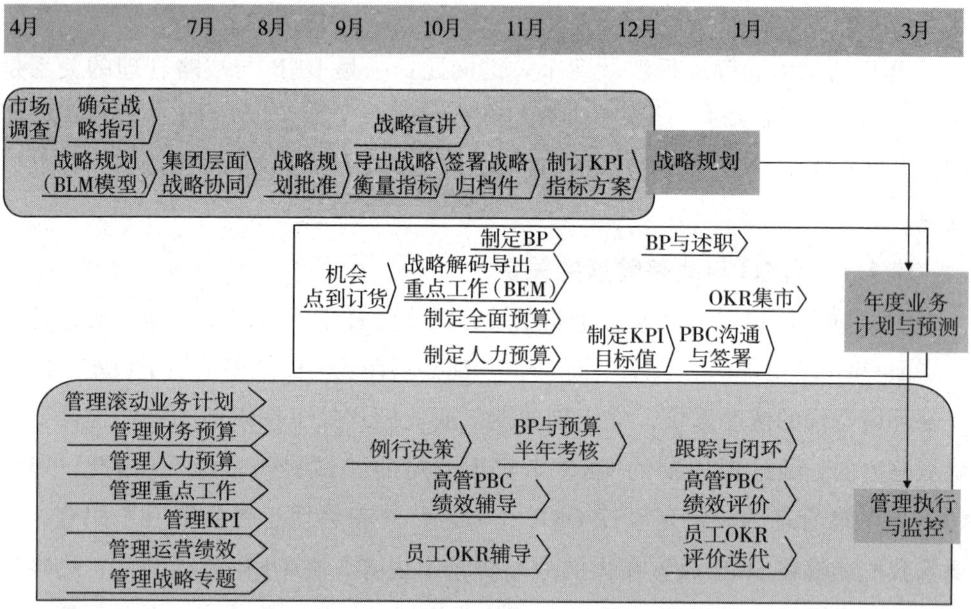

图6-1　华为公司DSTE战略管理流程

第一个环节：战略规划（SP）

2006年，华为正式引入BLM业务领先战略模型。基于该模型的思考逻辑，华为认为战略思考是因为差距所产生的不满意而引发的，如果公司对自己的业绩和机会点把握都很满意，那么就不需要讨论战略了，所以差距是华为公司思考战略的起点。

市场洞察：针对差距，首先要开展市场洞察，即“看行业、看市场、看竞争、看自己”。其中，“看行业”就是分析华为公司面临的宏观环境与产业环境；“看市场”就是分析客户、判断市场需求总量与需求特征及趋势的变化；“看行业、看市场”是为了寻找外部环境的机遇与威胁；“看竞争和看自己”是分析行业竞争结构与竞争对手并与自己进行对比，以寻找优势与劣势。其次，洞察市场，综合机遇、威胁、优势与劣势去“看机会”，对业务机会优先顺序进行识别。

战略意图：基于市场洞察的战略决策。战略意图充分体现了华为最高决策层的战略意图，告诉华为员工做什么和不做什么，以及做到什么程度，会导出愿景、长期战略目标、短期目标，以及资源配置的原则。对于确定性业务目标，华为公司要求在资源上战略聚焦，饱和攻击，而对于不确定性业务目标则要求不能等，采取“先开一枪、再开一炮”策略。

创新焦点：结合华为自身优势并匹配机会，把资源投在华为业务的最关键创新点上，不在非战略机会点消耗力量。华为将创新分为新品创新、市场创新、管理创新；创新原则“鲜花插在牛粪上”利用现有资源创新，如现有技术延伸、现有客户延伸。华为认为创新有一部分是规划出来的，还有一部分是不断鼓励试错而“一不小心做出来的”。

业务设计：以市场洞察、战略意图、创新焦点作为输入，重点明确6个方面的问题：选择什么样的客户群、用什么价值主张来吸引客户、利润获取模式、业务范围、战略控制、风险控制。任正非曾经指出，华为业务设计可以分为：碗里的（现金流业务）、锅里的（现在的增长点）、田里的（未来长期增长点）三大类业务。

SP文件结构主要包括市场洞察、市场空间、机会点；5年预测、效益、损益、人员；战略意图、关键举措/任务（3～5年）。

第二个环节：年度业务计划与预测（BP）

年度业务计划与预测是华为战略解码与执行的转换关键点，年度业务计划与预测（图6-2）是基于战略规划（SP）的输入。DSTE战略管理流程中战略规划（SP）向年度业务计划与预测（BP）输入包括：①首年可参与机会点；②首年财务预测、损益、人员；③关键举措/任务清单；④OWNER与首年目标。

从机会点与订货决策到BP述职包括：①年度业务计划预测与编制；②重点工作解码、全面预算、人力预算；③KPI指标形成、BP述职；④PBC签订和OKR集市。

在年度业务计划与预测（BP）环节中，华为公司PBC逐级签订并主要应用在组织绩效层面。换句话说，华为公司组织绩效必须使用PBC（实质就是KPI关键业绩指标法）作为绩效评价与管理的工具；而对于员工绩效，华为总部绩

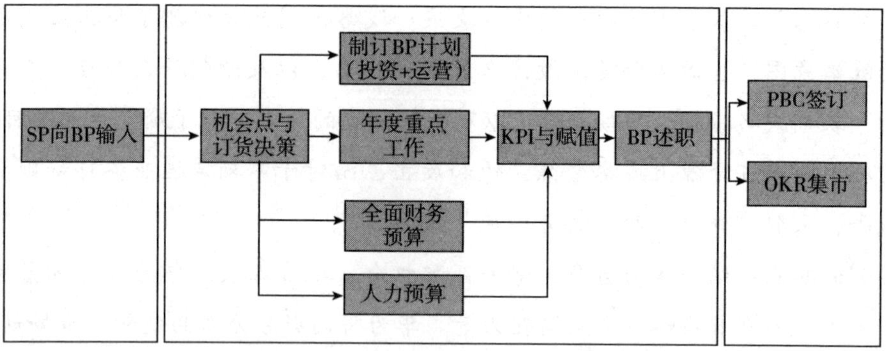

图6－2　华为公司年度业务计划与预测

效管理中心给予各业务部门较大的自主权，将工具的选择权交给了各业务、部门的负责人，由他们自主选择PBC或OKR。2016年，华为研究院率先试点使用了OKR。

华为试点单位的OKR分为三个模块：第一个模块是战略与PBC，该部分主要确定研究院的使命、价值观、愿景、战略方向与自上而下分解的PBC，这也是华为研究院OKR分解的主要依据与来源之一。第二个模块是OKR循环制定，包括部门OKR的分解与创意、员工OKR的分解与创意、周Action追踪、OKR刷新、OKR评价迭代；华为公司OKR的时间频度不是固定的，各部门在实施中根据各自业务的特点选择不同周期，可以选择半年、季度或月度评价。第三个模块是OKR运行载体文件，包括《OKR评价表》《OKR周报告》《OKR管理流程制度》等文件（见图6－3）。

第三个环节：管理执行与监控

管理执行与监控在DSTE流程运行中贯穿全年始终，对华为公司的整个战略执行实施动态进行监控和评估。该环节开展战略研讨、培训与宣贯会、重点工作项目管理、投资/预算沙盘监控、运营仪表盘、战略审视（执行力与健康度）、管理体系评估、PBC和OKR等多方面的战略执行动态监控与评估等工作。对于仍坚持实施员工PBC的单位，以员工KPI设定、辅导、考核、回报激励循环为主要绩效管理的流程；而对于试点OKR的单位，则以员工OKR设定、辅导、自评、迭代为主要绩效管理的流程，员工的绩效考核则考虑交给同行评价。

值得注意的是，华为对Action计划的编制与复盘十分重视。在华为的OKR

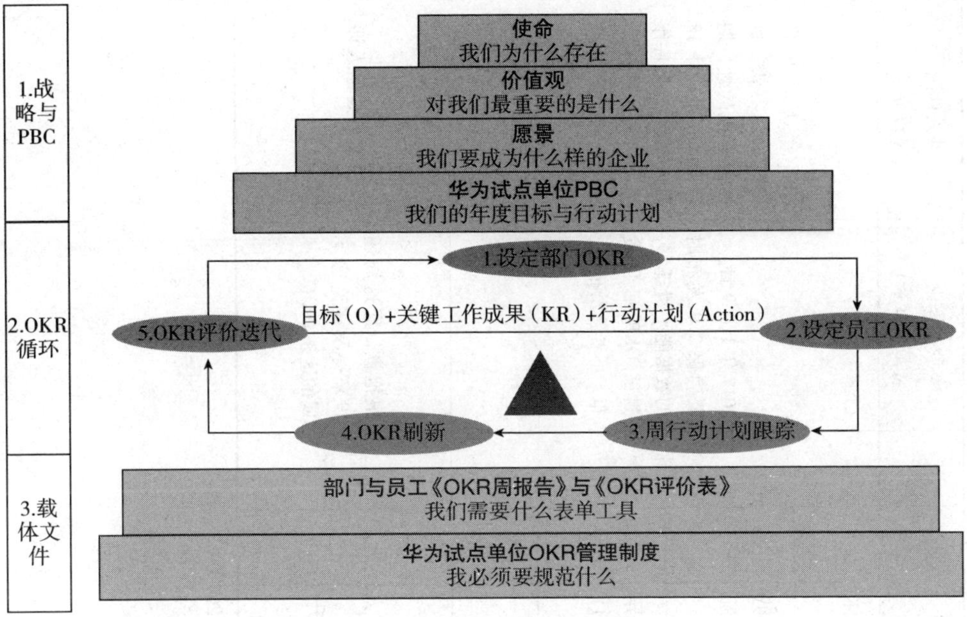

图6－3　华为公司OKR体系架构解读

体系中，KR归属于O，Action则归属于KR，即O会细分为若干个短周期的KR，而每个KR还会再进一步细分至Action，一个或多个Action对应一个KR。Action必须是直接影响KR完成度的周Action，也就是说，华为公司OKR体系中的周Action实际上已成了为完成某个KR而实施的具体行动。原华为公司OKR专家况阳认为，周Action可以让员工更清晰地知道当前所做的任务是为了完成哪个KR，而KR又属于哪个O，这样就可以让员工清晰地知道现在所做的任务（周Action）是为了哪个O的实现，这样可以使员工对自己的工作任务、成果输出的意义有更清晰的认识，可以更好地提升员工的敬业度。华为公司员工OKR周Action示例见表6－1。

表 6-1 华为公司员工 OKR 周 Action 示例

姓名/工号	目标（O）	关键工作成果（KR）	得分	最新进展描述	同比上周	进展	我的评论（最近五条）	他人评论（最近五条）
王兵	OKR 和同行评议成为公司绩效管理的首选	构建完备的 OKR 及同行评议指导手册	0.61	完成 OKR 教练赋能材料整体框架	—	正常	2017 年 1 月 9 日要确保 2.0 发布时的数据能平滑迁移，测试 OKR 后再发布，不着急发布	2017 年 1 月 9 日（张三）：不错，目标很有挑战性，期待 2017 年 1 月 18 日（李四）：硬件作为公司的一种典型场景，申请开展 OKR 试点，希望支持，谢谢
		打造“微信”级 OKRIT 平台	0.46	OKR 2.0 具备基本的创建、更新、评论功能，待端到端流程打通	—			
		提升研究所地域绩效管理的效果与价值	0.64	修改 Objectives：高效开展差异化绩效管理探索→OKR 和同行评议成为公司绩效管理首选	—			
		至少在 4 个典型场景成功试点 OKR	0.63	2016 年阶段试点暂告一段落	上升 0.02			
刘军	高效运作国内研究所组织效能提升项目	发布组织效能智能融合平台	0.55	组织效能 IT 平台成功 show-case	—	滞后 10%	很抱歉，您这周还没来得及评论您下属的这条 OKR	暂时没有其他人评论
		组织效能提升工具首次在海外研究所成功应用	0.53	巴西分部完成组织效能提升海外推行总结分享	—			

资料来源：况阳．绩效使能：超越 OKR［M］．北京：机械工业出版社，2019.

6.1.2 OKR 运行周期

OKR 总体运行具有周期性，那么什么样的周期比较合理呢？尽管硅谷很多公司最佳实践默认的流程是季度，但 John Doerr 认为季度不是 OKR 自身运行周期设定的“紧身衣”。在实践中，有些公司把周期设定为 6 周，全年有 13 个 OKR 周期，英特尔公司以月度为单位开展 OKR，脸书按季度制定一次 OKR，谷歌公司选择年度、季度两种方式并行开展双重节奏法，华为公司则把周期选择权力交给各个业务线。总之，OKR 自身运行周期性设定要根据公司业务周期特点、迭代需要以及人力的支持等因素自由设定。

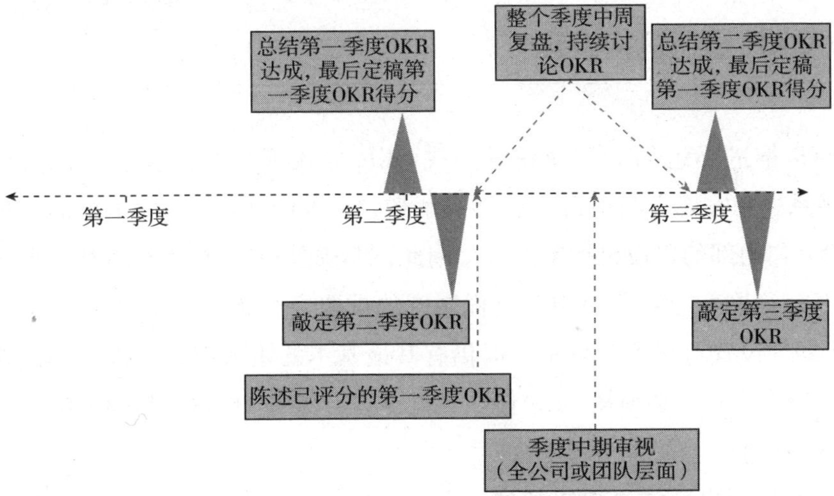

图 6-4 OKR 运行周期（季度频度）示例

由图 6-4 可以看出，从全年视角来看，OKR 周期按照以下程序运行：

第一，通常在第一季度末，对整个季度的 KRs 执行情况进行回顾与评分，定稿第一季度的 OKR 得分并总结 OKR 实施的优点与不足，起草并敲定第二季度的 OKR。

第二，敲定第二季度的 OKR 后，在季度 OKR 复盘会议上展示第一季度 OKR 执行与评分情况，由团队成员围观甚至进行校准，同时展示第二季度的 OKR 表。

第三，在季度 OKR 实施过程中要引导员工及时关注第二季度 KR 的执行动态，例如，编制支持 KR 实现的周 Action 以及召开周 Action 复盘会议，月度审视并根据信心指数刷新 KR 值等，通过对执行动态的关注、监控、调整以避免偏离第二季度的 O。

第四，与第一季度相同，第二季度末对整个季度的 KR 执行情况进行回顾与评分，定稿第二季度的 OKR 得分并总结 OKR 实施的优点与不足，起草第三季度的 OKR。

第五，如果公司在实施 OKR 时设定了年度 OKR，可以在第二季度结束后召开半年度 OKR 复盘会议，该会议可以和第二季度的评价会议合而为一。

6.2 OKR 组织机构设置

OKR 推进小组的主要使命是完成 OKR 导入项目并初步在公司内部建立 OKR 体系，在完成它的使命后就会被解散，而 OKR 日常运行实施的管理则要移交给公司内部的常设机构来执行。因此，明确公司 OKR 组织机构与职责，也是 OKR 运行刷新与复盘的相关流程制度的重要内容之一。虽然不同公司 OKR 组织机构的设置可能千差万别，但仍有其最基本的组成部分。推进小组在设置 OKR 组织机构时，必须从 OKR 体系决策机构、OKR 日常推进机构和 OKR 实施者三个层面考虑。

6.2.1 OKR 体系决策机构

OKR 组织机构的第一个层面是体系决策机构。确定体系决策机构的重要意义在于确保 OKR 在日常运作中提供各种资源。该机构类似于推进小组的项目指导委员会的角色（但是在具体职责中存在很大差异），它必须具有组织、调动公司相关资源的权力。因此，设置该机构时可以由公司领导牵头成立非常设的 OKR 委员会，OKR 委员会一般由公司高层、人力资源部门负责人等成员组成。

一般而言，OKR 委员会的主要职能有五个：①确定 OKR 总体方案与制度；②审议公司战略地图；③确定公司年度与季度 OKR；④指导公司季度 OKR 分解；⑤辅导部门自下而上创意 OKR。

6.2.2 OKR 日常推进机构

OKR 管理组织机构的第二个层面是日常推进机构（部门与岗位）。确定日常推进部门与岗位的重要意义在于确保 OKR 日常运作管理获得组织机构与岗位设置的保障。当 OKR 系统建设完成后，公司还需要专门的部门与岗位来监控与管理其日常的实施运作并及时维护和调整：一是 OKR 日常推进部门，很多企业将该项职能赋予人力资源部、计划管理部；二是岗位设置，是指在各业务部门与下属单位设立 OKR 协调员（又称 OKR 大使）。前者履行 OKR 体系运行监控与维护职能，后者则多协调部门 OKR 日常推进，如图 6－5 所示。

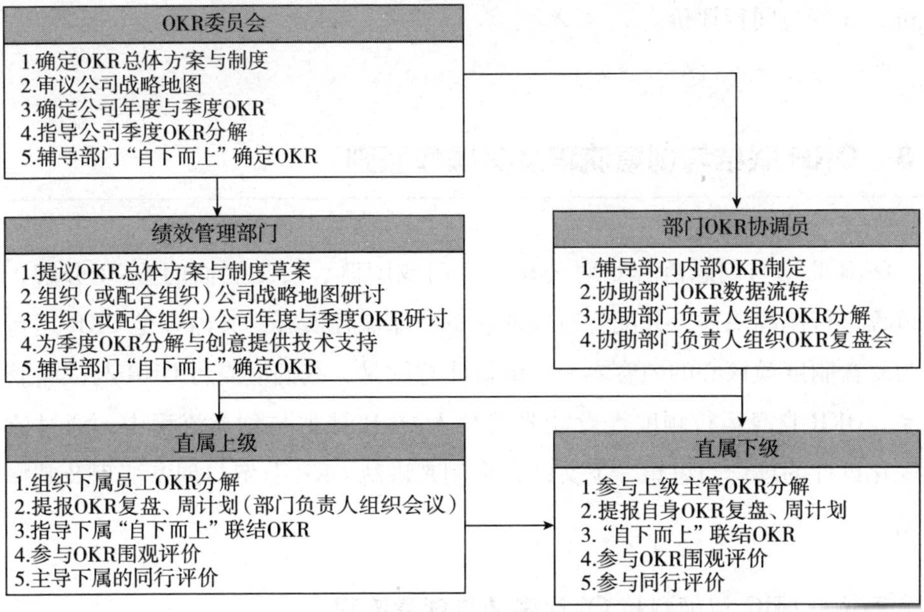

图 6－5 OKR 组织机构设置与职能

OKR 日常推进部门的主要职能有五个：①提议 OKR 总体方案与制度草案；②组织（或配合组织）公司战略地图研讨；③组织（或配合组织）公司年度与季度 OKR 研讨；④为季度 OKR 分解与创意提供技术支持；⑤辅导部门“自下而上”确定 OKR。

OKR 协调员（OKR 大使）的主要职责有四个：①辅导部门内部 OKR 制定；②协助部门 OKR 数据流转；③协助部门负责人组织 OKR 分解；④协助部门负责人组织 OKR 复盘会。

6.2.3 OKR 实施者

OKR 组织机构第三个层面是 OKR 实施者，由于直接上级应当对直接下级的

OKR 运行实施辅导，因此一般直属上级与直属下级就是 OKR 实施者。

直属上级在 OKR 运行实施活动中的职责有：①组织下属员工 OKR 分解；②提报 OKR 复盘、周计划（部门负责人组织会议）；③指导下属“自下而上”联结 OKR；④参与 OKR 围观评价；⑤主导下属的同行评价。

直属下级在 OKR 运行实施活动中的职责有：①参与上级主管 OKR 分解；②提报自身 OKR 复盘、周计划；③“自下而上”联结 OKR；④参与 OKR 围观评价；⑤参与同行评价。

6.3 OKR 联结与创意流程及其操作原则

OKR 联结与创意流程是对公司、部门或团队、员工层面的 OKR 分解、创意过程进行流程描述，并配置对应的表单确保流程实施，其内容是 OKR 运行刷新与复盘制度最核心的内容之一。值得注意的是，我们应当将 OKR 与战略管理关系、OKR 自身运行频度等设计要求纳入 OKR 分解与创意流程中，通过流程来固化设计的理念与思想，下文结合案例来讲解 OKR 分解与创意流程及其操作原则。

案例：ABC 智能科技 OKR 联结与创意流程

ABC 智能科技对 OKR 制度中的 OKR 联结与创意流程进行了设计与描述，创业团队的领导者与 OKR 小组共同确定了 OKR 联结与创意的四大流程，即年度公司 OKR 设定流程、季度公司 OKR 设定流程、季度部门或团队 OKR 联结与创意流程、季度员工个人 OKR 联结与创意流程。OKR 联结与创意的四大流程设计与描述如下。

1. 年度公司 OKR 设定流程

(1) 流程图（见图 6-6）。

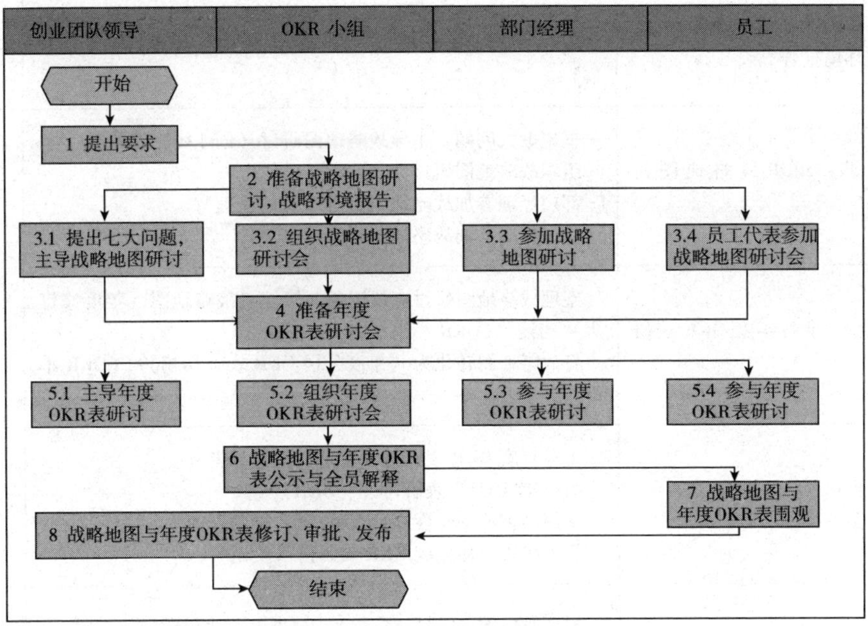

图 6-6 年度公司 OKR 设定流程

(2) 流程目的。

为引导公司年度 OKR 设定管理，特制定本流程。

(3) 流程概要（见表 6-2）。

表 6-2 年度公司 OKR 设定流程概要

流程级别	三级流程
主要涉及部门或岗位	流程归口部门：OKR 小组 涉及部门或岗位：创业团队领导者、OKR 小组、部门经理、员工

(4) 流程步骤说明（见表 6-3）。

表 6-3 年度公司 OKR 设定流程步骤

步骤	说明	责任人
第一步：提出年度 OKR 设定要求	· 每年 12 月中旬，由创业公司领导者提出年度战略地图与 OKR 表修订要求	

续表

步骤	说明	责任人
第二步：准备战略地图研讨，战略环境报告	· OKR 小组执行内外部战略环境扫描、SWOT 分析，编写《年度战略环境分析报告》与《战略地图（年度修订版）初稿》	
第三步：组织战略地图研讨会	· 提出七大问题，主导战略地图研讨（创业团队领导者） · 组织战略地图研讨会（OKR 小组） · 部门经理参加战略地图研讨（部门经理） · 员工代表参加战略地图研讨（员工）	
第四步：准备年度 OKR 表研讨会	· 整理战略地图研讨会议记录，修订《战略地图（年度修订版）初稿》（OKR 小组） · 将战略地图转化为《年度公司 OKR 表（初稿）》（OKR 小组）	
第五步：组织年度 OKR 表研讨会	· 主导年度 OKR 表研讨（创业团队领导者） · 组织年度 OKR 表研讨会（OKR 小组） · 部门经理参加年度 OKR 表研讨（部门经理） · 员工代表参加年度 OKR 表研讨（员工）	
第六步：战略地图与年度 OKR 表公示与全员解释	· 根据研讨结果修订《年度公司 OKR 表（初稿）》（OKR 小组） · 准备公示《战略地图（年度修订版）初稿》与《年度公司 OKR 表（初稿）》材料（OKR 小组） · 录制全员战略地图与年度 OKR 解释说明（创业团队领导者）	
第七步：战略地图与年度 OKR 表围观	· 公示《战略地图（年度修订版）初稿》与《年度公司 OKR 表（初稿）》（OKR 小组） · 公示全员战略地图与年度 OKR 解释说明视频（OKR 小组） · 围观并留言修改意见（OKR 小组）	
第八步：战略地图与年度 OKR 表修订、审批、发布	· 修订《战略地图（年度版）》《年度公司 OKR 表》（OKR 小组） · 确定《战略地图（年度版）》《年度公司 OKR 表》（创业团队领导者） · 12 月 31 日前正式发布《战略地图（年度版）》《年度公司 OKR 表》（OKR 小组）	

2. 季度公司 OKR 设定流程

(1) 流程图（见图 6-7）。

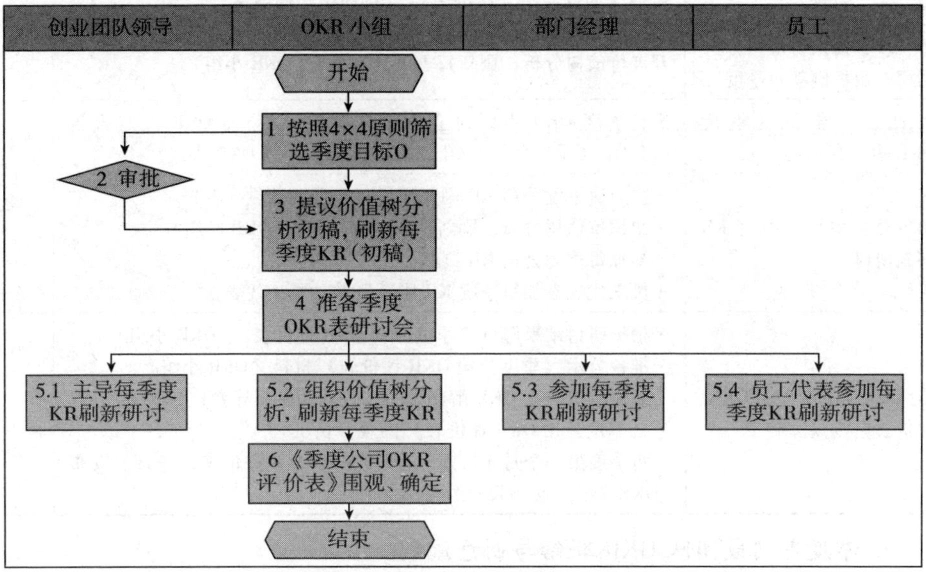

图 6-7 季度公司 OKR 联结与创意流程

(2) 流程目的。

为引导公司季度 OKR 联结与创意，特制定本流程。

(3) 流程概要（见表 6-4）。

表 6-4 季度公司 OKR 联结与创意流程概要

流程级别	三级流程
主要涉及部门或岗位	流程归口部门：OKR 小组 涉及部门或岗位：创业团队领导者、OKR 小组、部门经理、员工

(4) 流程步骤说明（见表 6-5）。

表 6-5 季度公司 OKR 联结与创意流程步骤

步骤	说明	责任人
第一步：按照“4×4 原则”筛选季度目标 O	·每季度开始前 5 个工作日，复盘《战略地图（年度版）》（OKR 小组） ·按照“4×4 原则”筛选季度目标 O，战略不变的前提下，核心目标 O 尽量不变（OKR 小组） ·如需调整《战略地图（年度版）》，需要提交创业团队领导者审批（OKR 小组、创业团队领导者） ·如无须调整，则直接进入本流程第三步	

续表

步骤	说明	责任人
第二步：审批	审批《战略地图（年度版）》（创业团队领导者）	
第三步：提议价值树分析初稿，组织刷新每季度 KR	开展价值树分析，刷新每季度公司 KR（OKR 小组）	
第四步：准备《季度 OKR 表》研讨会	准备季度 OKR 表研讨会材料：《季度公司 OKR 设定报告（PPT）》《季度公司 OKR 评价表（初稿）》（OKR 小组）	
第五步：主导每季度 KR 刷新研讨	·主导每季度公司 KR 刷新研讨（创业团队领导者） ·组织价值树分析，刷新每季度公司 KR（OKR 小组） ·参加每季度公司 KR 刷新研讨（部门经理） ·员工代表参加每季度 KR 刷新研讨（员工代表）	
第六步：《季度公司 OKR 评价表》围观、确定	·根据研讨结果修订《季度公司 OKR 评价表》（OKR 小组） ·准备公示《季度公司 OKR 评价表》材料（OKR 小组） ·录制全员季度 OKR 解释说明（创业团队领导者） ·《季度公司 OKR 评价表》围观（员工） ·每季度第一个月 5 日前，《季度公司 OKR 评价表》修订、发布（OKR 小组、创业团队领导者）	

3. 季度部门或团队 OKR 联结与创意流程

（1）流程图（见图 6－8）。

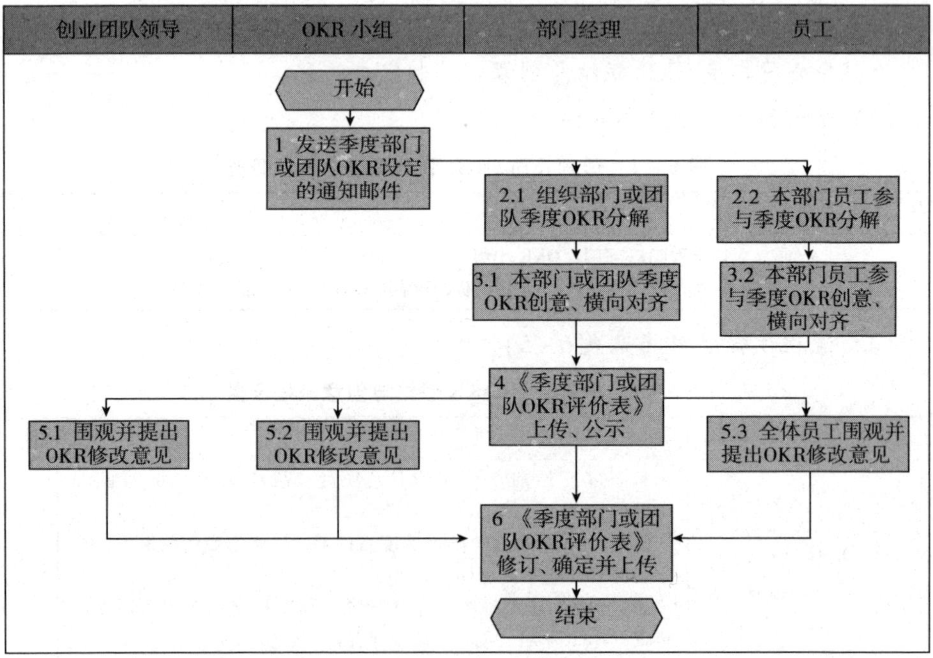

图 6－8　季度部门或团队 OKR 联结与创意流程

（2）流程目的。

为引导季度部门或团队 OKR 联结与创意，特制定本流程。

（3）流程概要（见表6－6）。

表6－6　季度部门或团队 OKR 联结与创意流程概要

流程级别	三级流程
主要涉及部门或岗位	流程归口部门：OKR 小组 涉及部门或岗位：创业团队领导者、OKR 小组、部门经理、员工

（4）流程步骤说明（见表6－7）。

表6－7　季度部门或团队 OKR 联结与创意流程步骤

步骤	说明	责任人
第一步：发送季度部门或团队 OKR 设定的通知邮件	·发布《季度公司 OKR 评价表（初稿）》的同时，发送季度部门或团队 OKR 设定的通知邮件（OKR 小组） ·发送《OKR 联结矩阵（意见稿）》（OKR 小组）	
第二步：组织部门或团队季度 OKR 联结	·参考《OKR 联结矩阵》进行部门或团队 OKR 联结（部门经理、员工） ·汇总《部门或团队 OKR 联结价值树（PPT）》（部门经理、员工）	
第三步：本部门或团队季度 OKR 创意、横向对齐	·部门或团队 OKR 穿越分析（部门经理、员工） ·部门或团队 OKR 协同分析（部门经理、员工） ·部门或团队 OKR 创意分析（部门经理、员工） ·形成《季度部门与团队 OKR 评价表》初稿（部门经理、员工）	
第四步：《季度部门或团队 OKR 评价表》上传、公示	《部门或团队 OKR 分解价值树（PPT）》《季度部门与团队 OKR 评价表》上传与公示（部门经理）	
第五步：围观并提出 OKR 修改意见	·围观并提出 OKR 修改意见（创业团队领导者） ·围观并提出 OKR 修改意见（OKR 小组） ·围观并提出 OKR 修改意见（其他部门员工）	
第六步：《季度部门或团队 OKR 评价表》修订、确定并上传	·根据围观意见修订《季度部门或团队 OKR 评价表》（部门经理） ·《季度部门或团队 OKR 评价表》上传发布（部门经理）	

4. 季度员工个人 OKR 联结与创意流程

(1) 流程图（见图 6-9）。

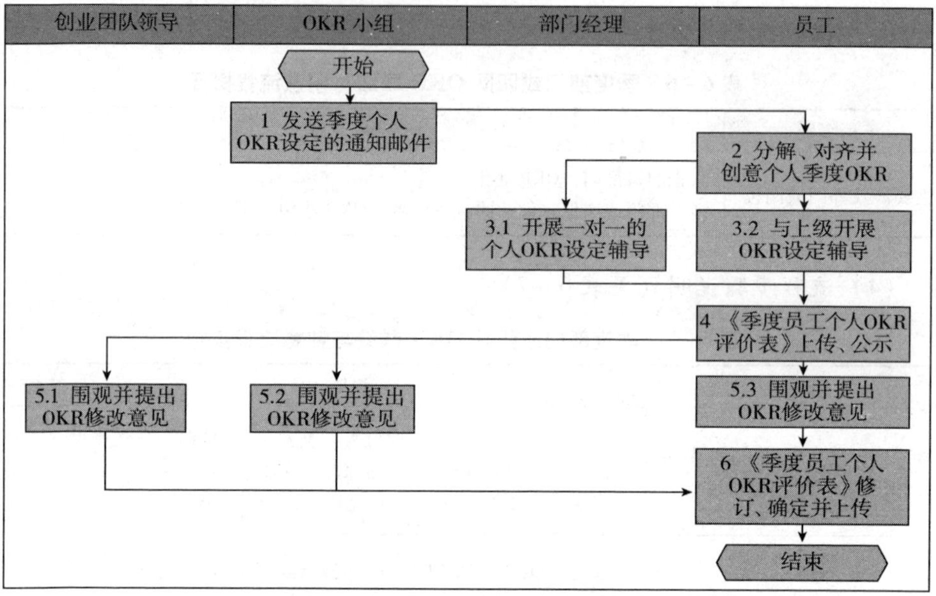

图 6-9　季度员工个人 OKR 联结与创意流程

(2) 流程目的。

为引导季度员工个人 OKR 联结与创意，特制定本流程。

(3) 流程概要（见表 6-8）。

表 6-8　季度员工个人 OKR 联结与创意流程概要

流程级别	三级流程
主要涉及部门或岗位	流程归口部门：OKR 小组 涉及部门或岗位：创业团队领导者、OKR 小组、部门经理、员工

(4) 流程步骤说明（见表 6-9）

表 6-9　季度员工个人 OKR 联结与创意流程步骤说明

步骤	说明	责任人
第一步：发送季度员工个人 OKR 设定的通知邮件	·《季度部门或团队 OKR 评价表》上传发布的同时，发送季度员工个人 OKR 设定的通知邮件（OKR 小组）	
第二步：分解、对齐并创意个人季度 OKR	·运用《OKR 联结矩阵》进行个人 OKR 联结（员工） ·汇总《部门或团队内部员工 OKR 联结价值树（PPT）》（部门经理、员工）	

续表

步骤	说明	责任人
第三步：开展一对一的个人 OKR 设定辅导	·开展一对一的个人 OKR 设定辅导（部门经理） ·与上级开展 OKR 设定辅导（员工）	
第四步：《季度员工个人 OKR 评价表》上传、公示	《季度员工个人 OKR 评价表》上传与公示（员工）	
第五步：围观并提出 OKR 修改意见	·围观并提出 OKR 修改意见（创业团队领导者） ·围观并提出 OKR 修改意见（OKR 小组） ·围观并提出 OKR 修改意见（其他部门员工）	
第六步：《季度员工个人 OKR 评价表》修订、确定并上传	·根据围观意见修订《季度员工个人 OKR 评价表》（员工） ·《季度员工个人 OKR 评价表》上传发布（员工）	

6.4 OKR 复盘会议、报告与跟踪手段

复盘方法来源于围棋——围棋比赛结束后选手会进行复盘，还原真实场景，以期能够找到提升空间，后在企业管理中被推广使用并产生重大影响。OKR 复盘的主要目的是回顾目标、评估结果、分析原因、总结经验。在实践中，OKR 复盘主要有复盘会议和 OKR 报告两大基本手段，按照时间周期一般又可以分为周、月、季、半年、年度五个周期的会议与报告，不同周期的会议与报告的主要目的有很大差异。

6.4.1 周复盘会议与报告

周复盘会议与报告频度一般为一周，建议安排在每周五或者周一。周例会分部门或团队开展，同时要分小团队进行，这样可以确保会议时间能够得到有效控制。周复盘会议的主要目的是通过频繁的周例会提高员工对 OKR 的重视程度，复盘、刷新 KR 以确保 OKR 挑战性，明确下周的行动计划。操作要点如下：

第一，召开 OKR 会议前要做好准备工作，要求团队中每位员工都要准备周 OKR 报告，确定周 OKR 报告的格式与内容要求及会议时间，周 OKR 会议一般控制在 2 小时左右。

第二，会议的组织者要营造良好的沟通氛围，让团队形成开放、坦率、有建设性的沟通文化，否则就会极大地削弱会议应有的效果。应注意，周例会不

是工作批评会，而是目标复盘会。

第三，组织会议中一定要将 OKR 周例会与日常周运营管理会议分开，因为两者之间的差异非常大。前者是为了通过复盘确保 OKR 挑战性以及迭代支持 KR 实现的周计划，而后者则侧重解决日常运营中的问题；如果将两者混在一起，非常有可能造成 OKR 复盘会议中倚重解决日常运营问题，忽略 OKR 复盘与周计划的迭代、刷新。

第四，周例会召开流程为：一般首先由团队的负责人进行其 OKR 周报告宣讲，随后由团队成员分别进行各自的 OKR 周报告宣讲（周例会之前要求充分准备 OKR 周报告原因）。一般而言，周例会要分小团队进行，这样可以保证在 2 小时内让每位成员都有展示自己 OKR 报告的机会。团队的负责人和团队成员 OKR 报告的主要内容一般应当包括上周 OKR 计划的进展情况、OKR 信心指数与 KR 值刷新建议、本周 OKR 计划、OKR 实现中困难与需要的支持等内容。团队负责人在会议中需积极鼓励团队中其他人提出 OKR 建设性意见，辅导员工擅长结合团队负责人的 OKR，明确各自 OKR 周计划中任务的优先级，给予员工支持与改进建议。

案例：佐佳咨询南京团队的 OKR 周报告

佐佳咨询自 2018 年开始导入 OKR，最早在南京团队中试点实施，2019 年在内部所有团队中全面推广。佐佳咨询认为，管理咨询公司是一家知识密集型的科技型企业，尽管公司战略方向稳定，但是要求咨询团队能够勇于试错；同时，咨询顾问是一个有追求、崇尚自我价值实现的群体，因此 OKR 十分适合管理咨询公司实施。佐佳咨询的 OKR 实施到团队/项目组层面，咨询顾问个人 OKR 全部纳入团队/项目组层面进行管理。

佐佳咨询 OKR 体系文件包括公司战略地图、公司年度 OKR 表、公司季度 OKR 表、团队季度 OKR 表（含项目组）、OKR 复盘制度/流程、周计划报告、月度刷新报告、季度评价报告、半年/年度复盘报告等内容。其中，周计划报告主要在团队层面实施，月度、季度、半年/年度报告则在公司与团队等层面实施。佐佳咨询认为，周计划报告要“轻便、敏捷”，应摒弃长篇大论的文字描述，因此周计划报告除封面外，要求不超过三页 PPT，主要结构内容包括：①上周 OKR 与 Action 复盘；②本周 OKR 与 Action 计划；③遇到的困难与需要协同的问题。其中第三项是非必选项，报告主要的内容举例如下。

（一）上周 OKR 与 Action 复盘

OKR 设定				本周重点工作			
序号	战略目标（O）	关键工作成果（KR）	信心指数	本周计划	仪表盘	进度复盘	组织者
1	O1：打造共同的事业平台	10 月 OKR 公开课招生 100 人	0.5	P1－1：与 7 大渠道沟通一次合作事宜			TONY
		11 月 OKR 公开课招生 100 人	0.5	P1－2：与所有的渠道沟通			JACK
		签订 2 个不低于 150 万元的管理咨询项目	0.5	—			JACK
2	O2：保持战略绩效专业领域领导地位	完成 3 本新专著的撰写	0.8	P1－3：完成 OKR 两个章节的撰写			JACK
				P1－4：完成公开课的录音			JOKE
		在 MM 商学院录制 3 个系列课程	0.5	P1－5：完成 MM 商学院 PPT 课件的制作并提交			TOM
		在主流媒体杂志上发表 2 篇专业文章	0.5	P1－6：联系 10 家人力资源类杂志社			TONY
		进驻 HH 大学商学院	0.3	P1－7：找到 HH 大学外聘讲师的联络人			TONY
		在 10 个专业微课平台上开设系列课程	0.5	P1－8：与 20 家微课平台初步建立联系			TONY
				P1－9：老的系列课程的清单整理出来			JOKE/CICI
				P1－10：新战略绩效管理系列课程的清单整理			TONY/CICI
3	O3：培育敏捷、专业的咨询团队	TONY 做 8 次 PPT 学习总结	0.5	P1－11：《企业管理学》阅读			TONY
		JOKE 做 6 次 PPT 学习总结	0.5	P1－12：《工业管理与一般管理》阅读			JOKE

状态指标				未来四周重点工作	
序号	指标名称	目标值/追踪分析	进度复盘	未来四周计划	组织者
1	季度项目准时回款率	100%/0%（JOKE）		在合肥注册办事处	EVA
2	周有效电话数量	4/3（JOKE）		协同××软件公司完成 OKR 系统软件升级	EVA

续表

序号	指标名称	目标值/追踪分析	进度复盘	未来四周计划	组织者
3	有效拜访数量	10/12（JOKE）			

（二）本周 OKR 与周 Action 计划

OKR 设定				本周重点工作			
序号	战略目标（O）	关键工作成果（KR）	信心指数	本周计划	仪表盘	进度复盘	组织者
1	O1：打造共同的事业平台	10 月 OKR 公开课招生 100 人	0.5	P1－1：完成 4 大渠道联招的合作协议签订			TONY
		11 月 OKR 公开课招生 100 人	0.5	P1－2：完成 4 大渠道联招的合作协议签订			JACK
		签订 2 个不低于 150 万元的管理咨询项目	0.5	P1－3：完成××项目与 YY 项目合同的签订			JACK
2	O2：保持战略绩效专业领域的领导地位	完成 4 本新专著的撰写	0.5	P1－4：完成 OKR 全书的撰写			JACK
				P1－5：完成战略绩效管理专著的第一章节撰写			JOKE
		在 MM 商学院录制 3 个系列课程	0.5	P1－6：完成 MM 商学院 PPT 课件的制作并提交			PETER
		在主流媒体杂志上发表 2 篇专业文章	0.5	P1－7：联系 10 家人力资源类杂志社			TONY
		进驻 HH 大学商学院	0.3	P1－8：找到 HH 大学外聘讲师的联络人			TONY
		完成 10 个专业微课平台上的系列课程	0.5	P1－9：与 20 家微课平台初步建立联系			TONY
				P1－10：老的系列课程的清单整理出来			JOKE/CIC
				P1－11：新战略绩效管理系列课程的清单整理			TONY/CICI
3	O3：培育敏捷、专业的咨询团队	新增 2 名高级咨询顾问入职	0.5	P1－12：主流 3 大网招渠道发布南京团队招聘信息			TONY/EVA
				P1－13：CMKT 发布南京 Team 招聘新闻			JOKE

续表

状态指标				未来四周重点工作	
序号	指标名称	目标值/追踪分析	进度复盘	未来四周计划	组织者
1	季度项目准时回款率	100%／@（JOKE）		在合肥注册办事处	EVA
2	周有效电话数量	4/@（JOKE）		协同××软件公司完成 OKR 系统软件升级	EVA
3	有效拜访数量	10/@（JOKE）			

（三）遇到的困难与需要协同的事项

上周遇到的困难	需要协同的事项
1. 公开课录音不清楚，无法提供语音翻译，需要完善现场录音设备 2. 与 MM 商学院联络后没有任何反馈，需要寻找项目组的外部资源帮助联络 3. 战略绩效微课主题与系列课纲尚未完成，影响本组的系列平台开发	1. 请后勤组完善现场录音设备，在 9 月底完成采购，彻底解决现场录音问题 2. 请深圳组寻找深圳当地资源联络 MM 商学院的师资部 3. 请合伙人组尽快完成战略绩效微课主题与系列课纲，录制介绍视频

6.4.2 月度审视会议与报告

OKR 审视会议与报告频度一般为月度，也有部分公司会选择在季中进行审视。如果以月度周期开展季度 OKR 的审视，建议在每个月结束后、次月前5个工作日开展。月度审视会同样要分部门或团队开展，同时要分小团队进行，这样可以确保会议时间能够得到有效控制。

OKR 月度审视会的主要目的是展示 OKR 月度实际进展数据，数据应能够支持尝试在月度进行 OKR 评分；根据信心指数等综合因素调整 KR 或 KR 值，以确保 OKR 的挑战性；分享 OKR 进展中的亮点，提出问题与困难以及需要协同的事项、未来的解决思路与策略等。需要指出的是，每个实施 OKR 的企业案例中的周复盘与月度审视的内容都有一定的差异性：有些公司周复盘中只监控信心指数变化，但是不刷新 KR 值，KR 调整或 KR 值刷新只允许在月度展开；有些公司周复盘中允许刷新 KR 值，但是 KR 项目的调整只能在月度审视时拿到详尽的数据并经过试评分后方可调整。总之，公司业务越不确定，OKR 调整的周期就会越短；反之，OKR 调整的周期就会延长。

OKR 月度审视会应当注意如下事项：

第一，OKR 月度审视会之前要做好准备工作，首先要求绩效部门与部门 OKR 协调员（或称为 OKR 大使）完成 OKR 数据收集。

第二，当各个团队拿到 OKR 数据以后，团队负责人应要求团队中每位员工都要准备月度 OKR 报告（如果 OKR 推到员工个人层面），确定月度 OKR 报告的格式与内容要求并确定会议时间，OKR 月审视会议时间一般控制在 3 ~ 6 小时。

第三，OKR 月度审视会的组织者同样要营造良好的沟通氛围，很多公司月度审视会上有很多休闲茶点，甚至在会议中不断播放轻音乐。如果会议氛围紧张，就会极大地削弱会议的预期效果。月度审视会的主角是员工本人，让员工主动、自主地去复盘月度 OKR 进展，检查信心指数，刷新 KR 与 KR 值，而不是让上级去检查、批评下属的 OKR，月度审视会不是工作批评会，而是目标审视与刷新会。

第四，OKR 月度审视会召开流程一般首先由团队负责人进行其 OKR 月报告宣讲，随后让团队成员分别进行 OKR 月报告宣讲。一般而言，月度审视会也要分小团队进行，这样可以保障在 3 ~6 小时让每位成员都有展示自己 OKR 月报告的机会。团队负责人和团队成员展示月度 OKR 报告的主要内容一般都应当包括以下内容：

本月 OKR 数据：OKR 信心指数变化、OKR 实际进展数据的评分情况、OKR 信息指数变化、月度审视 KR 的得分、KR 与 KR 值刷新建议、状态指标刷新情况等。

季度 OKR 刷新与调整：按照 0.5 信心指数调整的 KR 或者 KR 值、KR 刷新情况说明、刷新后 KR 的计分规则说明、状态指标调整情况。

遇到困难与需要协同的问题：为了完成并挑战季度 OKR，在本月度遇到了哪些困难，需要公司内部其他部门协同资源与事项等。

在 OKR 月度审视会上，团队负责人需要引导与会人员对自己或其他成员的 OKR 报告进行围观，提出修订意见。比如，提出重要 OKR（如进度缓慢的、承诺型 OKR 等），组织大家讨论；要明确工作优先级，调配资源以保证组织 OKR 实现；根据环境变化，如果需要调整 OKR 的，要刷新 OKR；确定未来的推进策略与计划。

案例：佐佳咨询南京团队的 OKR 月报告

佐佳咨询 OKR 月报告设计同样遵循了“轻便、敏捷”的特性要求，摒弃了长篇大论的文字描述，OKR 月报告主要结构与月审视会议宣讲一致，主要包括以下三项内容：

第一，本月 OKR 数据审视。

第二，季度 OKR 刷新与调整。

第三，遇到的困难与需要协同的问题。

报告主要内容举例如下。

（一）本月 OKR 数据审视

一、OKR 月度审视							
序号	战略目标（O）	关键工作成果（KR）	信心指数	实际进展数据	月度审视评价得分	KR 仪表盘	备注
1	O1：打造共同的事业平台	10 月 OKR 公开课招生 100 人（本月 80 人）	0.5	70 人	0.7 分		KR 值完成很好
		11 月 OKR 公开课招生 100 人（本月 15 人）	0.8	20 人	1.0 分		KR 值设定不具有挑战性
		签订 2 个不低于 150 万元的管理咨询项目	0.5	1 个			白灯没有数据
2	O2：保持战略绩效专业的领导地位	完成 3 本新专著的撰写	0.5				白灯没有数据
		在 MM 商学院录制 3 个系列课程（本月 0 个）	0.8	本月按计划完成了 1 个	1.0 分		KR 值设定不具有挑战性
		在主流媒体杂志上发表 2 篇专业文章（本月完成）	0.5	本月按计划完成了进度的 70%	0.7 分		KR 值完成很好
		进驻 HH 大学商学院（本月完成）	0.5	无进展，本月按计划完成了 3 个	0 分		行动思路与方向有偏差
		在 10 个专业微课平台上开系列课程（本月完成 2 个）	0.8		1.0 分		行动思路与方向有偏差
3	O3：培育敏捷、专业的咨询团队	新增 2 名高级咨询顾问入职	0.5		无数据		白灯没有数据

二、状态指标						
序号	指标名称	目标值/追踪分析	信心指数	月度审视评价得分	指标仪表盘	备注
1	季度项目准时回款率	100%/27%（JOKE）	0.5	0 分		3 个未及时结案 2 个需催款
2	周平均有效电话数量	4/3（JOKE）	0.5	0.6 分		
3	有效拜访数量	10/12（JOKE）	0.7	1.0 分		尝试挑战

（二）季度 OKR 刷新与调整

一、OKR 季度调整								
序号	战略目标（O）	关键工作成果（KR）	信心指数	刷新情况	计分规则	KR 得分	O 得分	备注
1	O1：打造共同的事业平台	10 月 OKR 公开课招生 100 人	0.5					
		11 月 OKR 公开课招生 150 人	0.5	提高 KR 值				
		签订 2 个不低于 150 万元的管理咨询项目	0.5					
2	O2：保持战略绩效专业领域的领导地位	完成 3 本新专著的撰写	0.5					
		在 MM 商学院录制 3 个系列课程	0.5	提高 KR 值				
		在主流媒体杂志上发表 2 篇专业文章	0.5					
		进驻 HH 大学商学院	0.5	制订新行动计划				
		在 20 个专业微课平台上开系列课程	0.5	提高 KR 值				
3	O3：培育敏捷、专业的咨询团队	新增 2 名高级咨询顾问入职	0.5					

二、状态指标							
序号	指标名称	目标值/追踪分析	信心指数	刷新情况	计分规则	季度评价得分	备注
1	季度项目准时回款率	100%	0.5				
2	周平均有效电话数量	4	0.5				
3	有效拜访数量	12	0.5	提高 KR 值			

（三）遇到的困难与需要协同的事项

上周遇到的困难	需要协同的事项
1. MM 商学院项目组的外部资源联络进展缓慢 2. 新增两名高级顾问资源，要扩大招聘渠道，加大对 CMKT 的宣传力度	1. 请深圳项目组寻找深圳当地资源联络 MM 集团高层介绍，联系 MM 商学院 2. 请合伙人项目组尽快完成战略绩效微课主题与系列课纲，录制介绍视频

6.4.3 季度评价会议与报告

OKR 季度评价会建议在每季度结束后、次月的前 5 个工作日开展（前提是 KR 数据能够及时收集上来），OKR 季度评价会也可以分小团队进行，这样可以确保会议时间能够得到有效控制。

OKR 季度评价会的主要目的是展示 OKR 季度评价结果以及下一季度 OKR 设定，提出问题与困难及需要协同的事项、未来的解决思路与策略等。需要指出的是，季度 OKR 评价后，在设定下一季度的 OKR 时要有“空杯心态”，不能将上一季度没有完成的 OKR 自然延续到下一季度，需要结合公司外部环境的变化，结合年初开发的公司战略地图来重新思考、设定本季度的 OKR。根据笔者的经验，在季度迭代 OKR 时，由于 O 代表了公司的战略方向，只要战略方向不是朝令夕改，O 就不会发生根本变化。尽管如此，度量 O 进展状态的 KR 应当有较大变化，这种变化一是体现在 KR 选项上，二是体现在结合信心指数对 KR 值的刷新上。

OKR 季度评价会应当注意如下事项：

第一，召开 OKR 季度评价会之前要做好准备工作，与月度审视会相同的是，绩效部门与部门 OKR 协调员（或称为 OKR 大使）需要完成季度 KR 数据收集。OKR 数据收集流程五大步骤如下：

第一步：数据处理部门（一般是绩效管理中心）填写 OKR 数据信息核对表单。

第二步：数据处理部门要求数据提供部门填写 OKR 数据收集表单。

第三步：数据填报部门根据 OKR 数据填报要求填写 OKR 数据收集表单。

第四步：数据处理部门进行数据审核，原因是海量数据一般采取数据抽检方式进行。

第五步：数据处理部门根据 OKR 数据信息收集要求，填写并发放 OKR 数据表单。

第二，当各个团队拿到 OKR 数据提供相关表单以后，团队负责人应要求准备季度 OKR 评价报告（如果 OKR 推到员工个人层面），因此绩效管理中心需要事先确定季度 OKR 评价报告的格式与内容要求并确定会议时间，OKR 季度评价会议的时间一般控制在6小时左右。

第三，OKR季度评价会的组织者同样要营造良好的沟通氛围，季度评价会除了和月度审视会一样准备很多休闲茶点并可在会议中不断播放轻音乐外，还可以准备一些啤酒、红酒或香槟酒，在OKR评价结束后以示庆祝。同样，OKR季度评价会的主角是员工本人，应当让员工主动、自主地去对季度OKR完成情况进行打分，总结经验与不足并主动挑战下一季度的OKR。

第四，OKR季度评价会召开流程一般首先由团队负责人进行其季度OKR评价报告宣讲，随后让团队成员分别进行OKR季度评价报告宣讲。一般而言，季度OKR评价会也要分团队进行，这样可以保障在6小时之内让每位成员都有展示自己OKR报告的机会。无论团队负责人还是团队成员，展示OKR报告时一般都应包括以下主要内容：

本季度OKR评价情况：本季度KR得分情况、KR数据仪表盘、O得分情况、O仪表盘等，有些公司还加入了针对KR的上级评价、OKR评价备注等，如果有状态指标，则有对状态指标进行评价等内容。

下一季度OKR设定与挑战：下一季度核心目标O、度量O进展的KR、KR信心指数、计分规则、权重等。

遇到的困难与需要协同的问题：为了完成并挑战下一季度OKR，现在看来可能会遇到哪些困难，需要公司内部哪些部门协同资源与事项等。

在OKR的实践案例中，有些企业在公司与部门层面还要求加上季度外部环境扫描分析的内容，对于该部分内容我们在半年/年度OKR回顾会议中再进行介绍。

在OKR季度评价会上，团队负责人需要引导与会人员对自己或其他成员的OKR报告进行围观，提出针对评价及其下一季度OKR设定的修订意见。会后需要将季度OKR评价报告进行二次修订与公示，以确保OKR透明甚至集思广益，收集员工邮件意见。

案例：ABC智能科技《季度OKR评价表》

见表6－10。

表6－10　ABC智能科技《2019年第二季度公司级OKR评价表》

序号	属性	本季度O	KR	权重	计分规则	KR自评	自评说明	O得分	围观留言
1	承诺型OKR	O1：拓展无人机应用领域	本季度A－001应用领域产品样机测试通过，各项技术指标达标率为100%	0.30	挑战值（10分）：全部达到100%的达标率，完全通过 目标值（6~7分）：5大主要技术指标达到100%，基本通过 淘汰值（0分）：5大主要技术指标未达到100%，未通过	6分	5大主要技术指标达到100%，样机测试通过	7.4 合格	
			B－016产品在全国目标应用客户的签约完成数达到3个	0.35	挑战值（10分）：3个目标客户全部签约 目标值（6~7分）：2个目标客户签约 淘汰值（0分）：1个及以下目标客户签约	6分	2个客户签约		
			B－016产品在JP市场占有率保持在20%以上	0.35	挑战值（10分）：20%及以上市场占有率 目标值（6~7分）：18%~20%市场占有率 淘汰值（0分）：18%以下的市场占有率	10分	20%及以上的市场占有率		
		O2：推进会员制快速发展	本季度会员总量增长率达到30%以上	0.50	挑战值（10分）：30%及以上总量增长率 目标值（6~7分）：27%~30%总量增长率 淘汰值（0分）：27%以下总量增长率	0分	24%的总量增长率	5 不合格	
			本季度A级会员转化率达到50%	0.50	挑战值（10分）：50%及以上转化率 目标值（6~7分）：45%~50%转化率 淘汰值（0分）：45%以下转化率	10分	53%的转化率		

续表

序号	属性	本季度（O）	KR	权重	计分规则	KR自评	自评说明	O得分	围观留言
2	愿景型OKR	O3：开拓国际市场业务	本季度主要机型在北美市场销量增长15%	0.20	挑战值（6~7分）：达到13%~15%的增长率 目标值（4~6分）：达到11%~13%的增长率 淘汰值（7~10分、0~4分）：超出15%或者低于11%的增长率	2	超出15%增长率，KR设定不具有挑战性	4.9 合格	
			B-016产品在YL、YLK、XLY三国10个目标客户的签约完成率达到100%	0.50	挑战值（6~7分）：达到63%~70%的签约率 目标值（4~6分）：达到57%~63%的签约率 淘汰值（7~10分、0~4分）：超出70%或者低于57%的签约率	6	达到63%~70%的签约率		
			100%完成非洲JP市场目标合同签订	0.30	挑战值（6~7分）：达到63%~70%的签约率 目标值（4~6分）：达到57%~63%的签约率 淘汰值（7~10分、0~4分）：超出70%或者低于57%的签约率	5	达到57%~63%的签约率		
		O4：研发让客户尖叫的产品	第二季度完成核心AI组建技术储备工作的89%	0.50	挑战值（6~7分）：达到80%~89%的储备率 目标值（4~6分）：达到72%~80%的储备率 淘汰值（7~10分、0~4分）：超出89%或者低于72%的储备	5	75%的储备率	5 合格	
			100%完成F-032电池替代计划本季度节点任务	0.50	挑战值（6~7分）：完成节点规定全部任务工作 目标值（4~6分）：完成节点规定主要任务工作 淘汰值（7~10分、0~4分）：超出节点进度或者未完成节点任务	5	完成节点规定主要任务工作		

6.4.4 半年/年度 OKR 回顾会议与报告

半年/年度 OKR 回顾会议一般由公司领导团队、部门负责人、员工代表共同参加。如果是创业型的互联网公司，则可以请全体员工参加，该会议主要对半年或全年的外部环境与 OKR 完成情况进行全面回顾，以寻找下半年或下一年度 OKR 经营改进的对策。一些规模比较大的公司在资源配置允许的前提下，召开季度 OKR 评价会时也可以对公司 OKR 进行一次全面回顾。半年与年度 OKR 回顾会议的效果往往和组织情况有直接关联，时间一般控制在 1～2 个工作日，所以如何组织一场高效的 OKR 回顾会议显得非常重要，建议半年/年度 OKR 回顾会议遵循以下五个步骤进行操作：

第一步：半年/年度 OKR 回顾会议准备。

绩效管理部门在进行会议准备时需要注意两个方面的重点工作：一是《OKR 回顾会的会议议程》安排，包括会议的每个程序都要求在议程中体现；二是通知相关单位准备会议资料，如绩效管理部事先准备公司半年/年度《OKR 报告》，要求各部门负责人准备部门半年度/年度的《OKR 报告》，等等。

第二步：公司领导宣讲公司半年/年度《OKR 报告》。

会议开始后，一般由公司领导宣讲公司半年/年度的《OKR 报告》，通报公司 OKR 执行实施情况，宣讲内容与公司半年/年度《OKR 报告》结构内容一致，主要包括公司外部环境扫描分析、公司半年/年度 OKR 回顾分析、下半年/年度公司总体工作改进建议三个部分。

第三步：部门负责人宣讲部门半年/年度《OKR 报告》。

由部门负责人宣讲部门半年/年度《OKR 报告》，通报部门 OKR 执行实施情况，宣讲内容一般与部门半年/年度《OKR 报告》结构内容一致，主要包括部门外部环境扫描分析、部门半年/年度 OKR 回顾分析、下半年/年度部门工作改进建议三个部分。

第四步：《OKR 报告》围观、质询与建议。

每次公司与部门负责人完成《OKR 报告》宣讲后，都可以由其他部门、员工代表进行 OKR 的围观与质询。围观、质询的内容主要包括 OKR 差异现状、差异性质、差异原因、补救措施、评价建议等，会议中可以按照上述思路不断地提问。例如，“是否能让OKR更加具有挑战性?”“是否将愿景型OKR当成承诺型OKR?”“是否将承诺型OKR当成愿景型OKR?”

第五步：汇总OKR回顾会的会议纪要。

OKR回顾会议要随时进行会议记录，因为无论是出于经营管理信息参考的需要，还是后期专题改进的需要，OKR刷新、重点专题结论、下一步行动计划都应当记录在册，并在会议结束时及时整理、归档。特别需要强调的是，有一些专题在会后进行专题立项讨论，例如，M新产品的研发挑战与突破一直没有令人满意的成效，在OKR回顾会议上也没有特别多的时间进行对策的专题讨论，因此下一步行动计划中有可能包含很多专题讨论会，这些都依赖会议纪要帮助我们备忘。

6.5 OKR一对一对话与反馈

OKR一对一对话与反馈也是OKR运行刷新与复盘的重要手段之一，一般由直属上级与下级之间一对一地开展对话与反馈工作。其目的主要是“回顾过去，展望未来”，良好的OKR对话可以帮助下属员工了解自己过去一个季度中在工作上的得与失，作为下一季度OKR做得更好或提升的依据；同时，OKR对话还为上级与下级员工之间提供一个良好的沟通机会。

6.5.1 OKR一对一对话与反馈主要内容

（1）沟通OKR评价结果，完成评价校准。

OKR一对一对话与反馈的目的之一是进行上一季度OKR评价结果的校准，直属上级与下级之间对不同OKR的评价标准、数据收集进行核对，对计分规则进行探讨。应当注意的是，OKR是员工目标自我挑战的工具，因此OKR的评分应当以员工个人意见为主，同事围观与上级对话为辅。

（2）肯定并赞扬员工在上一周期挑战OKR的成就。

OKR一对一对话与反馈的目的还包括肯定员工挑战OKR所取得的成就。根据马斯洛需求层次理论，员工有受到尊重、自我价值实现的需要。在OKR场景下，员工在挑战 OKR 获得成功的时候，需要得到上级以及其他同事的承认或肯定。因此，OKR 一对一对话与反馈的一个重要目的就是使员工认识到他获得的 OKR 成就并获得赞扬，从而对员工起到积极的激励作用。

（3）指出员工在 OKR 实现行动中有待改进的问题。

由于员工在 OKR 挑战的实现过程中可能存在一些不足之处，或者员工当前的 OKR 虽然基本达到了黄灯（一般）状态，但在下一季度的 OKR 挑战中想要做得更好就仍然有需要改进的问题，这些都是在 OKR 一对一对话与反馈过程中需要与员工共同分析的。通常来说，对员工有益的不仅仅是肯定和赞扬，指出其有待改进的问题也至关重要。

（4）实现 OKR 设定认同，促进 OKR 上下左右协同。

OKR 是一个年、季、月、周不断反复循环的管理过程。一般来说，季度 OKR 评价周期结束并完成 OKR 迭代再开发后，下一个 OKR 评价周期又会开始。OKR 一对一对话与反馈首要目的是直属上级与下级之间要达成 OKR 共识，实现上下左右的 OKR 协同。

（5）制订支持 KR 挑战实现的 Action。

对话双方对下一季度 OKR 计划达成一致意见之后，员工和管理人员可以在对话的过程中一同制定针对下一季 OKR 挑战的 Action。通过对 Action 的讨论，双方可以充分地沟通挑战 OKR 的方法和具体的计划。员工可以提出自己的绩效改进计划，并且向经理人员提出自己需要其提供哪些支持，以及如何让经理人员得到自己的绩效改进信息；经理人员则对员工如何改进绩效提供自己的建议。

6.5.2 OKR 一对一对话与反馈操作流程

OKR 一对一对话与反馈在实际操作中可以按照设定的流程来完成，包括准备、暖场、沟通、优缺点、看法、探讨、拟定、总结八个操作步骤，简称 OKR 一对一对话与反馈八步法（见表 6－11）。

表 6-11　OKR 一对一对话与反馈八步法

操作步骤	内容	主角
1	OKR 辅导准备	共同
2	OKR 对话暖场	上级
3	沟通本期 OKR 结果	上级
4	指出优点与不足	上级
5	鼓励下属发表看法	共同
6	共同探讨并提出期望	共同
7	拟订下期 OKR 与 Action	共同
8	总结对话结果并归档	上级

（1）OKR 辅导准备。

OKR 对话准备主要有三项：一是 OKR 一对一对话与反馈的通知准备，要提前 5 个工作日通知下属，以求双方都能提前做好准备；二是 OKR 一对一对话与反馈的资料准备，主要包括上级与下属的本期《季度 OKR 评价报告》《月度 OKR 审视报告》《周 Action 复盘报告》，双方最好各自对下期的 OKR 与 Action 拟订一个初稿，这样便于在 OKR 对话时有相应的依据；三是 OKR 一对一对话与反馈的地点准备，预约好 OKR 一对一对话与反馈的沟通地点，尽量选择相对安静，不会被打扰的封闭环境，如公司会议室或咖啡厅等。

（2）OKR 对话暖场。

完成第一步工作的 5 个工作日后，进入 OKR 一对一对话与反馈的阶段。首先上级要进行对话前的暖场活动，暖场的主要目的是营造良好的沟通氛围。OKR 的语境是自驱动的，因此上级开展 OKR 一对一对话与反馈时不应当有批评或检查的心态，而是要以帮助下属员工挑战 OKR 的心态去开展对话。因此，OKR 对话与反馈沟通氛围的宽松程度比传统 KPI 绩效面谈的要求高得多。一般来说，OKR 一对一对话与反馈暖场有四个注意事项，即称呼拉近距离、座位安排拉近距离、关怀动作拉近距离、融洽的题外话暖场。

（3）沟通本期 OKR 结果。

上级要展示本期 OKR 挑战的结果——《季度 OKR 评价报告》，内容既包括下属员工本人的，也应当包括上级主管本人的。通过关联性展示，要让下属员工看到 OKR 强调的是上下左右协同一致。例如，员工本人的承诺型 OKR 没有挑战成功，同样有可能关联到上级主管、同事的《季度 OKR 评价报告》的相关 OKR 实现。如果两份报告中同一个 OKR 评价出不同的结果（因为 OKR 强调自评、自驱），就要分析差异原因并达成共识。

（4）指出优点与不足。

在本环节中，上级主管要指出下属员工本期 OKR 挑战的成功之处，在下属所取得的 OKR 与 Action 成就上给予必要的肯定与赞扬。根据心理学研究，肯定与赞扬会让沟通的对方更容易接受、认可自己的意见。在寻找本期 OKR 实现过程中，要和下属员工共同检查《月度 OKR 审视报告》《周 Action复盘报告》，以求找到本期 OKR 实现不足的动因。在指出不足时，上级主管要擅长运用“肯定 + 指出问题”的句型与下属员工沟通，这样同样也是为了便于下属员工更容易接受上级主管的意见。典型的“肯定 + 指出问题”句型有“我知道你为此付出了很多（肯定），但是仍旧有三点需要改进（指出问题）”“这个承诺型 OKR 值完成得很好，但是能否再挑战一点点呢?”

（5）鼓励下属发表看法。

完成了本期 OKR 的回顾与复盘的沟通后，就可以鼓励下属发表自己对下期 OKR 展望的看法。鼓励下属发表对下期 OKR 展望的看法时，可以直接让下属展示自己的 OKR 初稿；上级主管要引导员工并与其共同核对双方下期 OKR 的匹配性。在引发下属挑战性思考时，上级主管还可以通过提问去引导。上级主管提问的方式有三种可以参考：

第一种是开放式提问，即对该提问的限定较少并可以充分任其发挥，但是如果下属员工思维属于发散型，可能效果不佳，例如，“你认为本期 OKR 没有挑战成功的原因是什么呢?”“我想听一下你的意见?”

第二种是封闭式提问，只允许回答“是”或者“不是”，“肯定”或“否定”，例如，“你认为这样对还是不对?”“你认为这个月我的 OKR 受影响，有你的原因吗?”封闭式提问能够确认下属员工对某一事件的态度和看法，明确的提问必然需要明确的回答。

第三种是限定式提问，即限定问题、限定条件、限定答案、限定时间、限定地点等，以防止员工思维发散。这在 OKR 对话中比较常用。优缺点与封闭式提问相同，与封闭式提问的区别在于它不是要求回答者作“肯定”或“否定”回答。

（6）共同探讨并提出期望。

在对下期 OKR 共同探讨的过程中，上级主管仍旧要运用“肯定 + 指出问题”的句型，同时还应当有技巧地回答下属提出的问题。在 OKR 对话中，回答问题的技巧有以下三个：

第一个技巧是直接式回答，也就是直言不讳。例如，下属问上司：“我不知道这样做得对不对？”上司可以很明确地告诉下属不赞成或赞成这样做。

第二个技巧是反问式回答。当你对问题本身还没有结论或者不愿意回答时，将问题反弹回去是最好的方法。反问式回答可以让自己有一个充分的思考空间，虽然看似简单，但很实用。

第三个技巧是报告式回答。有很多问题的范围很大，回答一两句解决不了问题，有的需要很多语言来表达，有的甚至需要长篇大论。例如，“解释一下你对这个产品的销售策略。”“能不能讲讲你针对这个 KR 的具体计划？”

（7）拟订下期 OKR 与 Action。

如前所述，双方在 OKR 对话之前就应当各自准备好下期 OKR 与 Action 的初稿，经过上级主管与下属员工的沟通后，双方可以共同初步修订下属员工下一季度的 OKR。这里需要强调的是，OKR 是员工目标自我管理的工具，上级主管在共同修订下属员工下一季度的 OKR 时，要充分尊重下属员工的意见，达成共识，要有开放、包容的心态，在 OKR 设定上求大同、存小异，即使本次没有达成共识，也可以将差异留给下次的沟通来解决；除了 OKR 以外，上级主管还要为了支持 KR 实现来与员工探讨 Action。当然，在 OKR 体系中，Action 是可选项，而不是必需项，这些 Action 中除了必要的工作计划，还可以包括员工个人能力提升的 Action。

（8）总结对话结果并归档。

本环节的工作可以在 OKR 一对一对话与反馈的现场活动结束后进行。在面谈结束后，上级主管应当总结对话的结果，填写《OKR 一对一对话与反馈表》，

表6－12为ABC智能科技《年度/季度OKR对话记录表》示例。

表6－12 ABC智能科技《年度/季度OKR对话记录表》

上级主管姓名		部门职位	
下级员工姓名		部门职位	

一、OKR对话主题

二、OKR对话记录

1. 上期OKR挑战成功之处

2. 上期OKR挑战不足之处

3. 上期OKR挑战不足改进

4. 下期OKR与Action设定

5. 下期OKR与Action需要的支持

三、备注

6.6 OKR制度

案例：ABC智能科技OKR目标与关键成果法制度

ABC智能科技OKR制度是该公司OKR设定、运行、复盘与评价的管理文件，主要包含OKR导论、OKR组织机构与职责、OKR操作流程与方法、OKR结果运用、附则等。主要结构内容如下：

ABC智能科技OKR目标与关键成果法制度

第1章 OKR导论

1 目的

为应对VUCA外部环境、激发员工创造力、规范公司OKR管理，把公司打造为进化型的“自组织”，特订立本制度。

2 适用范围

本制度适用于ABC智能科技发展有限公司职能部门、第二事业群的OKR管理。

3 术语

3.1 OKR：OKR 全称是 Objectives and Key Results，即目标与关键成果法，OKR 是一套定义和跟踪重点目标及其完成情况的管理工具和方法。

3.2 Objectives 是目标，Key Results 是关键成果，KRs 是产出导向，而不是做事导向（所谓产出导向就是关注做事情的成果，而不是仅仅关注事情做了没有）。

3.3 OKR 要求公司、部门、模块和员工不但要设置目标，而且要明确完成目标的具体行动。

第 2 章 OKR 组织机构与职责

4 组织机构与职责

4.1 OKR 委员会。

4.1.1 确定 OKR 总体方案与制度。

4.1.2 审议公司战略地图。

4.1.3 确定公司年度与季度 OKR。

4.1.4 指导公司季度 OKR 联结。

4.1.5 辅导部门自下而上创意 OKR。

4.2 绩效管理部。

4.2.1 提议 OKR 总体方案与制度草案。

4.2.2 组织（或配合组织）公司战略地图研讨。

4.2.3 组织（或配合组织）公司年度与季度 OKR 研讨。

4.2.4 为季度 OKR 分解与创意提供技术支持。

4.2.5 辅导部门自下而上确定 OKR。

4.3 各部门。

4.3.1 组织本部门 OKR 指标收集，并组织在本部门实施。

4.3.2 本部门 OKR 指标过程的跟进及指标，以及组织 OKR 评分。

4.3.3 本部门 OKR 一对一对话与反馈，指导员工绩效改进。

4.3.4 召开部门 OKR 周例会、月度审视会、季复盘会、半年评估会、年度评估会。

第 3 章　OKR 操作流程与方法

5　操作方法

5.1　OKR 制定

5.1.1　年度公司 OKR 设定。

每年 12 月中旬，由创业公司领导提出年度战略地图与 OKR 表修订要求；绩效管理中心执行内外部战略环境扫描、SWOT 分析，编写《年度战略环境分析报告》与《战略地图（年度修订版）初稿》；创业团队领导者主导战略地图研讨会，首先提出七大问题，主导战略地图研讨，绩效管理中心配合、各部门经理及员工代表参加；同时绩效管理中心准备组织年度 OKR 表研讨会；在研讨会结束后组织围观、修订并最后发布《战略地图（年度版）》《年度公司 OKR 表》。

年度公司 OKR 设定详见《年度公司 OKR 设定流程》（附流程图、流程说明）。

5.1.2　季度公司 OKR 设定。

公司绩效管理中心每季度按照"4×4 原则"筛选季度目标 O，如需修订《战略地图（年度版）》，则需要报创业团队领导者审批；随后提议价值树分析初稿，组织刷新每季度 KR 并准备季度 OKR 表研讨会；创业团队领导者主导每季度 KR 刷新研讨，绩效管理中心配合，各部门经理与员工代表参加；绩效管理中心根据研讨结果修订《季度公司 OKR 评价表》并组织围观、确定、发布。

季度公司 OKR 设定详见《季度公司 OKR 设定流程》（附流程图、流程说明）。

5.1.3　季度部门或团队 OKR 分解与创意。

绩效管理中心在发布《季度公司 OKR 评价表（初稿）》时，发送季度部门或团队 OKR 设定的通知邮件；各部门经理运用《OKR 联结矩阵》进行部门或团队 OKR 联结并汇总《部门或团队 OKR 联结价值树（PPT）》；部门经理组织本部门或团队季度 OKR 创意、横向对齐，《季度部门或团队 OKR 评价表》上传、公示；创业团队领导者、绩效管理中心、其他部门员工围观并提出 OKR 修改意见；各部门根据围观意见修订《季度部门或团队 OKR 评价表》完成上传与正式发布。

季度部门或团队 OKR 设定详见《季度部门或团队 OKR 设定流程》（附流程图、流程说明）。

5.1.4　季度员工个人 OKR 联结与创意。

绩效管理中心在进行《季度部门或团队 OKR 评价表》上传发布的同时，发送季度员工个人 OKR 设定的通知邮件；员工联结、对齐并创意个人季度 OKR 并由部门经理开展一对一的 OKR 设定的对话辅导；员工《季度员工个人 OKR 评价表》上传、公示；创业团队领导者、绩效管理中心、其他部门员工围观并提出 OKR 修改意见；员工根据围观意见修订《季度员工个人 OKR 评价表》并上传发布。

季度员工个人 OKR 设定详见《季度员工个人 OKR 设定流程》（附流程图、流程说明）。

5.1.5　季度 OKR 透明与公开。

公司、各部门及员工个人的 OKR 通过邮件进行部门内部及绩效管理中心公开；绩效管理中心根据部门 OKR 的横向协同要求，选择部门与部门 OKR 的定向公开；协同部门可以申请绩效管理中心进行 OKR 公开。

5.1.6　公司、部门或团队、员工个人 OKR 设定基本要求。

A：O 值设定必须具有一定挑战性、方向性，每个周期设定 4 个以内。

B：每个 O 的 KR 不超过 4 个，指向实现目标，以产出或成果为基础，可衡量，且不是常规的（要求创新、挑战）。

C：关键度量项（状态指标）是影响公司战略的、长周期的指标。

D：OKR 表每周要进行刷新，回顾并制订下周的 Action 计划，Action 计划必须指向 KR。

E：未来 4 周 Action 计划是为了其他协同部门提前看到，为协同做准备而编制的。

5.2　OKR 调整。

5.2.1　在 VUCA 外部环境下，公司战略地图与年度目标 O 可以调整，但需要经过创业团队领导者批准后方可调整：

A：公司战略发生重大调整。

B：公司架构发生重大变革。

C：市场情况发生重大变化。

D：其他公司管理层认可的情况。

5.2.2 各部门与团队、员工个人的季度 OKR，一般在周计划中不轻易调整，可在月度审视中进行必要刷新，但刷新需要与上级沟通确定并公示、围观后方可刷新。

5.2.3 OKR 调整需要由业务部门向绩效管理中心发起备案，向协同部门定向公开并可查询。

5.3 OKR 复盘会议、报告与跟踪。

5.3.1 按照"周、月、季、半年、年度"的周期原则，OKR 复盘手段主要有复盘会议、OKR 报告两大基本手段，对公司、各部门或团队、员工个人目标的完成情况进行定期回顾。

5.3.1.1 每周要刷新 KR 信心指数，回顾并制订下周的工作计划，各级 OKR 周计划刷新应当注意周工作计划是指向 KR。

周例会应当首先注意 OKR 会议之前要做好准备工作；组织者要营造会议的良好沟通氛围，让团队的每一位成员形成开放、坦率、有建设性的沟通文化；将 OKR 周例会与日常周运营管理会议分开；周例会召开流程首先由团队的负责人进行自己的 OKR 周报告宣讲，随后让团队成员分别进行 OKR 周报告宣讲（周例会之前要求充分准备 OKR 周报告原因）。周例会时间控制在 2 小时。

5.3.1.2 各部门每月需对 OKR 执行情况进行审视，且每月至少审视一次；可通过模块会议、月度会议等形式，总结当月各岗位、模块 OKR 的执行情况。

OKR 月审视会要注意做好准备工作，首先要求绩效管理中心与部门 OKR 协调员完成 OKR 数据收集；部门经理组织团队中每一位员工准备月 OKR 报告，OKR 月审视会议一般控制在 6 小时以内；OKR 月审视会的组织者同样要营造良好的沟通氛围，月审视会的主角是员工本人，让员工主动、自主地去复盘月度 OKR 进展，检查信心指数，刷新 KR 与 KR 值；OKR 月审视会召开流程一般首先由部门经理进行自己的 OKR 月报告宣讲，随后让团队成员分别进行 OKR 月报告宣讲。

部门经理和员工个人展示与 OKR 报告的主要内容一般都应当包括：本月 OKR 数据：OKR 实际进展数据的评分情况、月度审视 KR 的得分、KR 与 KR 值刷新建议、状态指标刷新情况等；季度 OKR 刷新与调整：按照 0.5 信心指数调整的 KR 或者 KR 值、KR 刷新情况说明、刷新后 KR 的计分规则说明、状态指标调整情况；遇到的困难与需要协同的问题：为了完成并挑战季度 OKR，在本月度来看遇到了哪些困难，需要公司内部其他部门协同资源与事项等。

5.3.1.3　各部门每个季度需对 OKR 完成情况进行评估，且每个季度至少一次。评估当季度各 OKR 完成情况，明确当季度各 KR 得分与 O 的得分。

（1）OKR 季度评价会之前要做好准备工作，完成季度 KR 数据收集。OKR 数据收集流程五大步骤如下：

第一步：数据处理部门（一般是绩效管理中心）填写《OKR 数据信息核对表》。

第二步：数据处理部门根据《指标数据信息核对表》，要求数据提供部门填写《OKR 数据收集表》。

第三步：数据填报部门根据 OKR 数据填报要求填写《OKR 数据收集表》。

第四步：数据处理部门进行数据审核，海量数据一般采取数据抽检方式进行。

第五步：数据处理部门根据《OKR 数据信息收集表》，填写并发放《OKR 数据提供表》。

（2）各部门应要求准备季度 OKR 评价报告并准备参加 OKR 季度评价会，OKR 季度评价会议一般控制在 6 小时左右。

（3）OKR 季度评价会的组织者同样要营造良好的沟通氛围，OKR 季度评价会的主角是员工本人，应当让员工主动、自主地对季度 OKR 完成情况进行打分，总结经验与不足并主动挑战下一季度的 OKR。

（4）OKR 季度评价会召开流程：一般首先由部门经理进行自己的 OKR 季度评价报告宣讲，随后让团队成员分别进行 OKR 季度评价报告宣讲。季度 OKR

评价会要分团队进行，无论部门还是员工个人展示与OKR报告的主要内容一般都应当包括：

本季度OKR评价与外部环境季度扫描：本季度KR得分情况、KR数据仪表盘、O得分情况、O仪表盘等，有些公司还加入了针对KR上级评价、OKR评价备注、状态指标评价、外部环境季度扫描等内容。

下一季度OKR设定与挑战：下一季度核心目标O、度量O进展的KR、KR信心指数、计分规则、权重等。

遇到的困难与需要协同的问题：为了完成并挑战下一季度OKR，从现在来看可能会遇到哪些困难，需要公司内部哪些部门协同资源与事项等。

（5）OKR季度评价会上，部门经理需要引导与会人员对自己或其他成员的OKR报告进行围观，提出针对评价及其下一季度OKR设定的修订意见。会后需要将季度OKR评价报告进行二次修订与公示，以确保OKR透明甚至集思广益收集员工邮件意见。

（6）在季度总结与回顾的过程中，对已经完成的各级OKR进行关闭，并及时制订下一季度OKR，没有特别理由，OKR不允许延续到下一季度。

5.3.1.4　半年/年度OKR回顾会议是由创业团队领导者、部门经理、员工代表参加，本会议主要对半年或全年的外部环境与OKR完成情况进行全面回顾，以寻找下半年或者下一年度OKR经营改进的对策。半年或年度OKR回顾会议遵循五个步骤进行操作：

第一步：半年/年度OKR回顾会议准备。

绩效管理部门在进行会议准备时需要注意两个方面：一是《OKR回顾会的会议议程》安排，包括会议的每个程序要求都应当在议程中体现；二是通知相关单位准备会议资料，包括但不局限于公司、部门半年或年度的《OKR报告》。

第二步：宣讲公司半年或年度《OKR报告》。

会议开始后创业团队领导者宣讲公司半年度或年度的《OKR报告》，通报公司OKR执行情况，宣讲内容与公司半年度或年度的《OKR报告》结构内容一致，主要包括公司外部环境扫描分析、公司半年/年度OKR回顾分析、下半年/年度公司总体工作改进建议三个部分。

第三步：部门经理宣讲部门半年或年度《OKR 报告》。

由部门经理宣讲部门半年或年度的《OKR 报告》，通报部门 OKR 执行实施情况，宣讲内容一般与部门半年或年度的《OKR 报告》结构内容一致，主要包括部门外部环境扫描分析、部门半年/年度 OKR 回顾分析、下半年/年度部门工作改进建议三个部分。

第四步：《OKR 报告》围观、质询与建议。

完成《OKR 报告》宣讲后，由其他部门、员工代表进行 OKR 的围观与质询。围观、质询的内容主要包括 OKR 差异现状、差异性质、差异原因、补救措施、评价建议等内容。

第五步：汇总 OKR 回顾会的会议纪要。

OKR 回顾会议要随时进行会议记录，OKR 刷新、重点专题结论、下一步行动计划都应当记录在册并在会议结束时及时整理、归档。

5.3.2　对于公司、部门或团队、员工个人 OKR 的总结及回顾需要形成文件记录，通过邮件或 EHR 等在各部门内部及绩效管理中心进行公布。

5.3.3　根据各级 OKR 的完成情况以及不足，上级要对下级进行及时跟进与辅导，提升其工作技能。

5.4　OKR 得分核算。

5.4.1　OKR 实施周期结束后次月，绩效管理中心应当邮件通知公司、部门或团队、员工个人等各级 OKR 评价工作的启动。

5.4.2　OKR 评价的主角是员工本人，上级主管应当采取一对一对话等方式进行 OKR 自评的辅导，原则上是 OKR 实施者本人进行自评，上级主管辅导确认、其他部门员工围观。

5.4.3　OKR 评价后要引导员工主动分析 OKR 进行个人绩效改进，挑战下一期 OKR 与 Action，将 OKR 真正作为实现员工自我驱动、自我挑战、自我管理的工具。

5.4.4　半年与年度同行评价（Peer Review）与 OKR 分离，首先上级评估后，指定 7 个平级流程相关员工评估、自评后，公司召开分级绩效校准会议，半年与年度评估结构与薪酬等汇报挂钩，内容详见《半年与年度评估同行评估制度》。

5.5　半年与年度同行评价。

5.5.1　半年与年度同行评价由两部分构成，一部分为半年与年度评估的评分，另一部分为员工价值观评分（对公司企业文化的认可等），按照7:3核算最终得分。

5.5.2　员工价值观评分：直接上级、间接上级对员工进行终评，按4:6的比例。

5.5.3　执行半年与年度评估的个人，半年或年度评估成绩=个人半年或年度评估得分×80%+部门半年或年度评估得分×20%。

5.5.4　根据各部门、子公司内部得分排名进行评级，评级标准及比重参见绩效管理中心具体《半年与年度评估同行评估制度》及其附属方案。

第4章　OKR结果运用

5.6　结果应用。

5.6.1　OKR本身作为员工目标自我管理工具，并不与绩效考核挂钩，只作为绩效分析改进工具。

5.6.2　半年与年度评估奖金发放：半年与年度同行评价的结果，应用于奖金的发放，具体参见《半年与年度评估同行评估制度》及其附属方案或相关薪酬管理制度。

5.6.3　半年与年度同行评价一对一对话与反馈：考核人根据考核成绩优劣，与被考核人实施对话面谈，分析半年与年度中考核成绩偏差、短板和改进方法等，在考核成绩确定一个月内完成面谈，绩效管理中心对对话面谈结果将进行抽查。

5.6.4　半年与年度同行评价后可开展人员优化，连续两个考核周期评级为最后一级，公司有权进行培训、轮岗，在培训与轮岗再上岗后评估仍旧不合格的，公司有权与其解除劳动合同并按照劳动法律法规的规定给予赔偿金。

5.6.5　半年与年度同行评价后可开展人员优化的晋升、换岗、培训、评优等，具体参见相关规定。

5.7　半年与年度同行评价申诉。

5.7.1　申诉渠道：为了保证半年与年度同行评价考核的准确性，每位被考核人，在对自己同行评价结果持有异议，部门经理对话面谈又无法达成一致认识时，可以向绩效管理中心提出申诉。

5.7.2　处理流程：同行评价将充分调查和听取各方面的意见，在认真分析的基础上，提出解决方法，做同行评价最后裁定。

第5章　附则

6　其他

6.1　本制度由绩效管理中心负责解释。

6.2　本制度的修订与完善由绩效管理中心提出修订意见，报OKR委员会审定后生效。

6.3　本制度自20××年×月1日起试运行。

6.7　同行评价

同行评价在帮助筛选优秀成果、优化资源配置、把握科研方向等方面取得显著成效，在硅谷企业的员工评价中也起到了非常积极的作用，对推动企业尤其是科技型企业的员工评价做出了杰出的贡献，也是全球科学界与高科技企业普遍认同的一种评价制度。

同行评价虽然得到了广泛应用，但也存在很多缺陷，伴随着肯定的同时，评议结果和质量也遭到质疑。很多人认为，同行评价作为一个评价机制虽能充分发挥自主评价的优势，但也存在晕轮效应、主观臆断的风险。同行评价在中国早已有之，20世纪90年代末期广为使用的360度评价其实与同行评价的操作方法与理念十分接近，在运行中也存在很多问题。究其根源，主要集中在评价人员和评价流程两个方面。

6.7.1　评价人员

评价人员的主观因素决定了在同行评价时如何对被评价对象工作成就进行

价值判断，因此评价人员的选择将会决定同行评价的最终质量。评价人员在评价时容易受到以下几个方面的干扰，从而造成同行评价的失真：

（1）个人因素。

评价人员的兴趣、偏好、品质、价值观等个人主观因素的差异，会导致不同的评价人员做出不同的评价选择，甚至是极大的差异性评价选择。因此，在学术同行评价中，常常会发生对其学术价值、实践意义、创新点存在分歧的情况。此外，评价人员对评价标准的理解程度和把握尺度也容易受到个人主观因素的影响，如果评价人员理解的评价标准和尺度不一致，也容易造成评价结果的失真。

（2）工作接触。

评价人员对被评价对象做出合理评价的基础在于与被评价对象是否有较深入的工作接触。根据接触频繁与深入程度不同，同行评价人员可分为“紧密圈”和“松散圈”。与被评价对象在项目中接触紧密、工作成果相互依赖与关联度非常高的人员属于“紧密圈”；与被评价对象在项目中接触相对松散、工作成果依赖与关联度不高的人员属于“松散圈”。理论上，“紧密圈”由于在日常工作中与被评价对象紧密接触、了解得更多，如果排除“人情因素”，“紧密圈”应当能对评议对象做出较为客观的评价；“松散圈”由于在日常工作中与被评价对象接触相对很少，联系不是很频繁，因此可能对评议对象不能做出客观的评价。

（3）晕轮效应。

晕轮效应又称光环效应，属于心理学范畴，是指当认知者对一个人的某种特征形成好或坏的印象后，还倾向于据此推论该人其他方面的特征，本质上是一种以偏概全的认知上的偏误。晕轮效应越来越多地被应用在企业管理上，其对组织管理的负面影响主要体现在各种组织决策上。在同行评价过程中，晕轮效应容易导致“权威”在同行评议中占据优势并有决定性的影响力。根据同行评议的规则，评议的结果应取决于评议对象的质量，与被评议人无关。但是由于马太效应的影响，“优秀员工”“明星员工”更容易被评价人员认同，评价时的“从众心理”导致这些“优秀员工”“明星员工”的评价分数被普遍拔高，而一贯表现不佳的“问题员工”即使取得了成绩也容易被忽视。

(4) 利益关系。

同行评价的重要前提是所有评价人员利益瓜葛越少越好，因为评价人易受到利益的驱使。但是由于只有“紧密圈”的同事才能了解该被评价人员在研发项目中的一贯表现，并且“紧密圈”同事交集较多，所以各种利益关系可能相互交织、错综复杂，这样会导致一部分评价人员不能坚持“公平与公正”的原则，为了平衡利益关系而私下自设“评价标准”。例如，评价人员对于利益一致者降低评议标准，抬高其过去半年的工作项目和成果的质量；对于利益冲突者则刻意提高评议标准，压低其对于利益一致者项目和成果的水平。这些利益关系的影响，使得同行评价的最终结果失真。

(5) 人际关系。

在讲“人情、面子”的企业里，人与人之间讲情面，有时候工作与私交不分，甚至关系唯上。评价人员如果富有“人情味”“讲面子”，就会在评价过程中照顾到同事、朋友、邻居、同学等关系。一些企业甚至在同行评价之前就会出现“私下拉关系”“私下打招呼”等行为现象，这些行为现象往往在硅谷很难发生，严重干扰同行评价公平、公正地展开。“重人情、讲面子”还会导致“本位主义”等现象的发生，一些利益相关部门在同行评价中互相串联、有意抬高或降低被评价人的分数，使得以公平、公正为原则的同行评价沦落为“讲人情、论关系”的丑剧，扭曲了同行评价的本质。

6.7.2 评价流程方面

同行评价流程可以约束和规范评价人员的行为，是实现公平、公正的有力保障。然而，很多中国企业在同行评价流程建设方面还存在以下弊端：

第一，评价人员选择不规范。在企业实施同行评价活动中，缺乏同行评价人员选择标准，很多企业让上级、下级、平级之间进行简单的互评，上级、下级、平级评价得分的权重也不合理，实际操作中存在很大的随意性。由于同行评价人员选择简单，所以同行评议中出现根本不了解被评价人而乱打分的怪现象，影响同行评价的客观性。此外，由于忽视了对同行评价人员的道德素养的调查，所以同行评价过程中常常出现舞弊的不端行为，影响评价的公正性和客观性。

第二，评价监督流程不完善。同行评价人员在评价过程中拥有自主评价权，如果在同行评价流程设计中没有规范评价监督流程，就会导致“人情味”“讲面子”无节制地泛滥，严重影响同行评价的公平性与公正性。此外，同行评价人员零责任也使其在评议过程中可以“毫不吝啬”地发挥自己的权力。普遍流行的匿名评审制度可有效防止人情关系、利益关系对评议的干扰，很好地将专家置于黑箱中保护起来。因此，如何在同行评价操作中建立起评价监督流程，甚至委托第三方同行评价监督机构来实施监督，是一个非常重要的课题。

因此，要保证同行评价的结果质量，提高同行评价的公信力，必须加强评价的流程建设，从流程上约束、修正、改善同行评价的实施，规范和约束同行评议人员的行为，增加同行评价的可信度，使之更有成效。具体措施如下：

第一，优化评价人员。评价人员对同行评议标准的理解的实施至关重要，遴选合适的专家要从以下几个方面着手：

一是互相了解。绝大多数人员应当是与被评价对象在项目中接触紧密、工作成果相互依赖与关联度非常高的属于“紧密圈”的同事；尽量减少与被评价对象在项目中接触相对松散、工作成果依赖与关联度不高的“松散圈”人员。

二是重视道德修养。要重视评价人员的道德修养教育，创业团队领导者要在公司内部培育“公平、正义”的企业文化。同时，要针对违背“道德修养”的行为建立一套必要的奖惩措施，让评价人员逐步拥有高尚品格和道德素养较高的道德自律性，能以道德规范约束自己的行为，杜绝人情关系和利益关系，在同行评价过程中保持客观的态度，做出公平、公正的评价。

三是评价评价。“评价评价”是针对评价人员的质量高低的一种评价，是对评议质量的一种评价。可以用“离散率”“命中率”和“成功率”来定量衡量评价人员的评价水平。离散率主要反映评价个体与评价群体认识上的差异性；命中率反映评价人判断的准确性；成功率反映评价人判断的前瞻性。

第二，实行匿名制。在同行评价方式上，目前仍然流行匿名制，在学术的同行评价中也称“盲审”，而且要求双向匿名。匿名制可以有效遏制同行评价中的人情关系和利益关系对同行评议的干扰，对提高同行评价公正性起到一定的作用。如果将同行评价通过企业内部的信息系统来实施，可以更加方便地推行集体匿名讨论制，这种以信息技术为载体的匿名评价方式，可以提高效率并提升同行评价的质量。

第三，注重评价证据呈现。在同行评价召开“绩效校准会议”时，要求评价人尤其是直属上级着重评价证据呈现也是确保同行评价质量的动因之一。因为要求展现评价证据可以帮助其他校准人员根据证据和推理勾勒出评价人员的评价思路，使评价思路实现外显化。因此，同行评价应强调评价证据呈现，“绩效校准会议”应坚持依据评价证据做出校准结论，促进评议过程的透明化，使评议结论一目了然。

第四，完善评价监督。同行评价比较普遍的监督方法是公示评议结果，但这是远远不够的。为了加强监督力度，应进一步增加评议的透明度，实现“阳光评议”，让“阳光”照进评议过程的每个步骤、细节和内容。实行同行评议过程中，我们要公开评价标准和步骤、评价过程和评价内容，公开评价证据和评价结论的原因及解释，公示同行评价结果，同时还可以开展同行评价的第三方监督，甚至将同行评价委托给第三方来组织，由咨询顾问帮助企业收集同行评价的结果，以确保同行评价的公平与公正。

案例：ABC 智能科技半年与年度同行评价

ABC 智能科技的员工目标自我管理由 OKR 引导，而员工考核评价则由半年与年度同行评价来实施推进。ABC 智能科技的半年与年度同行评价在实践中分为以下六个操作步骤（见图 6－10）：

第一步：员工进行半年与年度的自评活动。

第二步：由员工上级指定 7 个“紧密圈”周边同事。

第三步：7 个“紧密圈”周边同事进行同行评价。

第四步：上级主管汇总同行评价结果，最终给出评价意见。

第五步：管理团队召开绩效校准会议，给出最终评价结果。

第六步：上级主管与员工开展绩效对话，反馈绩效结果。

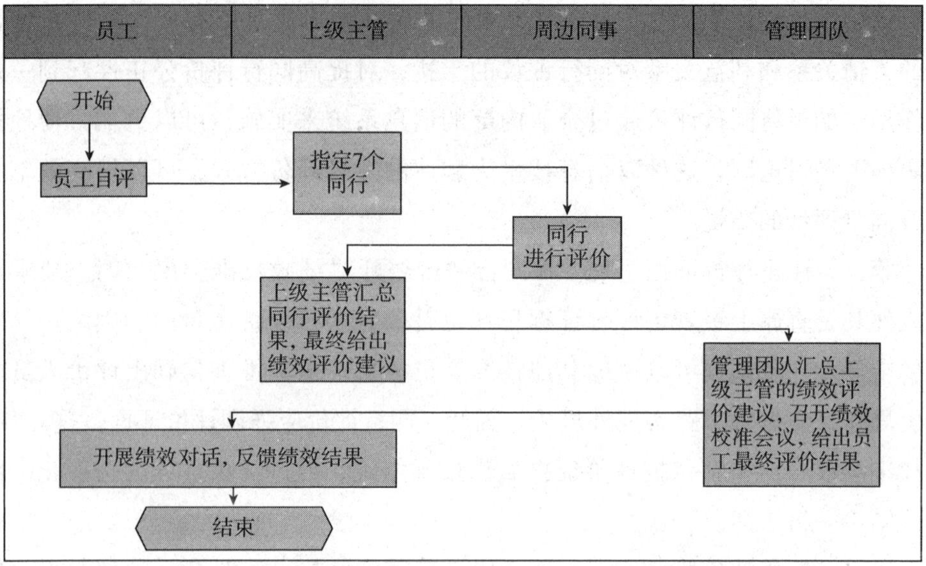

图 6－10　ABC 智能科技 Peer Review 同行评价流程

ABC 智能科技同行评价流程实施涉及表单有《ABC 智能科技发展有限公司自评表》《ABC 智能科技发展有限公司同行评价表》《ABC 智能科技发展有限公司上级评价表》《ABC 智能科技发展有限公司评价汇总表》《ABC 智能科技发展有限公司绩效校准会议记录》。具体见表 6－13 至表 6－18。

表 6－13　ABC 智能科技同行评价流程表单

序号	表单编号	表单名称	流程节点			
			自评	同行评价	上级评价	绩效校准
1	№－002	ABC 智能科技发展有限公司自评表	√			
2	№－003	ABC 智能科技发展有限公司同行评价表		√		
3	№－004	ABC 智能科技发展有限公司上级评价表			√	
4	№－005	ABC 智能科技发展有限公司评价汇总表				√
5	№－006	ABC 智能科技发展有限公司绩效校准会议记录				√

表 6－14　ABC 智能科技发展有限公司自评表

<table>
<tr><td colspan="6">基本信息</td></tr>
<tr><td>被评价人</td><td colspan="2"></td><td colspan="2">所在部门</td><td></td></tr>
<tr><td>直属上级</td><td colspan="2"></td><td colspan="2">所在部门</td><td></td></tr>
<tr><td>评价周期</td><td colspan="5"></td></tr>
<tr><td colspan="6">自评：我承担的角色（写出名称），影响力按照组织、重要、协助三种类型</td></tr>
<tr><td>项目/成就名称</td><td>我承担的角色与影响力</td><td>我的关键贡献与不足</td><td>证明人</td><td>权重</td><td>得分</td></tr>
<tr><td></td><td></td><td></td><td></td><td></td><td></td></tr>
<tr><td></td><td></td><td></td><td></td><td></td><td></td></tr>
<tr><td></td><td></td><td></td><td></td><td></td><td></td></tr>
<tr><td colspan="6">自评最终得分：</td></tr>
<tr><td colspan="6">其他事项</td></tr>
<tr><td>其他做得特别好的事情</td><td colspan="5"></td></tr>
<tr><td>其他有待改进的事情</td><td colspan="5"></td></tr>
</table>

注：①自评与其他事项主要陈述半年内的项目或工作成就；②自评项目/工作成就名称应当由直属上级与自评人沟通后确定；③在对应项目或工作成就栏填写关键贡献与不足，请列出详细时间、地点与人物；④关键贡献与不足严重失真，上级主管或绩效仲裁员检查后有权利清零。

表 6－15　ABC 智能科技发展有限公司同行评价表

<table>
<tr><td colspan="6">基本信息</td></tr>
<tr><td>被评价人</td><td colspan="2"></td><td colspan="2">所在部门</td><td></td></tr>
<tr><td>评价人</td><td colspan="2"></td><td colspan="2">所在部门</td><td></td></tr>
<tr><td>指定评价人理由</td><td colspan="5">被评价人直属上级填写</td></tr>
<tr><td>评价周期</td><td colspan="5"></td></tr>
<tr><td colspan="6">同行评价：被评价人承担的角色（写出名称），影响力按照组织、重要、协助三种类型</td></tr>
<tr><td>项目/成就名称</td><td>我承担的角色与影响力</td><td>关键贡献与不足</td><td>证明人</td><td>权重</td><td>得分</td></tr>
<tr><td></td><td></td><td></td><td></td><td></td><td></td></tr>
<tr><td></td><td></td><td></td><td></td><td></td><td></td></tr>
<tr><td></td><td></td><td></td><td></td><td></td><td></td></tr>
</table>

续表

同行评价最终得分：	
其他事项	
其他做得特别好的事情	
其他有待改进的事情	

注：①评价与其他事项主要陈述半年内的项目或工作成就；②在对应项目或工作成就栏填写关键贡献与不足请列出详细时间、地点与人物；③关键贡献与不足严重失真，上级主管或绩效仲裁员检查后有权利清零。

表 6－16　ABC 智能科技发展有限公司上级评价表

半年评估得分校准					
被评价人		所在部门			
直属上级		所在部门			
评价周期					
上级评价：被评价人承担的角色（写出名称），影响力按照组织、重要、协助三种类型					
项目/成就名称	我承担的角色与影响力	关键贡献与不足	证明人	权重	得分
上级评价最终得分：					
其他事项					
其他做得特别好的事情					
其他有待改进的事情					

注：①上级评价与其他事项主要陈述半年内的项目或工作成就；②在对应项目或工作成就栏填写关键贡献与不足请列出详细时间、地点与人物；③关键贡献与不足严重失真，上级主管或绩效仲裁员检查后有权利清零。

表 6-17　ABC 智能科技发展有限公司评价汇总表

得分校准			
被评价人		所在部门	
直属上级		所在部门	
评价周期			
半年评估得分汇总			
维度	权重	得分	加权得分
自评			
同行			
上级			
最终得分：			
其他事项汇总			
其他做得特别好的事情			
其他有待改进的事情			

表 6-18　ABC 智能科技发展有限公司绩效校准会议记录

基本信息			
被评价人		所在部门	
直属上级		所在部门	
评价周期			
参会人员			
半年评估得分校准			
会议纪要			
校准前得分			
校准后得分			
校准原因陈述			
其他事项校准			
其他做得特别好的事情			
其他有待改进的事情			

注：绩效校准会议争议事项可提交同行评价的仲裁员最终确定。

案例：ABC 智能科技同行评价制度

同行评价既是 ABC 智能科技发展有限公司员工绩效与能力评价的重要手段，也是员工绩效奖励、股权激励的重要依据之一，是引导员工更新观念、强化责任、改进工作、提高业绩的重要手段。为规范日常工作行为，督促、激励员工认真履行职责，提高工作质量，完善绩效与能力评价体系，特制定本制度。

一、同行评价目的

1. 积极开展员工同行评价，可以帮助员工加深对公司战略、年度目标的理解和认识，从而在“方向 + 试错”的战略模式下为员工全年、半年的工作指明方向。

2. 通过员工同行之间的评价、相互切磋，可以帮助创业公司领导、部门经理、员工收集到来自同行之间可靠的、建设性意见，有助于收集各种工作信息，为提高员工的工作水平提供积极的支持。

3. 推动战略执行力，促使员工认真理解公司战略方向，通过不断试错探索出战略执行的路径、方法与计划，全面提升公司整体的战略执行力。

4. 督促各个研发团队切实推进研发项目的实施，有计划地组织研发工作，以求打造让客户尖叫的研发新品。

5. 为全面、客观、公正地分析评价企业文化落实和员工的业务技术水平提供依据。

二、同行评价原则

1. 过程与结果评价相结合原则。在同行评价工作中，把员工的工作过程与成果，研发人员的研发过程推进与最终的研发成果结合起来评价，确保公平、公正地进行同行评价。

2. 强调评价举证的原则。在评价中，要求各评价人员尽可能地提供各个评价指标的举证说明，对于研发项目参与的评价要强调何时、何地、何人、何事的关键事件验证，以提高同行评价的结果可靠性和可比性。

3. 科学性、导向性、可测性原则。罗列的评价事项与评价标准力求科学严谨，导向明确，又具有可测性，确保可衡量性。

三、同行评价对象

本制度适用于ABC智能科技发展有限公司全体员工（包括研发中心所有研发人员、程序员等岗位员工）。

四、同行评价的频度

每半年/年度组织一次，半年评价一般结合公司中期OKR回顾工作同步进行，年度评价一般结合公司年度OKR滚动刷新同步进行。具体同行评价的开始与结束时间由绩效管理中心根据实际情况通知，各部门、研发中心应在规定时间内完成同行评价的推进工作。

五、同行评价的内容

同行评价包括业绩评价与能力评价两个维度，每个维度具体内容根据各岗位工作属性不同确定不同的评价内容。

六、同行评价的组织

1. 公司成立同行评价推进小组，由创业公司领导任组长，成员由绩效管理中心部门经理及合作研发研究院的有关专家组成。同行评价推进小组承担全公司员工同行评价工作的组织与管理，日常工作则由绩效管理中心推进。

2. 各部门分别成立同行评价推进小组。部门同行评价推进小组一般由部门经理任组长，成员由部门OKR协调员和从部门员工中随机选拔的人员组成，人员组成以5~7人、单数为宜。

3. 公司设立同行评价的仲裁员兼职岗位，同行评价、绩效校准会议争议事项可提交同行评价的仲裁员最终确定。

4. 为确保同行评价的及时性与真实性，评价工作应当遵照相关流程要求进行，一般分为六个步骤：

第一步：员工进行半年与年度的自评活动。

第二步：由员工上级指定7个“紧密圈”周边同事。

第三步：7个“紧密圈”周边同事进行同行评价。

第四步：上级主管汇总同行者评价结果，最终给出评价意见。

第五步：管理团队召开绩效校准会议，给出最终评价结果。

第六步：上级主管与员工开展绩效对话，反馈绩效结果。

七、评价成绩的计算及处理

1. 同行评价成绩由推进小组按参加评议人数加权平均分计算，按直属上级占30%，其余同行评价人员占70%的加权平均分计算。

2. 同行评价成绩分优秀、良好、合格、较差四个档次。优秀是指得分在9分以上的；良好是指得分在7～8.9分的；合格是指得分在6～6.9分的；较差是指得分在6分以下的。

3. 优秀、良好、合格、较差四个档次的评优比例根据实际情况应控制在：20%∶30%∶30%∶20%。

八、评价成绩的效用

1. 同行评价成绩记入员工档案，作为年度评优、绩效奖金发放、股权激励、利润分享计划的重要实施依据。

2. 在同行评价工作中，成绩较差的，由同行专家帮助其查找原因，写出书面整改计划，限期改正，绩效管理中心监督落实。

3. 凡同行评价成绩达不到合格以上者，当年不能获得公司股权激励有关的奖励；成绩达不到良好以上者，当年不得晋升高一级专业技术职务，当年年度考核不能定为优秀。

九、本制度从颁布之日起开始生效，由绩效管理中心负责解释。